Sophia Gerschel | Titus Simon | Julia Zeyn
Lehrbuch Soziale Arbeit mit Fußballfans

Studienmodule Soziale Arbeit

Herausgegeben von
Ria Puhl | Regina Rätz | Eberhard Raithelhuber | Wolfgang Schröer | Titus Simon | Steve Stiehler | Mechthild Wolff

Die Reihe „Studienmodule Soziale Arbeit" präsentiert Grundlagentexte und bietet eine Einführung in basale Themen der Sozialen Arbeit. Sie orientiert sich sowohl konzeptionell als auch in Inhalt und Aufbau der Einzelbände hochschulübergreifend an den jeweiligen Studienmodulen. Jeder Band bereitet den Stoff eines Semesters in Lehr- und Lerneinheiten auf, ergänzt durch Übungsfragen, Vorschläge für das Selbststudium und weiterführende Literaturhinweise.

Sophia Gerschel | Titus Simon | Julia Zeyn

Lehrbuch Soziale Arbeit mit Fußballfans

Dieses Buch ist erhältlich als:
ISBN 978-3-7799-6678-4 Print
ISBN 978-3-7799-6679-1 E-Book (PDF)

1. Auflage 2023

in der Verlagsgruppe Beltz · Weinheim Basel
Werderstraße 10, 69469 Weinheim

Herstellung: Ulrike Poppel
Satz: text plus form, Dresden
Druck und Bindung: Beltz Grafische Betriebe, Bad Langensalza
Beltz Grafische Betriebe ist ein klimaneutrales Unternehmen (ID 15985-2104-100)
Printed in Germany

Weitere Informationen zu unseren Autor:innen und Titeln finden Sie unter: www.beltz.de

Inhalt

Abkürzungsverzeichnis

Abs.	Absatz
Abt.	Abteilung
AGJF	Arbeitsgemeinschaft der obersten Landesjugend- und Familienbehörden
ATB	Arbeiterturnerbund
ATSB	Arbeiterturner- und Sportbund
Aufl.	Auflage
ausf.	ausführlich
BAFF	Bündnis Aktiver (vormals: *antifaschistischer*) Fußballfans
BAG	Bundesarbeitsgemeinschaft
BAG Fanprojekte	Bundesarbeitsgemeinschaft der Fanprojekte
BaWü	Baden-Württemberg
Bd.	Band
BMFSFJ	Bundesministerium für Familie, Senioren, Frauen und Jugend
BMI	Bundesministerium des Innern und für Heimat
CC	Community Coaching
CFD	Club-Fan-Dialog
CETS	Council of Europe Treaty Series – Sammlung der Europaratsverträge
CEval	Centrum für Evaluation
DBSH	Deutscher Berufsverband für Soziale Arbeit e. V.
ders.	derselbe
DFB	Deutscher Fußballbund
DFL	Deutsche Fußball Liga
DGSA	Deutsche Gesellschaft für Soziale Arbeit
DIY	Do it yourself
DOSB	Deutscher Olympischer Sportbund
dsj	Deutsche Sportjugend
erw.	erweiterte
etc.	et cetera
ev.	eventuell, evangelisch (je nach Kontext)
evtl.	eventuell
ex.	exemplarisch
FaCH	Fanarbeit Schweiz
FIFA	Fédération Internationale de Football Association

F_in	Netzwerk Frauen im Fußball
FKB	Fankundige Beamte (bei der Bundespolizei)
FSE	Football Supporters Europe
Hrsg.	Herausgeber*innen
IM	Innenministerium
IMK	Ständige Konferenz der Innenminister und -senatoren der Länder – Innenministerkonferenz
i. V.	in Verbindung
KdF	Kraft durch Freude (NS-Organisation zur Gleichschaltung des Reisens sowie kultureller und freizeitsportlicher Aktivitäten)
KoFaS	Kompetenzgruppe für Fankulturen und Sport bezogene Soziale Arbeit
KOS	Koordinationsstelle Fanprojekte bei der Deutschen Sportjugend
KPD	Kommunistische Partei Deutschlands
LAG	Landesarbeitsgemeinschaft
LAG NRW	Landesarbeitsgemeinschaft der Fanprojekte in Nordrhein-Westfalen
LO	Lizensierungsordnung
MeDiF	Meldestelle für Diskriminierung im Fußball
NASS	Nationaler Ausschuss für Sport und Sicherheit
NKSS	Nationales Konzept Sport und Sicherheit
No.	Numero
NPD	Nationaldemokratische Partei Deutschlands
NS	Nationalsozialismus
o. A.	ohne Autor
ÖASS	Örtlicher Ausschuss Sport und Sicherheit
o. S.	ohne Seite(nangabe)
PZPN	Polski Zwiazek Pilki Noznej (Polnischer Fußballverband)
RV	Regionalverbund
S.	Seite
SGB	Sozialgesetzbuch
SKB	Szenekundige Beamte *(neu: Szenekundige Beamtinnen und Beamte für Problemfans im Bereich Sport)* (bei den Polizeidirektionen)
sogen.	sogenannte(r)
StGB	Strafgesetzbuch
StPO	Strafprozessordnung
SV	Stadionverbot

SUBFan	Beratung und Begleitung von substanzgebrauchenden Fußballfans
u. a.	unter anderem
u. Ä.	und Ähnliches
UEFA	Union of European Football Associations
UK	Unsere Kurve
usw.	und so weiter
u. v. m.	und vieles mehr
z. T.	zum Teil
ZIS	Zentrale Informationsstelle Sporteinsätze

Einleitung

Die Berufsgeschichte Sozialer Arbeit, zumal jene nach dem Zweiten Weltkrieg, ist von einem fortlaufenden theorie- und praxisbezogenen Diskurs geprägt. Dieser führt zusammen mit stärker oder auch neu zutage tretenden gesellschaftlichen Herausforderungen dazu, dass die Soziale Arbeit in Lebensbereiche vordringt, die sie bislang nicht oder nur wenig berührt hat. Zu den jüngeren Praxisfeldern gehört eine Soziale Arbeit mit Fußballfans, die, obwohl sie sich an einer übersichtlichen Zahl an Praxisorten vollzieht, eine starke mediale Aufmerksamkeit erfährt. Letztere resultiert auch aus der häufig falschen Vermutung, dass der Arbeitsansatz vorrangig der Gewalt im Fußballgeschehen begegnen soll. Soziale Arbeit mit Fußballfans begreift Fußballfankultur jedoch als umfassendes soziokulturelles Partizipationsfeld.

(Profi-)Fußball nimmt in der Gesellschaft trotz eines passageren Bedeutungsverlustes während der Hochphase der Covid-19-Pandemie eine herausragende Stellung ein. Betrachtet man die Besucher*innen der Spiele, finden traditionell vor allem kleine, expressive Szenen mit einem hohen Anteil an männlichen Jugendlichen und jungen Erwachsenen Beachtung. Ihnen wird mit einer Fülle an polizei-, ordnungs- und privatrechtlich begründeten Regulierungen und Interventionen begegnet. Eine sozialpädagogische Arbeit mit Fußballfans entwickelte sich erst allmählich. Sie war in Deutschland anfangs in die offene und aufsuchende Arbeit an Orten mit ausgeprägten Fanszenen eingelagert und fand in einem nunmehr vier Jahrzehnte währenden Prozess ihren professionellen Ort in der Arbeit der Fanprojekte nach dem Nationalen Konzept Sport und Sicherheit (NKSS).

Das Arbeitsfeld ist klein, aber sehr gut organisiert und vernetzt. In 71 sozialpädagogischen Fanprojekten arbeiten in 64 Orten[1] etwas mehr als 250 Kolleg*innen mit den dortigen Fanszenen. Neben Sozialarbeiter*innen sind dies auch Praktiker*innen mit anderen sport-, sozial- und humanwissenschaftlichen oder kriminologischen Qualifikationen. Zielgruppen sind in erster Linie die den Standortvereinen zuzuordnenden aktiven Fanszenen. Die Einrichtungen haben sich mit der Bundesarbeitsgemeinschaft Fanprojekte (BAG Fanprojekte) eine eigene Dachorganisation geschaffen, die sich wiederum in vier regionale Verbünde aufteilt (www.bag-fanprojekte.de, Zugriff am 9.2.2022). 1993 wurde unter dem Dach der Deutschen Sportjugend (dsj) die Koordinationsstelle Fanprojekte (KOS) eingerichtet, deren Aufgabe darin besteht, die Arbeit der Fanprojekte inhaltlich zu

1 Stand: Sommer 2022.

begleiten und zu koordinieren, Neugründungen zu unterstützen, die fachliche Interessensvertretung gegenüber Geldgebern, Politik, Sportverbänden und Verantwortlichen kommunaler und überörtlicher Ordnungsmaßnahmen wahrzunehmen sowie die Kontakte zu einer Vielzahl an Netzwerkpartner*innen zu pflegen.

Außer in Deutschland sind in nur wenigen Ländern Ansätze einer Sozialen Arbeit mit Fußballfans erkennbar. In der Schweiz existieren mittlerweile lokale Fanprojekte, die sich an den Prinzipien der deutschen Modelle orientieren, sich aber eher als *sozioprofessionelle Fanarbeit* verstehen. Deren Rahmenbedingungen sind derzeit wenig komfortabel. Ende des Jahres 2021 stellte die Dachorganisation Fanarbeit Schweiz ihren Betrieb vorläufig ein. Gründe hierfür waren unterschiedliche Auffassungen über ihre Ausrichtung sowie Kontroversen um die für die Schweiz geplanten repressiven Maßnahmen im Fußball (www.fanarbeit.ch, Zugriff am 28.2.2022, umfangreich hierzu: Kapitel 12).

In Österreich waren die (z.T. von der KOS unterstützten) Bemühungen für die Implementierung von Fanprojekten aufgrund der bislang fehlenden Finanzierung noch nicht erfolgreich. Vereinzelt findet Sozialarbeit mit Fußballfans über die traditionellen Pfade der offenen und aufsuchenden Jugendarbeit statt.

Partner der KOS sind auch die in jüngster Zeit entstandenen und unter schwierigen Umständen (gewaltaffine und z.T. kriminell organisierte Fanszenen, angespannte politische Rahmenbedingungen) arbeitenden polnischen Fanprojekte. In anderen Ländern sind Bemühungen zur Implementierung einer fanbezogenen Sozialarbeit (vorerst) gescheitert (etwa in Ungarn, den Niederlanden und Italien).

Aufgrund des gesellschaftlichen Stellenwerts von Fußball finden mit diesem verknüpfte Themen gelegentlich Eingang in die Lehre sozial-, human-, sport- und politikwissenschaftlicher Studiengänge sowie der Kriminologie und des Polizeiwesens.

Beiträge der Fansozialarbeit fließen auch in die Diskurse des Deutschen Fußball-Bundes (DFB) und der Deutschen Fußball Liga (DFL), der Vereine und der auf Fans spezialisierten Polizeikräfte (Einsatzleitungen, szenekundige Beamte [SKB]) ein. Bei der Auswahl der Autor*innen dieses Lehrbuches wurde deshalb darauf geachtet, dass über die Soziale Arbeit hinaus fachliche Bezüge zur Kriminologie, zur Politikwissenschaft und zur Sportwissenschaft hergestellt werden konnten.

Die Entwicklung einer Sozialen Arbeit mit Fußballfans und einer mit dieser kompatiblen pädagogischen Fundierung vollzog sich als ein langer, von Suchbewegungen, Rückschlägen, (Neu-)Begründungen und Verwerfungen durchzogener Prozess, den zum Großteil die Praktiker*innen selbst, ihre Dachorganisationen BAG Fanprojekte und KOS sowie einige wenige Wissenschaftler*innen[2] leisteten.

---

2 Vor allen anderen ist an dieser Stelle Gunter A. Pilz zu nennen.

Mit den rechtlichen und finanziellen Rahmenbedingungen des NKSS erhielten die sich in der Gründungsphase befindlichen Fanprojekte konzeptionelle Grundlagen, in denen neben anderen Vertiefungen meist knappe Ausführungen zu einer Sozialen Arbeit mit Fußballfans vorgelegt wurden (Schneider 2013, S. 22 f.). Wichtige Meilensteine für eine konzeptionelle und sozialpädagogische Fundierung waren die regelmäßig stattfindenden Bundeskonferenzen der Fanprojekte sowie die Dokumentation der Vorträge und Beiträge in der KOS-Schriftenreihe (ex.: KOS 1994, 1997a, 1997b). Herauszuheben sind darin veröffentlichte Einzelbeiträge zu grundlegenden Fragen der Fan(sozial)arbeit (ex.: Klingebiel 1995, S. 39 ff.; Schneider, Meyer 1995, S. 176 ff.) oder ausgesuchte Schwerpunktsetzungen zu Fragen der Partizipation (KOS 2018), zukünftigen Herausforderungen für die pädagogische Arbeit mit Fußballfans (KOS 2013) und zu den in diesem Arbeitsfeld virulenten Geschlechterfragen (KOS, Hagel, Selmer, Sülzle 2005).

Pädagogik und Soziale Arbeit haben sich bislang nur unzulänglich der wissenschaftlichen Begründung und Ausleuchtung einer Sozialen Arbeit mit Fußballfans angenommen, obwohl diese eine Vielzahl an Übereinstimmungen mit der Arbeit in anderen expressiven Szenen und der Jugendarbeit generell aufweist. Jörg Reinhardt, Mitarbeiter des Stuttgarter Fanprojekts, verdeutlicht: „Wir betreiben Sozialarbeit mit jungen Menschen. Der Fußball ist dabei nur ein Anknüpfungspunkt“ (Preiss 2022, o. S.). Einen Beitrag zur Behebung der beschriebenen Mangellage leistet der jüngst von Patrick Arnold und Jochem Kotthaus (2022) herausgegebene Sammelband *Soziale Arbeit im Fußball* mit Einzelbeiträgen zu ausgesuchten aktuellen Themen und Herausforderungen des Arbeitsfeldes.

Im Unterschied zu anderen Schriften ist die hier vorliegende Veröffentlichung als Lehrbuch gestaltet, das einerseits als Einführung in die Praxis Verwendung finden kann, andererseits so konzipiert ist, dass es die Strukturierung von Lehrveranstaltungen der Felder Pädagogik, Soziale Arbeit und Sportwissenschaften erlaubt. Darüber hinaus kann es bei einschlägigen Vertiefungen der Politikwissenschaft, der Kriminologie und der Polizeiausbildung eingesetzt werden.

Berührt wird ein breiter Themenkreis, der einem auch auf Lehrveranstaltungen übertragbaren Aufbau folgt. Jedem Kapitel sind zu bearbeitende Fragen sowie Hinweise zu weiterführender Literatur nachgestellt. In Exkursen finden sich knappe Vertiefungen.

Das erste Kapitel behandelt die *gesellschaftliche Bedeutung des Fußballsports* und Gründe für dessen mittlerweile weltumspannende Bedeutung. Die Entstehung von Freizeit und eine ausreichende ökonomische Ausstattung der Konsument*innen waren wegbereitende Faktoren. Gleiches gilt für die Herausbildung einer eigenständigen Jugendphase, ohne die eine Entwicklung unterschiedlicher expressiver Jugend(sub)kulturen kaum hätte stattfinden können. Die Faszination des Spiels resultiert aus der Verfolgung von gekonnter Bewegung, der (gelegentlichen) Schönheit des Spiels, der Ungewissheit des Ausgangs und – für das interaktive Geschehen zwischen Spieler*innen und Zuschauer*innen von zentraler Bedeutung – der raschen Abfolge wechselnder Erregungszustände. Knapp wird auf die Komplexität des interaktiven Geschehens zwischen Spieler*innen und Zuschauer*innen eingegangen, welches neben den individuellen Dispositionen der einzelnen Individuen und wechselnden Gruppenprozessen maßgeblich die Herausbildung der unterschiedlichen Fankulturen befördert hat. Es ist nicht verwunderlich, dass Fußball als viel beachtetes Geschehen seit jeher den Manipulationen und Instrumentalisierungen von Machteliten und Politik ausgesetzt war. Die Geschichte belegt an dieser Stelle eine meist schwache Gegenwehr der Fußballverantwortlichen, die umso schwächer war, je größer die im Manipulationsgeschehen eingebetteten Gewinnversprechen waren. Deshalb ist nur folgerichtig, dass, wie nachfolgend aufzuzeigen sein wird, das oftmals angesprochene *Fair Play* häufig auf der Strecke bleibt.

Lokale Fankulturen sind seit jeher Teil von Sportwettkämpfen und haben sich kontinuierlich weiterentwickelt. Sie werden vom geschichtlichen Kontext und von Weltanschauungen beeinflusst. Das zweite Kapitel gibt einen Überblick über Fußballfans, Fankultur und deren unterschiedliche Ausprägungen. Beginnend mit einer historischen Skizze wird die sinnstiftende Bedeutung der Gemeinschaft der Fankultur dargestellt. Mit all ihren Facetten ist sie ein Ort jugendlicher Sozialisation. Das Stadion stellt einen alle Sinne stimulierenden Sozialraum dar. Ausgehend von den zugrundeliegenden Gemeinsamkeiten wird die Bedeutung der Abgrenzung verschiedener Fanszenen betont und deren Heterogenität aufgezeigt. Anschließend geht es darum, wie Fans sich organisieren, um als politische Akteur*innen für ihre Interessen einzutreten. Eine vertiefende Behandlung erfährt die Ultrakultur, die zu einer bedeutenden Jugendkultur geworden ist. Abschottungstendenzen, Elitenbildung und Gewaltaffinität gewannen an Bedeutung. Über die Dominanz tradierter Männlichkeitsvorstellungen bietet Fankultur auch starke Anknüpfungspunkte für (rechts-)konservative Strömungen. Jenseits dieser Problematik sind Vielfalt und Heterogenität der Fankultur immanent, was die Soziale Arbeit in Fanprojekten zu einem von Diversität geprägten, herausfordernden Arbeitsfeld macht.

Im dritten Kapitel zur *Entwicklung Sozialer Arbeit mit Fußballfans* wird diese über historische Spuren in der Mobilen Jugendarbeit erschlossen. Es folgt eine Darstellung ihrer grundlegenden Prinzipien. Ein Exkurs in Form eines Interviews mit Michael Gabriel, dem Leiter der KOS, verdeutlicht, dass sich die Etablierung der Fanprojektarbeit unter den Eindrücken einer gesellschaftlichen Umbruchphase vollzog, in der Gewalt unter Jugendlichen und jungen Erwachsenen eine erhebliche Rolle spielte. Fanprojektarbeit wird als Arbeitsfeld skizziert, das von vielfältigen Professionen und wissenschaftlichen Disziplinen geprägt ist. Veränderungsprozesse sind einerseits den Anliegen der Adressat*innen geschuldet. Andererseits macht man sich zur Aufgabe, in einem von neoliberalen Wertvorstellungen und zugespitzten Sicherheitsdiskursen geprägten System gesellschaftskritisch wirken zu wollen. Daran anknüpfend werden vier grundlegende konzeptionelle Orientierungen der Fanprojektarbeit und zukünftige Herausforderungen an die Arbeit skizziert.

Eine *formale Einordnung der Sozialen Arbeit in Fanprojekten* erfolgt im vierten Kapitel. Ursprünglich neigten auch Vertreter*innen der kommunalen Jugendhilfe zu der Auffassung, wonach die Fanprojekte vorrangig im Spektrum ordnungsrechtlicher Maßnahmen verortet seien. Mittlerweile ist die Zuordnung zur Jugendhilfe unstrittig und die diesbezügliche jugendhilferechtliche Begründung wird nicht länger in Zweifel gezogen. Die Soziale Arbeit der Fanprojekte ist damit ein Element der Jugend- und Jugendsozialarbeit. Über das NKSS werden besondere Finanzierungsgrundlagen festgeschrieben. Diese werden im zweiten Teil des Kapitels näher erläutert. Auf dennoch bestehende Herausforderungen in der Entwicklung der Rahmenbedingungen und der Finanzierung der Fanprojekte wird in einem Exkurs näher eingegangen.

Soziale Arbeit mit Fußballfans basiert vorrangig auf dem für die Profession relevanten Können und Wissen. Im fünften Kapitel findet sich deshalb eine knappe Übersicht der *professionsbezogenen Grundlagen.* Dabei werden berufsethische Haltungen und sozialpädagogische Prinzipien aufgezeigt und die verschiedenen Möglichkeiten zur Gestaltung von Zugängen zu den oftmals eher verschlossen agierenden Fanszenen erörtert. Des Weiteren werden in diesem Kapitel Hinweise zur Vermeidung ordnungspolitischer Instrumentalisierungen sowie auf die Notwendigkeit der Einbindung in sozialraumbezogene Netzwerke und Planungsvorgänge gegeben.

Im sechsten Kapitel wird ein Blick auf den *Alltag der Fanprojektarbeit* geworfen. Diesen umfassend zu beschreiben ist sehr aufwendig, da die Fanprojekte in verschiedenen und vielfältig gestalteten Themen- und Handlungsfeldern aktiv sind. Die Planung einer Arbeitswoche ist oftmals erst nach der Einteilung der Spielbegleitung möglich. Diese kurzfristige Planbarkeit zeitnah anfallender Praxis stellt eine besondere Herausforderung für die professionelle Fanarbeit dar. Zu den wenigen Konstanten gehören Angebote wie *offene Treffs,* institutionalisierte Gesprächsrunden in den lokalen und bundesweiten Netzwerken, Teamsitzungen oder regelmäßige Sport- und Freizeitangebote der Fanprojekte.

Die Männerzentriertheit des Fußballsports hat lange verhindert, dass die mit ihm eng verbundenen Geschlechterfragen in angemessener Weise erörtert werden. Analog zur gängigen Praxis der Sozialarbeitswissenschaft und den Gepflogenheiten in den wichtigen Arbeitsfeldern des Sozialen Berufes wurden auch in der Sozialen Arbeit mit Fußballfans Fragen der Geschlechtergerechtigkeit aufgegriffen. Im siebten Kapitel werden die in diesem Arbeitsfeld entwickelten *geschlechtersensiblen Arbeitsansätze* beschrieben. Dabei wird sowohl auf exemplarische praktische Bezüge als auch auf jene Herangehensweisen eingegangen, die sich explizit gegen die Diskriminierung z. B. queerer Personen und sexualisierte Gewalt richten.

Die Aufgaben der Fanprojektarbeit sind äußerst vielfältig. Im achten Kapitel werden *ausgewählte Themen* angerissen, die für den Alltag der Fanprojekte von Bedeutung sind. Ansätze der politischen Bildung oder die Zusammenarbeit mit Fanhilfen und Fananwält*innen finden detaillierte Betrachtung. Ferner wird auf die Herausforderungen und Entwicklungspotenziale der bereits bestehenden Handlungskonzepte und Arbeitsansätze eingegangen. Die Diversität der ausgewählten Themen macht nochmals deutlich, wie breit gefächert die Angebote und Arbeitsinhalte der Fanprojekte sind.

Sicherheit und Prävention haben auch im Fußball immer mehr an Bedeutung gewonnen, weshalb im neunten Kapitel die *Präventionsarbeit im Kontext Fußball* im Fokus steht. Dabei werden die Ansätze der Fanprojektarbeit und der präventiven Polizeiarbeit einander gegenübergestellt und auftretende Differenzen verdeutlicht. Ferner werden die aus unterschiedlichen Professionsverständnissen abgeleiteten Definitionen von Prävention und ihre Umsetzung im Arbeitsalltag behandelt. Diese Unterschiede gilt es zu erkennen und transparent zu machen. Für eine gelingende Kooperation im Netzwerk Fußball ist ein gemeinsames Verständnis über Sachverhalte und mögliche Problemstellungen unabdingbar. Im weiteren Verlauf des Kapitels wird die Praxis der Präventionsarbeit im Netzwerk beschrieben. Die Schaffung von institutionalisierten und belastbaren Kommunikationsstrukturen ist hierfür eine notwendige Voraussetzung. Trotz mittlerweile verbesserter Kommunikationswege sind die Grenzen der jeweiligen präventiven Maßnahmen zu beachten, auf die am Ende eingegangen wird.

Im zehnten Kapitel werden in einer knappen Übersicht die wesentlichen strukturellen *Arbeits- und Rahmenbedingungen* vorgestellt, welche die Voraussetzungen für eine erfolgreiche Arbeit der Fanprojekte bilden. Diese Bedingungen leiten sich aus den Anforderungen des NKSS und dem Qualitätssicherungsprozess der AG Qualitätssicherung Fanprojekte ab, der ebenfalls auf den Vorgaben des NKSS basiert.

Ein weiterer elementarer Bestandteil des Arbeitsalltags der Fanprojekte besteht in der Entwicklung von Kooperationsbeziehungen, die meist als *Netzwerkarbeit* bezeichnet werden. Sowohl lokal als auch bundesweit bewegen sich die Mitarbeiter*innen in verschiedenen Netzwerken und stehen mit den jeweiligen Akteuren in engem Austausch. Hierzu zählen neben den Fans und deren Organisationen beispielsweise auch Sicherheitskräfte, Fußballverbände, Jugendhilfe und Politik. Auf besonderes relevante Kooperationen und deren Ausgestaltung wird im elften Kapitel eingegangen.

Eine von Verbands- und Vereinsstrukturen unabhängige Soziale Arbeit mit jugendlichen und jungen erwachsenen Fußballfans ist in Europa eher außergewöhnlich. Der Arbeitsansatz erkennt die Fußballfankultur als jugendkulturelles Massenphänomen an und versteht sie als soziokulturelles Lernfeld, welches junge Menschen selbstständig und aktiv mitgestalten. Diese ganzheitliche Betrachtungsweise steht einer Reduktion der Fußballfankultur auf ein *Sicherheitsproblem* oder einen rein ökonomischen Faktor entgegen.

Der Europarat hat im Jahr 2016 ein Abkommen über Maßnahmen für Sicherheit, Schutz und Dienstleistungen bei Fußballspielen und anderen Sportveranstaltungen beschlossen, das diesem ganzheitlichen Ansatz folgt. Das Abkommen ist bislang nur von einem Teil der EU-Mitgliedsstaaten ratifiziert worden. (www.coe.int, Zugriff am 7.4.2022). Im zwölften Kapitel wirft Michael Gabriel in einem Gastbeitrag einen Blick auf die Entwicklung in verschiedenen europäischen Ländern. In seinem *Blick über die Grenzen* wird auf die unter großen Mühen unternommenen Versuche eingegangen, in der Schweiz und in Polen Ansätze einer eigenständigen Fanarbeit zu etablieren. Dies geschah mit Unterstützung deutscher Expert*innen und unter den jeweils spezifischen nationalen Gegebenheiten.

Einen kompakten Überblick zu *Forschungen im Partizipationsfeld Fußball als Zuschauer*innensportart* und darauf bezogene gesellschaftliche Reaktionen vermittelt das dreizehnte Kapitel.

Den Band beschließt eine Sammlung von Adressen der für den gewählten Themenkreis wichtigen Institutionen und Vereinigungen.

Unser besonderer Dank gilt Dr. Daniela Gasteiger für die gründliche Durchsicht des Manuskripts, der KOS für die Übernahme der Kosten des Lektorats, Michael Gabriel für seine Geduld bei Nachfragen, die Ermöglichung eines Interviews und die von ihm eingebrachten Zuarbeiten sowie Edo Schmidt, Manuel Schröder und Christian Exner für ihre Exkurse im sechsten und achten Kapitel.

Bei der Erstellung dieses Lehrbuchs haben wir uns um eine geschlechtergerechte Schreibweise bemüht. Dies schloss nicht aus, bei historischen Rückblenden und bei offensichtlich ausschließlich männerbezogenen Sachverhalten nur die männliche Form zu wählen.

Karlsruhe, Wolfenbrück, Offenbach und Laßrönne im Herbst 2022
Sophia Gerschel, Titus Simon, Julia Zeyn

1. Zur gesellschaftlichen Bedeutung des Fußballsports

Männerfußball ist wohl das einzige Massenphänomen, das ungeachtet der jeweiligen lokalen ethnischen, kulturellen, sozialen und politischen Rahmenbedingungen eine weltumspannende Bedeutung erlangt hat. Seit Beginn des 20. Jahrhunderts verbreitet dieser Sport eine kontinuierlich wachsende Faszination. Dabei waren kollektive Erinnerungen, aber auch Forschungen über den Fußball lange androzentrisch geprägt. Frauen, die Fußball spielten, wurden von Teilen des Patriarchats pathologisiert (Faust 2019, S. 61 f.). Dem Fußball sind sportliche, soziale, kulturelle, emotionale, ökonomische sowie (sport-)politische Bedeutungen und daraus ableitbare Projektionen und Mythen immanent. Darauf wird in diesem Kapitel eingegangen. Vier Entwicklungslinien erweisen sich als besonders markant:

1. Der Fußballsport ist ein Produkt gesellschaftlicher Prozesse. Die oftmals vertretene Hypothese, wonach der Fußball die jeweiligen gesellschaftlichen Verhältnisse einfach nur widerspiegle, ist unscharf. Eher zutreffend ist die Annahme, dass er unter den sich historisch wandelnden sozialen Rahmenbedingungen des 19. und 20. Jahrhunderts zu einem Massensport und -phänomen wurde und sich dabei immer wieder modifizierte.
2. Jenseits aller Fußballromantik war der moderne Fußball bereits Ende des 19. Jahrhunderts in England, dem Ursprungsland des neuzeitlichen Fußballsports, ein ökonomischer Faktor mit rasch zunehmender Breitenwirkung. Das Spiel und die Spieler*innen wurden im Lauf des 20. Jahrhunderts verstärkt zu Akteur*innen eines Marktgeschehens, um das sich bereits früh eine Produktentwicklung formierte und das neue Absatzmöglichkeiten schuf (Sportkleidung, Sportmedien, Bewirtschaftung von Spielen, Spielorten, Vereinsgaststätten usw.). Dieser Trend scheint ungebrochen und geht zudem mit pessimistischen Prognosen einher. Bereits vor 30 Jahren war Schulze-Marmeling skeptisch, „ob das Spiel die neuen Herausforderungen, vor allem den scheinbar unaufhaltsamen Siegeszug der Marktwirtschaft im Profifußball, unbeschadet überstehen wird“ (1992, S. 8).
3. Seit seinen Anfängen war das Fußballgeschehen von einer intensiven Interaktion zwischen den Personen auf dem Spielfeld und auf den Zuschauerplätzen geprägt. Was als Mischung aus örtlichem Sonntagsvergnügen (der Männer und Jungen) und der Manifestation einer spezifischen Form lokaler Identitätsbildung begann (die „Jungs“ auf dem Feld repräsentieren unser

Viertel, „wir" stehen zu ihnen und nach dem Spiel sind wir „alle" im Pub vereint), erfuhr – auch unter dem Einfluss einer kontinuierlichen medialen Rezeption – vielfältige Modifikationen. Diese haben heute ein so hohes Maß an Entfremdung zwischen Spieler*innen und Supportern erreicht, dass moderne Fanszenen, allen voran die Ultras, sich kritisch gegenüber ihren Vereinen positionieren, wobei der Protest auch aggressive Formen annehmen kann.
4. Im Spiel selbst sowie in seinen sozialen Umgebungen vollziehen sich – ausgeprägter als in sämtlichen anderen Sportarten – Prozesse, in denen die spieltypische „Härte" in unterschiedliche Formen der Gewalt umschlagen kann. Auf deren verschiedene Facetten und Ursachen wird in Kapitel 2 eingegangen.

1.1 Gesellschaftliche Voraussetzungen für die Etablierung von Fußball- und Fankultur

Lässt man die historischen Vorläufer des modernen Fußballsports – etwa die seit dem Mittelalter in England nachgewiesenen Volksspiele, die bretonische Soule oder das norditalienische Calcio (umfangreich hierzu: Bausenwein 1995, S. 113 ff.) – außen vor, steht seine Entwicklung zum *Zuschauer*innensport* in engem Zusammenhang mit der fortschreitenden Industrialisierung im 19. und frühen 20. Jahrhundert, insbesondere mit drei sozialen Phänomenen der Moderne:

- der Entstehung von (mehr) Freizeit für die unteren und mittleren sozialen Schichten, besonders bei Arbeiter*innen und Angestellten,
- der Herausbildung einer eigenständigen Jugendphase sowie
- dem Vorhandensein von wirtschaftlichen Mitteln, welche das Spiel und dessen Betrachtung überhaupt erst möglich machen.

1.1.1 Voraussetzung 1: Die Entstehung von Freizeit

Nimmt man die geringe Zahl der Berufsfußballspieler*innen aus, sind sowohl das aktive Spiel wie auch dessen Betrachtung reine Freizeitvergnügungen. Um sich damit zu beschäftigen, war ausreichend disponible Zeit nötig. Der technologische, ökonomische und kulturelle Wandel von der Feudal- zur frühkapitalistischen Industriegesellschaft brachte aber zunächst eine dramatische Verknappung freier Zeit für breite Bevölkerungsschichten mit sich (Simon 1989a, S. 30). In Fabriken waren durchschnittliche Wochenarbeitszeiten von 70 bis 100 Stunden keine Seltenheit (Maase 2007, S. 44). Die Industrialisierung und die kapitalistische Lohnarbeit mit ihren ausbeuterischen Verhältnissen schufen erstmals eine klare Trennung zwischen Arbeit und Freizeit, um deren Verschiebung zugunsten der Lohnabhängigen über mehr als 150 Jahre gestritten, gekämpft und gestreikt wurde. Die Durchsetzung von mehr freier Zeit und besseren Löhnen war das Ergebnis der zunehmenden Organisation der Arbeiterschaft und deren sozialer Kämpfe. Für 14- bis 16-jährige Jugendliche brachte ein Gesetz aus dem Jahre 1891 eine Begrenzung der Arbeitszeit auf maximal zehn Stunden am Tag (Herre 1980, S. 188). 1919 wurde für Arbeiter*innen und auch Angestellte der Achtstundentag eingeführt. 1959 arbeitete die Mehrheit der Arbeitnehmer*innen noch 45 Stunden in der Woche. Erst in den 1960er Jahren wurde der Samstag in Deutschland arbeitsfrei (Faerber-Husemann 2004). Dieser Zuwachs an disponibler Zeit war die Voraussetzung für die Ermöglichung von Freizeitaktivitäten, zu denen nun neu entstehende Hobbys, aber auch Sport im Allgemeinen und Fußball im Besonderen gehörten. Der Sport konnte für die meisten Beschäftigten aus den unteren und mittleren sozialen Schichten erst dann Realität werden, als ihnen genügend freie Zeit für sportliche Betätigung zur Verfügung stand (Schulze-Marmeling 1992, S. 23).

Die Entstehung von Freizeit war zudem mit einer Veränderung der Zeitordnung verbunden:

> „Unter den kulturellen Wandlungen, die sich im Übergang zur industriellen Weltepoche vollzogen, war kaum eine so tief einschneidend und so allgemein wie die Veränderung des Zeitbewußtseins der Menschen. […] Die Vorstellungen von einer zyklischen Zeitfolge, wie sie die astronomischen und jahreszeitlich-klimatischen Bewegungen nahegelegt hatten, wichen dem Konzept eines geradlinigen Zeitflusses“ (Huck 1980, S. 13).

Diese neue Zeitordnung war ein weiteres Ergebnis veränderter ökonomischer Verhältnisse. Aus der daraus resultierenden *Zeitdisziplin* der industriellen Arbeitswelt erwuchs das Bedürfnis nach Verregelung von freier Zeit. Im Zuge des allgemeinen Normwandels, den die in größerem Umfang zur Verfügung stehende Freizeit mit sich brachte, lebten die bis ins 18. Jahrhundert hinein feststellbaren „wilden“ und brutalen Freizeitvergnügungen in den städtischen Räumen nicht mehr oder in höchstens rudimentären, dann oftmals illegalen Formen wieder auf. Das Bürgertum sah sich als Vertreter einer neuen Ordnung. Katholizismus und Pietismus flankierten mit moralischen Appellen und neuen Angebotsformen das Entstehen eines Regelwerkes, das explizit die neu entstandene freie Zeit einbezog. Wilde Spiele wurden diszipliniert und zivilisiert:

> „Am Modell des mittelalterlichen und neuzeitlichen Fußballspiels hat man diesen Zivilisationsprozeß auch im Sport aufgezeigt. Fußball entwickelte sich von einer

> rohen und oft tödlichen Schlacht im 19. Jahrhundert zu einem strikt geregelten, durch Aufsichtspersonal kontrollierten, seiner unmittelbaren Aggression weitgehend entkleideten Wettspiel" (Dunning 1975, S. 103ff.).

1892 wurde auf einem von der „Centralstelle für Arbeiterwohlfahrtseinrichtungen" ausgerichteten Kongress in Berlin die Zunahme von Freizeit als *soziales Problem* thematisiert. Freizeit galt nun vermehrt als Raum, der nicht sich selbst überlassen bleiben durfte. Der Gefahr des „Müßiggangs" und der „Ausschweifungen" sollte mit Angeboten begegnet werden, welche die „segensreichen Tugenden Häuslichkeit, Familiensinn und Heimatliebe" zu vermitteln vermochten. Insbesondere Arbeiter*innen wurden zum Objekt von sozialreformerischen Mäßigkeitsvereinen, die nach 1880 zahlreich entstanden (Wienemann 2010, S. 114ff.). Beim Versuch, eine Abkehr von „Unsitte, Trunksucht und socialdemokratischen Umtrieben" zu initiieren, kam es zu teilweise paradoxen Kooperationen der schon länger existierenden bürgerlichen Mäßigkeitsbewegung, christlichen Bestrebungen zur „Sonntagsheiligung", sozialistischer, gewerkschaftlicher und kirchlicher Volksbildung und proletarischer Abstinenzlerbewegung (Reulecke 1980, S. 146ff.).

1.1.2 Voraussetzung 2: Die Herausbildung einer eigenständigen Jugendphase

Kindheit und Jugend sind als soziologische und soziale Phänomene noch nicht lange in der gesellschaftlichen Wahrnehmung vorhanden. Klammert man Großbürgertum und Adel aus, in denen Kindheit und Jugend bereits im Absolutismus als eigenständige Phasen der Entwicklung erkennbar waren, kann die Herausbildung einer eigenständigen Jugendphase in der Mitte des vorletzten Jahrhunderts verortet werden (Simon 1996, S. 26).

Feudalismus und Frühkapitalismus erlaubten keinen Schonraum für Heranwachsende. Das Verwertungsinteresse an deren Arbeitskraft war dominant. Eine der zahlreichen Folgen der Industriellen Revolution war die weitgehende Auflösung der vormals vorhandenen sozialen Bindungen der überwiegend im ländlichen Raum und unter der städtischen Kleinhandwerkerschaft anzutreffenden häuslichen Produktions- und Lebensgemeinschaft.

Diese Entwicklungen haben ihre Begründung vor allem darin, dass mit der Aufhebung der ständischen Struktur nicht nur neue, das eingesetzte Kapital gewinnorientierter verwertende Produktionsformen umgesetzt wurden. In der Folge kam es außerdem zu einer zunehmenden Trennung von Arbeiten und Wohnen, da außerhäusliche Beschäftigungsverhältnisse häufiger wurden:

> „Diese funktionale Aufsplitterung der Existenz und Existenzsicherung in Einzelbereiche hatte zur Folge, daß nicht mehr einheitliche und eindeutige Anforderungen an die einzelnen Menschen gestellt wurden" (Krafeld 1984, S. 12).

Die Bedingungsgefüge, denen Jugendliche und ihre Familien unterworfen waren, verloren ihre engen ständischen Grenzziehungen und Ausgestaltungen. Erste Möglichkeiten und Ansätze für Individualisierung und Pluralisierung ergaben sich, dennoch erlebte ein Teil der Bevölkerung zunächst Armut und Verelendung.

Vor diesem Hintergrund veränderte sich auch der Rahmen von Erziehung. Wenn Erziehung sich nicht nur auf eine Lebensperspektive bezieht, die im Wesentlichen auf den integrierten Zusammenhang von Leben und Arbeit ausgerichtet ist, sondern auf eine außerhalb des familiären Kontextes liegende Arbeitswelt, dominieren zwangsläufig zunehmend die auf Berufsausübung ausgerichtete Erziehung und die Vermittlung gesellschaftlich anerkannter Grundfertigkeiten in der Schule, was vor allem die Herausbildung einer *bürgerlichen Jugendphase* massiv beschleunigt hat.

Krafeld (ebenda, S. 14) macht deutlich, dass die neuen Phänomene *Jugend* und *Freizeit* erst unter den Bedingungen der Trennung von Familie, Bildung und Arbeit entstehen konnten. Angefangen von proletarischen Gassencliquen und den Frühformen einer bürgerlichen Jugendbewegung entwickelte sich eine Jugendkultur, die sich in den nachfolgenden Jahrzehnten rasant ausdifferenzierte (umfangreich hierzu: Simon 1996, S. 73 ff.).

Vor diesem Hintergrund kann das Entstehen des Arbeitersports neben dem nationalistischen und kaisertreuen bürgerlichen Turnbetrieb im späten 19. Jahrhundert ebenso als Versuch gesehen werden, sich selbstbestimmte Formen von Freizeit wieder anzueignen, wie die Herausbildung jugendlicher „Eckenstehergruppen" und die vor allem im großstädtischen Raum weit verbreiteten „Briten", „Halbstarken" und „wilden Cliquen" (ebenda).

Exkurs 1: Arbeitersportvereine

Nach dem Ersten Weltkrieg kam es zu einem massiven Aufschwung des organisierten Sports. In dieser Zeit wurden zahlreiche Sportvereine gegründet, insbesondere solche, in denen der Fußball der Männer im Mittelpunkt stand. Die Ende des 19. Jahrhunderts entstandene Arbeitersportbewegung profitierte ebenfalls von der wachsenden Sportbegeisterung. Ihr Wachstum beruhte nicht nur auf der steigenden Bedeutung der Sozialdemokratie nach 1880, sondern war auch auf die bereits dargestellte schrittweise Arbeitszeitverkürzung zurückzuführen. Zunächst waren Arbeiter in den bürgerlichen Organisationen wie der Deutschen Turnerschaft aktiv, doch die politische Ausgrenzung der Sozialdemokratie im Kaiserreich sorgte zunehmend für Konflikte. Arbeitersportvereine ermöglichten es, sich bewusst von den bürgerlichen Vereinen abzusetzen. Die Arbeitersportbewegung lehnte das Wert- und Normengefüge der kapitalistischen Erziehung zur Konkurrenz und zu Individualismus lange ab. Stattdessen sollten alternative Entwürfe verwirklicht werden, die in vielerlei Formen ihren Ausdruck fanden: im Korso-, Reigen- und Langsamfahren beim Radfahren, in Massenspielen und Massenturnübungen, in der Massenakrobatik und im Figurenschwimmen.

Nicht alle begrüßten die neue Sportbewegung: Viele Arbeiter*innen und auch die ländliche Bevölkerung wollten nicht daran teilhaben oder waren schlicht desinteressiert. Diese Haltung entsprang einem eindeutigen Begriff von Freizeit. Freizeit sollte dem Bedürfnis nach Ruhe und Entspannung als Ausgleich für die harte körperliche Arbeit gerecht werden (Teichler 1987, S. 17).

Die Entwicklung des Arbeitersports vollzog sich keineswegs bruchlos. Im Kaiserreich litten seine Anhänger*innen unter Repressalien. Eine Vielzahl von Konflikten mit den Verwaltungen auf kommunaler und Landesebene und den verhassten Bürgerlichen zeitigte immer wieder Situationen, in denen Arbeiterjugendliche in gewalttätige Auseinandersetzungen verwickelt wurden. Ihren Höhepunkt erlebte die Arbeitersportbewegung während der Weimarer Republik, in der die Sozialdemokratie zeitweise in Regierungskoalitionen eingebunden war. 1933 waren im 1893 – damals noch unter dem Namen Arbeiter-Turnerbund (ATB) – gegründeten Arbeiter-, Turn- und Sportbund (ATSB) 1,3 Millionen Mitglieder organisiert (Herre 1980, S. 191). Allerdings gab es interne Konflikte: Die im Zuge der verschärften Kontroverse zwischen SPD und KPD nach 1929 aus dem ATB ausgeschlossenen oder ausgetretenen Sportler*innen und Vereine gründeten 1929 in Berlin die „Interessengemeinschaft zur Wiederherstellung der Einheit im Arbeitersport“, die später in „Kampfgemeinschaft für Rote Sporteinheit“ umbenannt wurde (Merkler 1977, S. 626). *Rotsportler* – so benannt wegen ihrer Nähe zur KPD und ihres Grußes „Rot Sport“ – gab es im Januar 1933 rund 100 000, wobei hier nicht alle KPD-nahen Fichte-Sportvereine mitgezählt waren. 1928 war der Berliner Arbeitersportverein Fichte mit über 10 000 Mitgliedern einer der größten Sportvereine der Welt (Dierker 1987, S. 93). Der Arbeiterfußball beanspruchte für sich gegenüber den bürgerlichen Vereinen eine höhere Spielkultur und eine größere Fairness. Im Unterschied zu den Bestimmungen des Deutschen Fußballbundes (DFB) durfte nach den Fußballregeln des ATSB der Torwart im Torraum überhaupt nicht angegriffen werden (Hauk 1987, S. 167).

Nach dem Machtantritt Hitlers 1933 wurde die Arbeitersportbewegung gewaltsam zerschlagen. Nur wenige der einstmals 18 000 Sportvereine nahmen ab 1945 ihre Tätigkeit wieder auf. Rund 700 der heute existierenden Sportvereine, darunter 28 in Hamburg, gehen auf den Arbeitersport zurück (www.geschichtsbuch.hamburg.de, Zugriff am 14. 7. 2021). Die Mehrzahl legt Wert darauf, als Sportverein zu gelten, der Mitgliedern aus allen Schichten der Gesellschaft offensteht.

1.1.3 Voraussetzung 3: Materielle Ausstattung der Konsument*innen

Um an Freizeitangeboten und den darauf ausgerichteten Konsumgütern partizipieren zu können, bedurfte es einer Einkommensentwicklung, die den Beschäftigten über die Finanzierung des unmittelbar Lebensnotwendigen hinaus – neben der jeweils individuellen Sparquote – einen ausreichenden Überschuss beließ. Diese neue Phase der Konsumgesellschaft setzte im großen Umfang erst in der Nachkriegszeit ein.

Abbildung 1: Durchschnittseinkommen 1949–1989

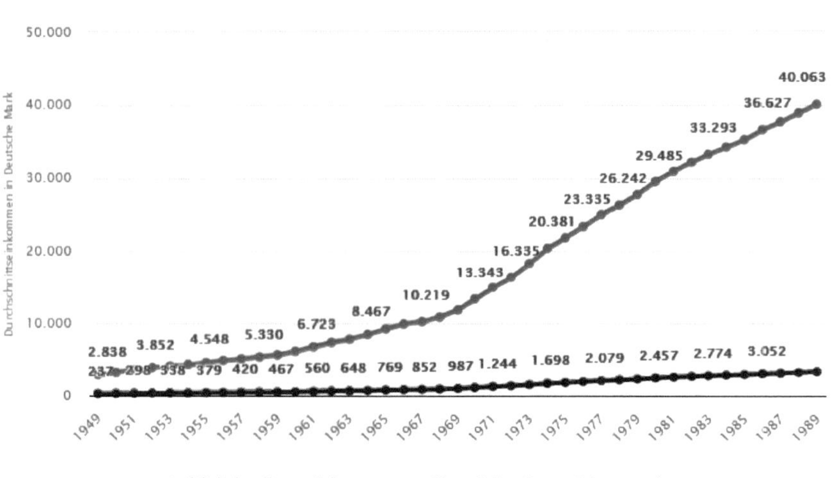

Quelle: www.de.statista.com (I), Zugriff am 11. 7. 2021

Betrachtet man die Entwicklung der Durchschnittseinkommen seit Gründung der Bundesrepublik Deutschland (siehe Abbildung 1) und setzt diese in Beziehung zu den Lebenshaltungskosten, so wird deutlich, dass erst mit den deutlichen Lohnzuwächsen der 1970er Jahre größere Spielräume für konsumtive Ausgaben jenseits des Lebensnotwendigen entstanden[3]. Disponible Einkommensanteile, die für Verwendungszwecke jenseits der laufenden Kosten verbraucht werden

3 Die Kosten für Nahrungsmittel, Getränke und Tabakwaren beliefen sich 1991 noch auf 16,9 Prozent der Konsumausgaben. Bis 2020 fiel dieser Anteil mit geringfügigen Schwankungen noch auf 15,5 Prozent (www.de.statista.com (II), Zugriff am 11. 7. 2021).

konnten – also z. B. für die Aufwendungen einer expressiv gelebten Fankultur –, beliefen sich 2020 auf 19 Prozent des Durchschnittseinkommens (www.de.statista.com (II), Zugriff am 11. 3. 2022).

Die erwachsenen Personen, die sich 2018 in den Ländern mit den fünf bedeutendsten nationalen Ligen – Premier League, Bundesliga, LaLiga, Serie A, Ligue 1 – (in unterschiedlicher Intensität; d. Verf.) für Fußball interessierten, gaben im Jahresdurchschnitt sehr unterschiedliche Beträge aus (siehe Tabelle 1):

Tabelle 1: Durchschnittliche Ausgaben aller fußballinteressierten Erwachsenen p. A.[4]

Land	Summe in €
England	804
Spanien	796
Frankreich	786
Italien	715
Deutschland	398

Quelle: www.akademikerfanclub.de, S. 7, Zugriff am 11. 7. 2021

Die im Vergleich deutlich zurückbleibenden jährlichen Ausgaben der deutschen Fans erklären sich zum Teil aus den geringeren Eintrittspreisen, geringeren Verpflegungskosten sowie des pro Kopf geringeren Absatzes von Merchandising-Artikeln.

Die Ausgaben der regelmäßigen Stadionbesucher*innen liegen weit darüber. In der Saison 2016/17 betrug der Wert des „Warenkorbs“ jener Fans, die im Besitz der günstigsten Dauerkarte für die Heimspiele ihres Vereins waren, die am Spieltag zwei Becher Bier und eine Bratwurst verzehrten und wenigstens einmal im Jahr das neue Trikot ihres Vereins erstanden, im günstigsten Falle auf 452,86 Euro (www.faz.net, Zugriff am 12. 7. 2021). Die *Herzblut-Fans,* die auch die Auswärtsspiele ihres Vereins besuchen, müssen deutlich mehr als 2 000 Euro pro Saison aufbringen (ebenda). *Extrem-Fans,* die sich umfangreich mit Accessoires[5] aus-

4 Ohne Kosten für TV-Abos und andere Medien.

5 In Deutschland sind die Umsätze im Fanartikelgeschäft zwischen 2006 und 2016 um 203 Prozent gestiegen (www.faz.net, Zugriff am 12. 7. 2021). Beim Verkauf der überwiegend im asiatischen Raum hergestellten Clubtrikots entstehen Gewinnspannen von mehre-

statten, regelmäßig Auswärtsspiele besuchen, an die Orte der Trainingslager reisen und zudem die Reisen der Nationalmannschaft mitmachen, sowie *Groundhopper*innen*, geben pro Jahr Beträge im niedrigen fünfstelligen Bereich aus.

1.2 Der Fußball als Impulsgeber für wiederkehrende Erregungszustände

Der zunehmend in sein Regelwerk und in die Sachzwänge der Spielsysteme gepresste Sport gewinnt seine Faszination noch immer aus gelingenden Spielzügen, der Genialität und Technik einzelner Spieler*innen und der oftmals lange anhaltenden Spannung knapper Spielstände. Darüber hinaus produziert er weitere Erregungszustände, die aus real oder vermeintlich unfairem Verhalten gegnerischer Spieler*innen und Fans, Schiedsrichter*innenentscheidungen und dem „schicksalhaften Spielverlauf" – fünfmal knapp vorbei und dann noch dreimal an die Latte – resultieren können. Der Sport nimmt einen derart hohen gesellschaftlichen Stellenwert ein, dass er auch abseits des Spielfeldes ein Kontinuum an realen oder auch nur vermeintlichen Skandalen, Episoden und Erregungszuständen produziert. Diese werden durch die Medienberichterstattung und die Diskurse innerhalb und außerhalb der Fanszenen weiter angeheizt.

In den Jahren der Covid-19-Pandemie stand der organisierte Fußballsport vor einer Vielzahl von Herausforderungen. Fast täglich wurden Schlagzeilen produziert, die in einem nur weitläufigen Zusammenhang mit dem Sport selbst und den Leistungen von Mannschaften oder einzelner Spieler*innen standen. Seit dem Beginn der Pandemie hat der Fußball deutlich an Bedeutung verloren: Laut einer Studie an der Universität Würzburg wandte sich rund ein Drittel der Fans zumindest temporär vom Spiel ab.[6] Das lag nicht nur daran, dass die durch das Infektionsgeschehen produzierten Tragödien und Notwendigkeiten den Stellenwert der bislang populärsten Sportart deutlich reduzierten. Die Vereine und ihre Funktionär*innen mussten sich massive Fanproteste gefallen lassen, weil sie mehrere Privilegien für den Profisport aushandeln konnten. Mitten in die Covid-19-Krise hinein platzte außerdem der erneute Versuch des „gierigen Dutzends" (Kemmner 2021) – der zwölf europäischen Topclubs der Fußballbranche –, eine

---

ren Tausend Euro. Im Wissen um eine *sichere Nachfrage* stiegen deren Preise enorm. 2010 musste ein Fan im Durchschnitt 65 Euro für das Kunststoffhemdchen seines Lieblingsvereins ausgeben, sechs Jahre später waren es knapp 81 Euro. Wer in der Saison 2021/22 das „FC Bayern Trikot Away Authentic" mit Namensbeflockung und Meister-Logo tragen wollte, hatte dafür 152,95 Euro zu entrichten (www.fcbayern.com, Zugriff am 12.7.2021).

6 www.mdr.de/sport/fussball_1bl/fanstudie-ein-drittel-fussballfans-wendet-sich-vom-fussball-ab-100.html (Zugriff am 2.5.2022).

in sich abgeschlossene europäische Superliga zu gründen. Dieses Unterfangen scheiterte vorerst am gebündelten Widerstand der Europäischen Fußballunion, die ihre eigenen Pläne zur Ausweitung der Champions League gefährdet sah, den meisten nationalen Verbänden, der Mehrzahl der Clubs, der Fans und der Politik. In den Fokus geriet mit dem Buch von Gaillard und Gleizes (2018) auch der Umgang mit Talenten insbesondere aus Afrika, den die beiden Autoren als „esclavage moderne", als modernen Sklavenhandel, skandalisierten.

Diese Verwerfungen ändern nichts an der Tatsache, dass aus dem Geschehen rund um die Spiele in rascher Abfolge eine Vielzahl an Gefühlszuständen erzeugt werden: Freude, Euphorie, Erstaunen, Enttäuschung, Unverständnis, Wut und Trauer können sich entlang eines Spiels entwickeln.

1.3 Spieler*innen und Zuschauer*innen

Fußballspiele in Zeiten der Covid-19-Pandemie haben deutlich gemacht, wie stark das Erleben des Sports durch das interaktive Geschehen zwischen Zuschauer*innen und Spieler*innen geprägt ist. Die trostlose Geräuschkulisse der Fernsehübertragung von Spielen der Bundesliga-Saison der Männer 2020/21 entlarvte darüber hinaus die Kommunikation zwischen den Spieler*innen bzw. zwischen diesen und ihren Trainern und Betreuer*innen als sprachlich reduziertes Geschrei und Gestammel. Paris (1983, S. 159 f.) sieht die Komplexität des interaktiven Geschehens in einem Stadion durch drei unterschiedliche Dimensionen[7] konstruiert:

- als kommerzielle Veranstaltung,
- als Spiel und als
- kollektives Ereignis.

Diese Dimensionen sind auch knapp vier Jahrzehnte später noch existent, wenngleich durch verschiedene Weiterentwicklungen geprägt. Unverändert beeinflussen und überlagern sie sich ständig im Verlauf des interaktiven Geschehens:

> „Alle Beteiligten interpretieren die Situation stets in einer spezifischen Verschränkung und Verschlingung dieser drei Deutungsebenen der Situation. […] Der Spieler ist immer schon *zugleich* Spieler im Sinne des Spielgeschehens, Profi mit individuellen Karriereansprüchen und bejubelter Triumphator nach einem

---

7 Paris (1983, S. 159) verwendet an dieser Stelle den Begriff „Definitionen".

Tor; und ebenso ist der Zuschauer immer schon *zugleich* ‚zahlender' Zuschauer, der etwas für sein Geld erwarten kann, spontaner Teilnehmer am Spielgeschehen, der gleichsam im Geiste mitspielt, und Beteiligter an einem kollektiven Erlebniszusammenhang, in dem der Fußball gleichzeitig Anlass und Hintergrund für das Ausagieren einer bestimmten Form von Geselligkeit ist" (ebenda, S. 160).

Mit der Einführung des Profis verlor der Fußballsport seine Teilautonomie von den herrschenden ökonomischen Bedingungen. Fußball stieg auf in die Sparte des ShowBusiness. Der ShowCharakter des professionalisierten Fußballsports besteht nicht in erster Linie in der Tatsache, dass wenige Akteure einer großen Zuschauer*innenmenge gegenüberstehen, sondern darin, dass sich zwischen dem zum ShowStar gewordenen Sportler und dem Publikum ein sozialer Abstand entwickelt hat (Lindner, Breuer 1978, S. 89).

In den letzten Jahrzehnten ist die wechselseitige Entfremdung zwischen Spieler*innen und Zuschauer*innen kontinuierlich gewachsen. Durch die völlige Beliebigkeit, mit der Spieler kommen und gehen, ist dieser Prozess weiter verstärkt worden. Für den Fan sind die Spieler aus dem Alltagsleben entrückt. Die mediale Aufbereitung des Fußballsports trägt zudem zur Internationalisierung und Entfremdung bei. Identifikationsformen, die sich aus dem gemeinsam gelebten Alltag von Spieler*innen und Zuschauer*innen ergeben, sind nicht mehr vorhanden. Der Fußballverein und seine Spieler sind als Orientierungsgrößen für eine lokale Alltagskultur nicht mehr tauglich. Dieser Entfremdungsprozess hat auch neue Ausdrucksformen des Zuschauer*innenverhaltens produziert. Die Entstehung der Ultrabewegung, auf die in den nachfolgenden Kapiteln eingegangen wird, ist auch ein Resultat des zunehmend durchkapitalisierten Fußballgeschehens. So wie Selbstinszenierung und (Selbst-)Vermarktung der Spieler Elemente moderner Professionalität geworden sind, hat ein Teil der Fanszene eine kritische Distanz zur kapitalistischen Variante des Fußballgeschehens, zum Verein und den nationalen und internationalen Verbänden entwickelt und praktiziert zugleich selbst eigene Inszenierungen. Während der Spieler diese Inszenierungen als Individuum, als Vermarkter seiner selbst und im Erfolgsfall als Star betreibt[8], vollziehen sie sich in der Ultraszene vorrangig als kollektiver Prozess. War das Zuschauer*innenverhalten vormals die Umrahmung des Spiels, so wird das Spiel zunehmend zur Arena der kreativen und kritischen Ausdrucksformen des organisierten Fanverhaltens.

8 Dies gilt derzeit noch vorrangig für den Männerfußball. Im Frauenfußball sind derartige Entwicklungen künftig nicht ausgeschlossen.

1.4 Analytische Herangehensweisen an Fußball als soziales Phänomen

In aktuellen Betrachtungen des Phänomens Fußball wird immer mehr dessen Rolle als Wirtschaftsfaktor und eine zunehmende Entfremdung von seinen Wurzeln – worunter sehr Unterschiedliches verstanden werden kann – betont. Dennoch sind prägende Einflüsse des Fußballs auf gesamtkulturelle Phänomene unstrittig. Fußball wirkt in vielfältige Lebensbereiche hinein. In dem Teil der Sprache, der in besonderer Weise mediale Beachtung und Verbreitung findet, findet sich eine deutliche Adaption von Fragmenten der Fußballsprache. Dies gilt in besonderer Weise für die Sprache der Politik. „Wir bleiben am Ball", „Wir haben die richtige Mannschaft", „Ein Steilpass für (wen auch immer)" sind gerne gebrauchte Floskeln, die zum Zwecke der Konturierung der eigenen Person oder Organisation verwendet werden, um Volksnähe zu demonstrieren und sich als Mann oder Frau[9] „auf der Höhe der Zeit" zu inszenieren.

Bei einer analytischen Betrachtung des sozialen Phänomens Fußball können wenigstens sechs Herangehensweisen gewählt werden:

- Fußball unterliegt einer starken Kommerzialisierung, bei der alle Entscheidungen – von der Vermarktung des Stadionnamens über das Transfergeschäft und das Merchandising bis hin zur medialen Inszenierung – den Regeln eines entfesselten Markts unterworfen sind.[10]
- In dem Maße, wie Fußball als Attraktion empfunden wurde und zu einem Massenphänomen heranwuchs, wurden Versuche unternommen, ihn für politische Ziele und Zwecke zu instrumentalisieren. Diese Tradition wurde bereits im italienischen Faschismus der 1920er und 1930er Jahre begründet. Noch ehe sich das Konzept einer linken Hegemonie der Alltagskultur ausbreiten konnte – Antonio Gramsci entwickelte hierzu elementare Wesenszüge erst in den faschistischen Gefängnissen –, eroberte die siegreiche Rechte erfolgreich die Orte der Volkskultur, zu denen in Italien bereits früh das Fußballgeschehen gehörte. Die faschistische Bewegung okkupierte Lazio Rom, was bis heute in den Inszenierungen der Fans dieses Vereins fortwirkt. Eine faschistische Instrumentalisierung hat der deutsche Fußball vor allem in Form von dessen „Gleichschaltung" und der Zerstörung der Kultur des Ar-

---

9 Abgesehen von Angela Merkel, die sich schon mal unangekündigt in die Umkleidekabine der deutschen Nationalmannschaft begeben hat, sind es in der Tat meist männliche Politiker, die sich dieser Technik bedienen.

10 Selbst der Kult- und Kiezclub FC St. Pauli musste einst im DFB-Pokal seine Auflaufhymne „Hells Bells" (AC/DC) auf eine Kurzfassung reduzieren – weil das Fernsehen, die Sponsoren und der DFB dies so wollten.

beitersports sowie der jüdischen Sportbewegung innerhalb und außerhalb des Fußballs erlebt. Die Sportart wurde aber nicht wie in Italien und auch in Spanien zu einem herausgehobenen Propagandainstrument des Faschismus. Die führenden Köpfe der NSDAP hatten keine ausgeprägte Affinität zum Fußball (umfangreich hierzu: Havemann 2005), wohl aber zum Film, der anderen aufstrebenden Massenkultur der 1930er Jahre. Hinzu kam der Umstand, dass der deutsche Fußball der Männer weder 1936 bei den Olympischen Spielen in Berlin noch 1938 bei der Weltmeisterschaft in Italien besonders erfolgreich war. Zudem zerschlug sich die Hoffnung, dass nach dem „Anschluss" Österreichs eine Kombination deutscher und österreichischer Spielkultur zur „Unbesiegbarkeit" führen würde.

Der gewaltsamen und radikalen politischen Okkupation des Fußballs hat Silvio Berlusconi in den Jahren vor und während seiner Regierungszeit ein neues Gesicht gegeben. Postfaschistische Ideologie wurde gepaart mit gewaltiger Kapitalkraft und zunehmender Medienkontrolle (Simon 2006, S. 20).

- Hiervon zu unterscheiden ist die meist emotional unterlegte Bündelung politisch eingefärbter Stilbildungen, die sich innerhalb der Fangemeinschaften entwickeln können. Sie knüpfen meist an die Antagonismen früherer Klassenkämpfe an, wobei sich in den Ausdrucksformen der linken wie der rechten Fankultur tradierte Symboliken mit höchst aktuellen Themenstellungen und modernen Choreografien mischen können. Diese Form der politischen Äußerung, in der der (halb)öffentliche Ort Stadion für politische Botschaften genutzt wird, kann als spezifischer Ausdruck eines politisch aufgeladenen Sozialraums verstanden werden.[11]
- Eine vierte Dimension besteht in der Allgegenwärtigkeit des Fußballgeschehens, der Kritiker*innen wohl zu Recht ein erhebliches Manipulationspotenzial zuschreiben (Simon 2006, S. 21). Die moderne Version von „Brot und Spiele(n)" ist in unserem Kulturraum eng mit dem Fußballgeschehen verbunden. Geht man aber den Folgen dieser in der Tat vorhandenen Omnipräsenz stärker nach, wird keineswegs ein geschlossenes System manipulativer Mechanismen und Wirkungen sichtbar. Die Dominanz des Fußballs

11 Der Stuttgarter Journalist Joe Bauer, der immer zu den Kickers gehalten hat, erinnerte vor kurzem nochmals daran, dass es der Schriftsetzer, Buchdrucker, spätere Anstifter und Kabarettist Peter Grohmann und seine Kumpels und nicht die 68er-Studenten waren, die am 17. November 1967 während der Begegnung VfB Stuttgart gegen Borussia Dortmund ein riesiges Transparent enthüllten: „Der VfB grüßt den tapferen Vietcong – Borussia grüßt die Kumpel in Hanoi" (Bauer 2017, S. 2). Der VfB Stuttgart distanzierte sich später von der Aktion, die die Vereinsverantwortlichen angeblich während des Spiels gar nicht wahrgenommen hatten, mit trotziger Empörung: „Wir haben nie den tapferen Vietcong gegrüßt" (Böttiger 1989, S. 108).

in der Sportberichterstattung führt durchaus zu ambivalenten Wirkungen. Zum einen kann sehr wohl bei einem bestimmten Teil der Rezipient*innen davon ausgegangen werden, dass sie der Fußball davon abhält, sich anderen wichtigen gesellschaftlichen Angelegenheiten und Konflikten in einer Weise zuzuwenden, die sogar bis zur aktiven Einmischung in das politische Geschehen führen könnte. Auf der anderen Seite führt die Überbetonung der Bedeutung des Fußballgeschehens im öffentlichen Diskurs selbst unter eingefleischten Fans zu zunehmenden Unmutsbekundungen. Ihnen missfällt, dass selbst Randnotizen des Fußballgeschehens mehr und mehr auf den Titelseiten seriöser Tageszeitungen platziert werden. Die in der Regel als schicksalhaft wahrgenommene Ökonomisierung des Fußballs erfährt gelegentlich Grenzen, löst kritische Diskurse aus, die auch auf andere politische Themenstellungen überspringen können.

- Noch stärker als die bislang genannten Aspekte wirken in unserem Kulturraum heute jene sozialen Dimensionen, die dem Spiel eigentümlich sind. Spannungsaufbau und Spannungsabfuhr sind ebenso möglich wie das Erleben von Erwartung, Hoffnung, Freude und Enttäuschung. Zu streiten wäre hier lediglich darüber, ob es sich dabei um authentische Gefühlswelten oder um „Emotionen aus der Dose" handelt. In diesen Zusammenhang gehören auch jene identitätsbildenden Projektionen, die sich aus dem sozialpsychologisch begründeten Phänomen der Suche nach einem Ich-Ideal ergeben.
- Abschließend sei noch ein Blick auf die noch immer existenten Träumer*innen und Fußballromantiker*innen erlaubt. Sie sind gegen die markt- und politikgesteuerten Veränderungen des von ihnen verehrten Sports auch dann machtlos, wenn sie sich mit den wirkmächtigen Einflussgrößen beschäftigt haben und deren Funktionen zu deuten und zu kritisieren wissen. Sie sind nur im geringen Maße wirkmächtig, sie sehen sich – wie der aus Uruguay stammende Schriftsteller Eduardo Galeano – als gänzlich unbedeutend:

> „Ich bin nicht mehr als ein Bettler um guten Fußball. So gehe ich um die Welt, den Hut in der Hand, und in den Stadien bitte ich: ‚Nur einen schönen Spielzug, Gott vergelt's'" (Galeano 1995, S. 9).

1.5 Fair Play! – Fair Play?

Die im Rahmen der Qualifikation zur Weltmeisterschaft der Männer 2022 stattgefundene Begegnung Deutschland gegen Nordmazedonien war ein „Skandalspiel". Diese Bewertung erfolgte weniger aufgrund der dürftigen Leistungen der deutschen Spieler und der am Ende überraschenden Niederlage gegen den

Außenseiter, sondern aufgrund eines erschlichenen Elfmeters, der zum zwischenzeitlichen 1:1 geführt hatte. Leroy Sané reckte im Fallen sein rechtes Bein so weit in Richtung seines Gegenspielers, dass ein *Kontakt* entstand. Damit praktizierte er eine gängige Form des Betrugs, der von den sympathisierenden Fans und den Mitspielern meist gerne hingenommen wird, wenn es darum geht, den eigenen Erfolg zu sichern. Der Spieler, der den Betrug begangen hat, wird von den sympathisierenden Medien und den eigenen Fans gerne als „wahres Schlitzohr" bezeichnet, als jemand, der mit „raffinierten Mitteln" den „wichtigen Erfolg" der eigenen Mannschaft gesichert hat. Nach dem 2:1-Sieg Englands über Dänemark in der Halbfinalbegegnung der Europameisterschaft der Männer 2021 entlud sich in England ein kollektiver Rausch, obwohl das Ergebnis ebenfalls durch einen offensichtlichen Betrug des ohne ernsthafte Berührung fallenden (geschickt zu Boden gehenden) Spielers („Sterling the Diver") (Lynch 2021) herbeigeführt wurde und zudem der dänische Torwart Kaspar Schmeichel vor dem Elfmeter durch einen englischen Supporter mittels eines Laserpointers beeinträchtigt worden war. Am Ende zählt allein der Erfolg. Obwohl wenigstens zwei der vier von der deutschen Nationalmannschaft der Männer errungenen Weltmeistertitel der Verdacht des Betruges anhaftete, spielt dies in der kollektiven Erinnerung keine oder eine nur marginale Rolle. Zahlreiche Indizien sprachen dafür, dass das sich 1954 ereignende „Wunder von Bern" auch auf die Injektion verbotener Substanzen zurückging[12]. Der Weltmeistertitel 1974 basierte auf der „Mutter aller Schwalben", als der deutsche Spieler Hölzenbein beim Stand von 0:1 für die Niederlande so geschickt sein Bein über das seines Gegenspielers Jensen streifen ließ[13], dass daraus ein Elfmeter resultierte, der zum Ausgleich führte.

Das Spiel zu „zivilisieren", ist eine alte Forderung, deren Umsetzung oftmals misslingt. Dies gilt insbesondere dann, wenn dem Erfolg eine „nationale Bedeutung" zugewiesen wird, was insbesondere bei den Weltmeisterschaften der Männer der Fall ist. Die Weltmeisterschaft 1934 wurde in Italien als Propagandaschau für Benito Mussolini inszeniert, der die meisten Spiele besuchte. Stets huldigte ihm von der Gegentribüne die „schwarze Wand" der versammelten Faschisten und die Spieler der italienischen Nationalmannschaft mit dem „römischen Gruß".

---

12 Mindestens 13 Spieler der damaligen Nationalmannschaft mussten sich nach der Weltmeisterschaft 1954 auf Hepatitis A und C untersuchen lassen. Mindestens acht waren längere Zeit in Behandlung. Die diagnostizierten Erkrankungen gehen auf die Vergabe verunreinigter Spritzen zurück (Hoffmann, Wedemeyer, Niehues 2010). Ob, wie gelegentlich vermutet wurde, das aus dem Zweiten Weltkrieg bekannte leistungsfördernde Mittel Pervitin verabreicht wurde, kann wohl nicht mehr ermittelt werden. Zumindest den älteren Nationalspielern war dieses bereits aus Kriegszeiten bekannt.

13 Der Kolumnist Oskar Beck merkt, dabei die Wirklichkeit richtig abbildend, pragmatisch dazu an: „Trotz aller Bedenken lehnen wir Schwalben nicht grundsätzlich ab – ihre Bewertung ist eine Frage des Standpunktes" (Beck 2016).

Das Halbfinale gegen die technisch überlegenen Spanier gewannen die Italiener nur, weil der Schiedsrichter zuließ, dass die Italiener mit hemmungsloser Brutalität sieben spanische Spieler – darunter den damals weltbesten Torwart Zamora – so schwer verletzten, dass diese zum notwendig gewordenen Wiederholungsspiel nicht mehr antreten konnten (Galeano 1995, S. 82).

Unverändert wird der Fair-Play-Gedanke in den Stellungnahmen der Fußballoffiziellen gerne hervorgehoben. Seinen Ursprung hat er im Zusammenwirken der Regelentwicklung für den einstmals „wilden" und „rohen" Sport, des aus England stammenden Gentleman-Ideals und pragmatischen Einsichten wie der, dass willkürlich herbeigeführte Verletzungen die Arbeitsfähigkeit der Spieler beeinträchtigen. Das Spannungsverhältnis zwischen dem Fair Play und der Erzielung des Sieges mit allen Mitteln stellt ein Kontinuum des Fußballgeschehens dar:

> „Dass auch heutzutage Fair-Play-Kampagnen noch groß in Mode sind, zeigt, dass der Widerspruch zwischen dem Anspruch auf Fairness und dem Prinzip der Konkurrenz noch nicht gelöst ist" (Bausenwein 1995, S. 301).

Wird tatsächlich einmal in bedeutenden Spielen Fair Play praktiziert, geht das als Nachricht um den Globus. Etwa, als der argentinische Trainer Marcelo Bielsa – „El Loco" – die von ihm trainierten Spieler von Leeds United anwies, ein Gegentor zuzulassen, da seine eigene Mannschaft ein Tor nur hatte erzielen können, weil ein verletzter Spieler des gegnerischen Vereins Aston Villa am Boden lag und alle dachten, die Partie sei unterbrochen (Erbelding 2019). Ähnlich agierte Ramon Gehrmann. Der damalige Trainer der Stuttgarter Kickers sagte seinen Spielern, sie sollten ein Eigentor fabrizieren, da die zwischenzeitliche 2:0-Führung seiner Mannschaft aus einer Unsportlichkeit resultiert hatte (Frey 2020). Nachdem der damalige Trainer von Bayer Leverkusen, Peter Bosz, einen Spieler aufgefordert hatte, nach einer falschen Freistoßentscheidung zugunsten seines Teams den Ball zur gegnerischen Mannschaft zurückzuspielen, erhielt er im Sommer 2021 die Fair-Play-Medaille des DFB. Der Ausgezeichnete ließ sogleich eine nüchterne Einordnung folgen:

> „Man muss diese Szene aber nicht so hochhängen. Ich bin definitiv ein Trainer, der gewinnen will. Ich revidiere sicher nicht jeden falschen Pfiff" (Sportinformationsdienst 29. 7. 2021).

In der Regel wird der Erfolg solchem Verhalten übergeordnet. Hundertfach häufiger sind offen unfaires Spiel und die Erschleichung von Vorteilen durch Simulation. Allein verschärfte Regelauslegungen reduzieren das „rohe" Spiel, das in der Bundesligageschichte der Männer in den frühen 1980er Jahren eine so starke

Verbreitung hatte, dass der frühere Bundesligatorwart und spätere Präsident von Eintracht Braunschweig, Hans Jäcker, in einem mahnenden Brief schrieb:

> „Wenn wir die brutale Entwicklung der letzten Wochen nicht sofort stoppen, werden die Zuschauer die Spieler als primitive Treter abschätzen und in der Nähe der altrömischen Gladiatoren ansiedeln" (Der Spiegel 36/1981).

Die Verschärfung der Regeln und ein Schiedsrichter*innenverhalten, das insbesondere filigrane Mittelfeldspieler und Stürmer besser vor rohen Tacklings schützt, gehen auch darauf zurück, dass Spieler zu wertvollen Wirtschaftsgütern ihrer Vereine geworden sind. Die Gesundheit der Spieler und deren Einsatzfähigkeit sind ökonomische Faktoren, deren Schutz gerne mit dem Mythos des Fair Play kaschiert wird.

Wenig Beachtung findet der Fair-Play-Gedanke beim Publikum. Verletzt am Boden liegende Spieler der gegnerischen Mannschaft werden in den Profiligen regelmäßig ausgepfiffen. Als der dänische Spieler Christian Eriksen während eines Europameisterschaftsspiels zusammenbrach, führte dies zu zahlreichen aufmunternden Botschaften der internationalen Fangemeinde. Dies hinderte die englischen Fans aber wenig später nicht daran, vor der Partie des englischen Teams gegen die Dänen während des Abspielens der Hymne der Gastmannschaft ein Pfeifkonzert zu veranstalten. Und jene drei schwarzen englischen Spieler, die während des Europameisterschaftsfinales 2021 der Männer im Elfmeterschießen versagten, waren – vorwiegend über die sozialen Medien – rassistischen Beleidigungen ihrer eigenen Fans ausgesetzt.

Übungsfragen

- Fußball ist ein Produkt der Moderne. Was waren die Voraussetzungen dafür, dass dieser Sport sich zu einem weltweit verbreiteten Massenphänomen entwickeln konnte?
- Kritiker*innen behaupten, der Fußballsport und die ihn begleitenden Inszenierungen besäßen einen manipulativen Charakter. Wie ist diese These zu begründen?

Literaturempfehlungen

Bausenwein, C. (1995). *Geheimnis Fußball. Auf den Spuren eines Phänomens.* Göttingen: Verlag Die Werkstatt.

Beichelt, T. (2018). *Ersatzspielfelder. Zum Verhältnis von Fußball und Macht.* Berlin: Suhrkamp.

Beyer, B.-M. (2021). *71/72. Die Saison der Träumer* (2. Aufl.). Göttingen: Verlag Die Werkstatt.

Schulze-Marmeling, D. (1992). *Der gezähmte Fußball. Die Geschichte eines subversiven Sports.* Göttingen: Verlag Die Werkstatt.

2. Fans und Fankultur

Der Fußball war schon in seinen Frühformen eine Zuschauer*innensportart und ist es bis heute. Dabei waren Zuschauer*innen stets mehr als nur passive Betrachter*innen. Sowohl die altertümlichen Volksspiele, die häufig in die dörfliche oder regionale Festkultur integriert waren, als auch die neuzeitlichen Fußballspiele waren Ereignisse, bei denen die Mehrzahl der Zuschauer*innen aktiv am Geschehen beteiligt war. Erst die Interaktion zwischen Spieler*innen und Publikum konstruiert das Gesamtereignis eines sozialraumnahen Fußballs.

Die Forschung zu Fußballfans war lange androzentrisch geprägt – „Männer forschen über Männer" – und folgte dabei der hegemonialen Logik des Feldes (Meuser 2020, S. 21 f.). Fanaktivist*innen, Fanarbeit und Forschung brachen diese Perspektiven erfolgreich auf (u. a.: v. d. Heyde 2018; Sülzle 2011; Selmer 2004). Frauen in Fanszenen sind Teil der Fankultur rund um das Massenphänomen Fußball der Männer, aber zahlenmäßig in der Minderheit. Traditionelle Männlichkeitsvorstellungen stehen konträr zu einer Chancengleichheit in Fanszenen, in der Frauen sich behaupten (können). Die Fankultur wird im Folgenden in ihrer Gesamtheit dargestellt. Wo es geboten ist, wird auf die spezifischen Bedingungen von zugeschriebenen Geschlechteridentitäten eingegangen.

2.1 Fußball wird zum Massenphänomen

Anfang des 20. Jahrhunderts fand der Fußballsport, der aus Großbritannien nach Deutschland kam, zunehmend Zuspruch bei Zuschauer*innen. Der englische Fußball war im 19. Jahrhundert für kurze Zeit ein „Gentlemen-Sport", bei dem das bürgerliche Publikum das Geschehen schweigend verfolgte (Bausenwein 1995, S. 231). Bereits Ende des 19. Jahrhunderts wurde der Fußball – zuerst in England, dann auf dem Kontinent – zunächst zum Sport der unteren Mittelschichten und zog dann, nach dem Ersten Weltkrieg, auch in größerem Umfang Arbeiter an (Eisenberg 1994). Die soziale und räumliche Nähe von Spieler*innen und Zuschauer*innen war die anfängliche Triebfeder für die Entwicklung hin zu einem Massenereignis, das ab den 1920er Jahren auch in Deutschland in immer größeren Stadien – oftmals „Kampfbahnen" genannt – inszeniert wurde. Das überwiegend männliche Publikum begleitete schon in dieser Zeit seine Mannschaften zu in der Nähe stattfindenden Auswärtsspielen. Mit der Gründung der Zeitschrift *Kicker* durch Walther Bensemann, der ersten überregionalen Zeitschrift für Fußball(-Ergebnisse), wurde über das lokale Geschehen hinaus Öffentlichkeit hergestellt. In Ansätzen sieht man bei den Spielen schon erste fankulturelle Materialien wie selbstgestaltete Fahnen und Rosetten/Papierblumen am Revers, wie sie die DIY-Kultur von Fans bis heute prägen.

Letztlich verhalf das Militär dem Fußball in Deutschland dazu, zu einem Massenphänomen zu werden. Schon vor dem Ersten Weltkrieg hatten sich Deutungen vom Fußball als soldatischem „Kampfspiel“ durchgesetzt. Im Krieg selbst war Fußball unter Soldaten ein beliebter Sport, mit dem nun auf diesem Weg auch viele Arbeiter in Berührung kamen (Eisenberg 1994, S. 207). Bis heute prägen konservative Männlichkeitsideale und Leitmotive wie „Ehre“, „Tradition“ und „Treue“ die Fankultur. In der Weimarer Republik schließlich „strömten Zehntausende von Zuschauern zu den Fußballspielen, und die Mitgliederzahlen des DFB explodierten geradezu“ (ebenda). Vor allem große Spiele um die deutsche Meisterschaft, wie beispielsweise das 1922 in Berlin ausgetragene Endspiel zwischen dem Hamburger SV und dem 1. FC Nürnberg, wurden in den 1920er Jahren zu öffentlichen Ereignissen.[14] Forschungen zur geschlechtlichen Verteilung, aber auch zur Herkunft der Zuschauer*innen in dieser Zeit gibt es bis heute wenig. Meist unscharfe Bilder zeigen immer wieder Personen auf den Rängen, die durch ihre Kleidung, insbesondere durch ihre Hüte und Sommerkleider, als weiblich identifiziert werden können (Selmer 2005, S. 17). Im Einklang mit der politischen Ideologie des Nationalsozialismus treten Zuschauerinnen auch im nächsten Jahrzehnt nicht aktiv in Erscheinung. Die politische „Gleichschaltung“ des Sports und das Verbot der Arbeitersportvereine lockerte vielerorts die engen Bindungen zwischen lokaler Anhänger*innenschaft und ihren Vereinen. Funktionäre wurden abgesetzt, ausgetauscht, waren Opfer politischer und antisemitischer Verfolgung und Diskriminierung. Der Fußball wurde von nun an zentralistisch organisiert und zu einem Element der nationalen und internationalen Propaganda. Sportveranstaltungen dienten – eingebunden in die Maßnahmen der NS-Gemeinschaft KdF („Kraft durch Freude“) – sowohl der Zerstreuung als auch der „Hebung der Volksgesundheit“, sowie – in der Ausübung des Sports – der Förderung einer „soldatisch-sportlichen Haltung“ (umfangreich hierzu: Reichel 2006, S. 327 ff.). Die Zuschauer*innenzahlen stiegen während der 1930er Jahre weiter an.

Mit dem *Kriegsfußball* wurden die gewachsenen Beziehungen zwischen Vereinen und ihrem Umfeld weiter aufgebrochen. Der Spielbetrieb wurde dem

14 Das Spiel wurde nach über drei Stunden wegen einbrechender Dunkelheit abgebrochen und nach sieben Wochen wiederholt. Bis heute ist nicht eindeutig geklärt, wer den Titel tragen darf.

Kriegsgeschehen angepasst. Dazu gehörte der Aufbau von Militärmannschaften[15], die an wechselnden Spielorten Partien austrugen, die eine „moralhebende" Funktion hatten oder der Truppenbetreuung dienten. Das Publikum war nun deutlich heterogener: örtliche Fußballenthusiast*innen, Angehörige von Wehrmachts-, Marine- und Luftwaffeneinheiten, gehfähige Verwundete und Gliederungen der Hitlerjugend fanden sich darunter. Nach der schrittweisen Wiederzulassung des Sportbetriebs durch die Alliierten und abhängig vom Grad der Verfügbarkeit örtlicher Plätze und sonstiger Infrastruktur ähnelten die Sozialstruktur und das Erscheinungsbild der Zuschauer*innen jenen der Weimarer Zeit.

2.2 Anfänge einer Fankultur

Mitte der 1950er Jahre tauchten die ersten Fanartikel der Clubs auf. Schals, Halstücher und Mützen sind frühe Anzeichen einer kapitalistischen Verwertung des Fußballs. 1963 wurden mit Gründung der Bundesliga die Weichen für eine Ausdifferenzierung einer westdeutschen Fankultur gestellt, die auch durch eine zunehmende Entfremdung vom Verbandsgeschehen gekennzeichnet ist (als Folge von Sponsoringverträgen, wachsenden Spielergehältern, verschärften Sicherheitsmaßnahmen, Zäunen in den Stadien u.a.). In Ostdeutschland waren die Fanidentitäten durch systemimmanente Brüche gekennzeichnet, aus denen spezifische kollektive Erinnerungen entstehen, welche die lokale Fankultur prägen. Inwieweit sich Fanszenen in Ost- und Westdeutschland unterschiedlich entwickelt haben, hat Willmann (2007) untersucht.

Aus den Anhängerschaften der Vereine entstanden allmählich Fanszenen. Erste Fanclubs wurden gegründet. Die in Kapitel 1 erwähnte Ausweitung freier, disponibler Zeit im Zuge der fortschreitenden Arbeitszeitverkürzung sowie die allgemeine Verbesserung der ökonomischen Verhältnisse haben neben der zunehmenden Vermarktung des Sports zur Herausbildung örtlicher Fanszenen beigetragen, die sich nun vorrangig aus Jugendlichen und jungen Erwachsenen zusammensetzten. Die Weltmeisterschaft der Männer 1974 hat die nach dem Bundesligaskandal 1971 in Deutschland kurzzeitig rückläufigen Zuschauer*innenzahlen wieder ansteigen lassen. Zunehmend etablierten sich nun die sogenannten *Kutten-Fans,* die ihre Nähe zum Verein durch eine Vielzahl von Aufnähern auf ihren Jeanswesten zum Ausdruck brachten. Innerhalb weniger Jahre entstanden im Umfeld der Vereine vermehrt Fanclubs, die unterschiedliche Or-

15 Bekannteste Militärmannschaft waren die „Roten Jäger", die einem Luftwaffengeschwader zugeordnet waren. Verstärkt wurde das in wechselnder Aufstellung spielende Team durch „Kriegsgastspieler" wie Fritz Walter und Hermann Eppenhoff.

ganisationsgrade aufwiesen. Die Zahl ihrer Mitglieder war von Beginn an schwer zu schätzen. Mitte der 1980er Jahre waren es rund 100 000 Fans, die sich im Umfeld der Vereine der beiden Bundesligen in Clubs mit zehn bis hundert Mitgliedern organisiert hatten (Heitmann 1984). Kuttenfans und Fanclubs machten nun – in Orientierung am englischen Modell – Sprechchöre und Fangesänge zu zentralen und dauerhaften Bestandteilen der in deutschen Stadien inszenierten Fankultur (Bott 2014, S. 54).

2.2.1 Kutte meets Casual – Elitenbildung in der Fanszene

Hatten in den 1980er Jahren Kutten[16] die Kurven der Stadien geprägt, zeigten sich in den Jahren danach zunehmend die Einflüsse der britischen auf die westdeutsche Fankultur. Vor allem über die Mode wurde dies sichtbar. Das Auftreten der *Hooligans* entwarf ein sportlich-elegantes Gegenbild zu der teilweisen karnevalesken Erscheinung der Kutten. Die Hooligans, die sich in den letzten Jahren des 20. Jahrhunderts als „Elite der Fanszene" definierten, grenzten sich bewusst von den *Prolls*[17] und *Kutten-Fans* ab, auch wenn sie selbst meist diesen Traditionsmilieus entstammten. Hooligans waren häufig nicht mehr an ihrer Fankleidung erkennbar. Auch aus taktischen Erwägungen gegenüber Sicherheitsakteuren wurde vermehrt unscheinbare Kleidung getragen, die auch als *Casual*[18] bezeichnet wird. Die Hooligans gerieten über Gewalt- und Sicherheitsdebatten, aber auch durch Verbindungen in rechtsextreme Milieus in den öffentlichen Fokus sowie als Adressat*innen Sozialer Arbeit in den Blick. Zahlreiche Ansätze wurden diskutiert, um das Aufkommen der Gewalt zu erklären: eine durch die Vermarktungsinteressen der Vereine ausgelöste zunehmende Entfremdung vom Fußball, die Auflösung tradierter familiärer Bindungen, Perspektivlosigkeit auf dem Arbeitsmarkt, aber auch die physische Bedeutung von Gewalt als Körpererfahrung für Jugendliche (Gabriel 2004, S. 183).

---

16 Nach ihrem wichtigsten Kleidungsstück – der Kutte – benannte Fans.

17 *Proll* leitet sich in abwertend gemeinter Weise von „Prolet" ab. Im Fußballzusammenhang sind – meist mit verächtlichem Unterton – „bildungsferne" Fans gemeint, deren Verhalten als „unkultiviert" und häufig „aggressiv" bewertet wird.

18 Mit *Casual* ist lässige, schicke Kleidung gemeint. Die Eliten der Hooligan-Szene versuchten sich durch das Tragen teurer, als lässig geltender Kleidungsmarken von den von ihnen als „ungehobelt" bezeichneten Fanszenen abzuheben.

2.2.2 Eine neue Generation – die Akademisierung der Kurven

Während in Deutschland die Hooligan-Szene mit ihren gewaltdurchzogenen Konflikten Schlagzeilen produzierte, machte in Italien eine neue Fanszene von sich reden, deren Gewaltverhalten nicht weniger massiv und zudem in besonderer Weise politisch aufgeladen war. In Anknüpfung an die politischen Konflikte, die Italien seit den 1960er Jahren erschütterten, trugen radikalisierte Jugendliche und junge Erwachsene Widerstandsaktionen von den Demonstrationen der Straße in die Stadien.

Die mit diesen und auch späteren Protesten verbundene italienische Ultrakultur vermittelte in den 1970er Jahren eine Geschlossenheit der Fanszene, die ihre Attraktivität über Selbstinszenierung durch Fahnen, Banner, Megafone, Blockbildung und den Einsatz von Pyrotechnik gewann (Pilz, Wölki 2006, S. 161 ff.). In deutschen Stadien wurden diese Einflüsse adaptiert: In den 1990er Jahren prägten auch hier Bilder von Pyrotechnik und Choreografien[19] die Kurven. Gleichzeitig veränderte sich die Zuschauer*innenstruktur auf den Stehrängen. Hatten zuvor Kutten und Hooligans dominiert, die sich eher in einer proletarischen Arbeitertradition verortet hatten, zog das wilde, bunte und selbstbewusste Auftreten der Ultras zunehmend junge Menschen aus der Ober- und Mittelschicht an. In diesem Zusammenhang wird auch von einer „Akademisierung der Kurven" gesprochen. Kathöfer u. a. (2013, S. 38 f.) datieren das Auftreten einer ersten deutschen Ultragruppierung – der Kölner Fortuna Eagles – auf das Jahr 1986. Die Entstehung der deutschen Ultraszene ist somit auch das Resultat eines Generationenwechsels. Jüngere Fans suchten neue Ausdrucksformen und fanden diese in den Inszenierungen und Choreografien der international bekannt gewordenen italienischen Ultras.

Die in Italien vorherrschende starke Verhaftung der Fanszene in politischen Bewegungen ist kein Kennzeichen der deutschen Ultras. Sämtliche europäische Ultraszenen eint jedoch ein kritisches Verhältnis zu den Vereinsführungen, Verbänden und der auf allen Kontinenten ausufernden Kommerzialisierung des Fußballsports. Pilz und Wölki (2006, S. 63 ff.) sehen in einer umfangreichen Standortbestimmung der Ultras neue Formen kreativer Selbstinszenierung als zentrales Unterscheidungsmerkmal zu anderen Fanszenen. Neben der Mehrzahl der nicht organisierten Zuschauer*innen stellt die Ultraszene in den meisten europäischen Ländern die größte Gruppe der zumindest lose strukturierten Fanszenen dar. Noch immer sichtbar präsentieren sich Kutten-Fans. Stark rückläufig,

---

19 Eine Choreografie ist ein von Fans inszeniertes und umgesetztes Tribünenbild unter Verwendung von bunten Pappen, Doppelhaltern, Fahnen, Schals, Pyrotechnik und anderen Materialien.

wenngleich in subkulturellen Nischen immer noch agierend, sind auch deutsche Hooligans. Auf aktuelle Ausrichtungen und Entwicklungen der gesamten Fanszene wird nachfolgend vertiefend eingegangen.

2.3 Ultrakultur

Fankultur bietet besondere Anknüpfungspunkte für jugendliche Identitätssuche und ist über den Erlebnischarakter, den Ultrakultur[20] bietet, in starkem Maße anziehend. Die Ultrakultur hat sich seit den späten 1990er Jahren in Deutschland etabliert und ist bis heute ein gewichtiger Teil der Fankultur, der durch öffentlichkeitswirksame Stilmittel die Stehplatzbereiche prägt (Gabriel 2004). Choreografien, Fangesänge, Zaunfahnen, große Schwenkfahnen und Spruchbänder sind dabei Teil der eigenen Inszenierung und Protestkultur. Zentrale Aspekte sind:

- das Erleben des eigenen Tuns mittels (aufwendiger) Supportpraktiken,
- körperliche Erfahrungen über das „Sich-gerade-Machen" für den Verein oder die Fanszene,
- territoriale Aneignung von Räumen in der „eigenen" Stadt sowie auf Auswärtsfahrten (u. a. Thalheim 2019a).

Regelmäßig wird über Protestkultur sichtbar, was Ultragruppen überregional trotz gegenseitiger Rivalitäten verbindet: Sie pflegen die gleichen Welt- und Feindbilder[21]. Auch wenn sie das System Fußball mit seiner Kommerzialisierung und Marktorientierung kritisieren, sind sie selbst Teil der Attraktivität des Spiels und tragen zur Markenentwicklung bei, wobei Verbandsvertreter*innen den Wert, den die Ultrakultur für den Erfolg des Fußballs hat, gerne negieren. Thalheim (2019) beschreibt den spieltagsbezogenen Support als Teil einer eigenen Inszenierung, die neben dem Event Fußball ein weiteres, szeneeigenes Event generiert. Ultras nehmen sich Raum im Stadion, sie sind in den Stehplatzbereichen zentral und zeigen so Stärke und Dominanz. Auf dem Podest nimmt der meist männliche Vorsänger Platz, der Führungsfigur einer in der Regel hierarchisch organisierten Gruppe ist. Innere Differenzierungen zwischen den Gruppenmitgliedern, die aus den verfügbaren Ressourcen, der Leistungsbereitschaft und dem Einsatzwillen resultieren, sind Teil einer Leistungskultur. Ultragruppen betreiben aktiv Nachwuchsarbeit und schaffen dabei Anwärter*innenstrukturen, in denen nächste Generationen „ausgebildet" werden. Eigene Räumlichkeiten

20 Ultrakultur in Deutschland wird auch als größte Jugendkultur unserer Zeit betitelt.
21 „Krieg dem DFB" und „Hopp, du Hure".

zur Lagerung und Herstellung aufwendiger Choreografien sowie eigene Treffpunkte sind weit verbreitet und u. a. durch Spenden aus der „Choreokasse" und der Vermarktung eigener Fanartikel finanziert. Bislang prägen männliche Führungsfiguren die Außendarstellungen dieser Gruppen. Zunehmend entwickeln auch Frauen Interesse an der Ultrakultur, die für Erlebnis, Wertorientierungen, Gemeinschaft, Stärke und DIY steht. Dabei gibt es Zugangshürden bis hin zu gänzlicher Ablehnung. Das Aufbrechen von Männlichkeitsidealen und -vorstellungen, die einer vielfältigen und pluralistischen Gesellschaft widersprechen, betrachten Gabriel und Zeyn (2019, S. 30) als eine der gegenwärtigen Herausforderungen. Beobachtet werden aktuell vermehrt selbstreferenzielle Bezüge, die eine Auseinandersetzung mit vielfältigen Meinungen erschweren (ebenda). Die Überhöhung der eigenen Gruppe stellt auch die lokalen Fanszenen vor Herausforderungen (Winands, Grau u. a. 2017).

2.3.1 Abschottungstendenzen und Gewaltorientierungen – Männlichkeitsideale auf dem Prüfstand

Innerhalb der Ultragruppen sind Abschottungstendenzen erkennbar, die unterschiedlich stark ausgeprägt sind. Diese Abgrenzungen sind Teil des Selbstbildes (Gabriel, Zeyn 2019, S. 30) und wirken einerseits gegenüber Teilen der eigenen Fanszene, andererseits gegenüber institutionellen Vertreter*innen als Angehörige einer angepassten Erwachsenenwelt. Tradierte Männlichkeitsideale wie Treue, Stärke, Macht sowie Loyalität bieten Anknüpfungspunkte für Ausschließung und Elitenbildung. Claus, Gießler und Wölki-Schumacher (2020, S. 31) identifizieren die *Charakteristika des Männlichkeitsappells* als:

- offensives Suchen und Austragen von Konkurrenz,
- Anspruch auf territoriale Dominanz,
- Abgrenzung zu Homosexualität und Weiblichkeit,
- Anspruch auf Deutungshoheit.

Das Spiel um Anerkennung und Wertschätzung der Leistungen und Werthaltungen, welche die Gruppen vertreten, ist Teil der Fankultur. Gewalthandeln ist dem System Fußball immanent. Enge Polizeibegleitungen, starre Ordnungssysteme und Überwachungen fördern die Wahrnehmung struktureller Gewalt und bieten Potenziale für radikale Ansichten[22]. Gewalt entwickelt sich als interaktives

22 Beispiel für radikale Ansichten: ACAB – „All Cops are Bastards".

Produkt, wobei Erklärungsversuche, die nur das Verhalten einer Seite betrachten, nicht ausreichen. Dies gilt ausgeprägt für die Gewaltspirale, die sich aus dem interaktiven Geschehen zwischen Fans und Ordnungskräften entwickeln kann.

Auch innerhalb der Ultraszenen nimmt Gewaltverhalten einen wellenförmigen, von Zunahme geprägten Verlauf an (Gabler 2010, S. 127 ff.; Pilz u. a. 2006, S. 127 ff.). Dembowski (2014, S. 105) deutet Ultragewalt vorrangig als Ausdruck einer *Identität des Widerständigen* (resistance identity):

> „In der ‚resistance identity' erleben Ultras ihre gewaltförmigen Ausprägungen im Hinblick auf die Polizei gegensätzlich zu den Hooligans als reaktiv. Während bei Hooligans Gewalt eher als überzeichneter Ausdruck von Leistung, Effizienz und Utilitarismus zu werten ist, formiert sie sich in den situativen Ausbrüchen von Ultras eher als Ausdruck der Kommerzialisierung mit ihrer einhergehenden Freiraumbedrohung und dem Erleben von Polizeieinsätzen als empfundene Willkür und Repression."

Es bieten sich Anknüpfungsmöglichkeiten für gewaltaffine Menschen[23] und radikale Gruppen, die diese Praktiken ebenfalls ausüben. Gewaltaffine Untergruppen sind auch Teil der Ultrakultur. Ihr Handeln wird von Außenstehenden meist als sinnlose Gewalt empfunden, hat für die beteiligten Akteure hingegen aber häufig einen subjektiven Sinn. Bereits Heitmeyer und Peter (1988) sahen in der Gewalt der Fußballfans Versuche, die verloren gegangenen sozialen Bindungen zu kompensieren (ebenda, S. 10).[24] Das *soziale Nirgendwo* des im durchkapitalisierten Fußballgeschehen anonymisierten Fans wird durch die aggressive, allgemein wahrnehmbare Aneignung von Sozialräumen oder zumindest in der vorübergehenden (gewaltförmigen oder auch kreativen) Mitgestaltung oftmals nur kurzzeitig anhaltender situativer Gegebenheiten durchbrochen. Körperkult(ur) ist dabei eine zentrale Anforderung für Heranwachsende, die eher konträr zu den kulturellen Praktiken des Drogen- oder Alkoholkonsums steht, die noch für die früheren Fanszenen prägend waren. Einzelne Elemente sind:

- der männliche Körper als Zeichen von Stärke,

---

23 Auf das einzelne Individuum ausgerichtete (sozial-)psychologische Erklärungsansätze finden in der Fan-, Hooligan- und Ultraforschung weniger Beachtung. Weitgehend tabuisiert wird die Tatsache, dass extremes und fortgesetztes Gewaltverhalten auch pathologischer Natur sein kann.

24 Auffällig ist, dass bei der Deutung jugendlicher und fußballbezogener Gewaltbereitschaft sozialwissenschaftliche Theorien dominieren, die dieses Verhalten als Ausdruck von Überforderungen der Moderne oder als Widerstand gegen zu enge Grenzziehungen interpretieren.

- der Fight als leiblich-sinnliche Erfahrung von Fankultur,
- der Ultrakörper, durch den Selbstwirksamkeit und Lustverlangen erlebt wird. (u. a.: v. d. Heyde 2018; Thalheim 2019a).

Fit zu sein für den Auftritt, für die eigene Inszenierung ist das Maß, an dem sich vieles ausrichtet. Die körperliche Stärkung über Kampfsportarten in Fitnessstudios und Gyms öffnet Kontakte zu Gruppen, die von den Ultras schon aus den Stadien herausgedrängt waren, gegenwärtig über ihr hohes Gewaltpotenzial und ihre Netzwerke aber politisch progressive Gruppen verdrängen (Beitzel 2017). Die Anerkennung der Leistungen von Alt-Hooligans und ihrer Verdienste um den Verein öffnen den Raum für Netzwerke, die radikalisiert sind und sich aktuell weiter radikalisieren. Dazu gehören Rockergruppen, Rechtsextreme und Kampfsportszenen (Claus 2018), die in der Regel außerhalb einer sozialpädagogischen Einflussnahme im Sinne der Jugendhilfe bleiben. Die generelle Anfälligkeit von Massen für Führungskult(uren) zeigt sich auch in den Fanszenen, in denen destruktive Einflüsse wieder an Bedeutung gewinnen.

Exkurs 2: Der Fußball als Auslöser unerwünschter Verhaltensweisen

Gewalt, Rassismus, Homophobie, Sexismus und Antisemitismus treten im Fußball weitaus häufiger auf als etwa in den Mannschaftssportarten, die – wie Rugby, American Football oder Eishockey – als besonders brachial gelten. Die Gründe dafür sind vielfältig (Simon 2015, S. 115):

- Es gelten natürlich auch die vielfältigen Ursachen, die aus Disposition, Sozialisation und Milieuerfahrungen resultieren.
- Im viel beachteten Massensport Fußball tauchen eher die *Bad Boys* auf, die nicht gelernt haben, ohne Gewalt zu spielen oder zuzuschauen.
- Der Fußball hat heute eine Positionierung erreicht, die ihn für manche über alles stellt – auch über Konventionen, Recht und Gesetz. Diese Verabsolutierung fördert die irrige Meinung, es sei alles erlaubt. Gewalt und andere Rechtsbrüche werden bagatellisiert.
- Fußball schafft äußerste Erregungszustände. Dazu tragen die Medien bei und inszenieren Sensationen und Dramatik auch da, wo dröge gekickt wird.
- Erfolg geht im Fußball stärker noch als in anderen Sportarten über alles. Schauspielerei, Tricksen, Fouls simulieren, verdeckt foulen, Zeit schinden – wenn es der eigenen Mannschaft dient, wird es akzeptiert.
- Niedrige Instinkte werden freigesetzt, entladen sich in Gebrüll, Beleidigungen, Drohungen und Gewalt.
- Fußball bildet mehr als andere Sportarten die Konkurrenzbeziehungen unserer Gesellschaft ab.

- Gleiches gilt für die in komplexen Gesellschaften steckenden ethnischen und sozialen Konflikte. Für Spieler*innen und Zuschauer*innen geht es nicht selten um Abwehr tatsächlicher oder vermeintlicher Benachteiligungen der eigenen Ethnie oder sozialen Gruppe.
- Andere Diskursebenen können an dieser Stelle nur angedeutet werden. Fußball ist mehr als nur Sport, er ist eingebettet in die gesellschaftliche Verfasstheit eines Sozialraums und dessen kulturelle Ausformungen. An diese These knüpfen politische, psychologische und anthropologische Fragestellungen an, die hier nicht weiter bearbeitet werden können.

2.4 Fanidentität

Innerhalb der Fankurve existieren verschiedene Ausprägungen von Fanidentität, die innerhalb der Fanszenen diskutiert und definiert werden. Trotz der gemeinsamen Identifikation mit einem Club gibt es innerhalb der Fanszene bzw. Zuschauer*innenschaft Bestrebungen, sich hierarchisch voneinander abzugrenzen. Die eigene Identität zu finden, ist eine zentrale Herausforderung des Jugendalters. Dieser Prozess ist auch geprägt von der bewussten Wahrnehmung von Differenz und der Klärung zentraler Fragen: Wer bin ich? Wie grenze ich mich von anderen ab?

*Neckermänner, Ultra, ultraaffin, Hool, Supporter, Allesfahrer*in, Aktive Fans, Kutte, Suffkutte, Hopper*in* – das sind nur einige Selbstbezeichnungen, die in den Fanszenen existieren und Abgrenzung zum Ausdruck bringen. Fans selbst unterscheiden bei Fanidentitäten Feinheiten, die Außenstehenden erst bei genauerer Betrachtung auffallen. Innerhalb der Fanszenen existieren unterschiedliche Namen und Codes, deren Beherrschung als Indiz für ausdifferenzierte Fanidentitäten gilt. Unterschieden wird – ganz nach dem Motto „Wer macht, bestimmt“ – nach

- dem Organisationsgrad,
- dem Grad der Identifikation,
- dem Zeitengagement,
- dem Grad der DIY-Kultur,
- der Intensität, mit der man sich einbringt,
- der Gewaltaffinität bzw. der körperlichen Stärke.

Wer zentral steht, der hat auch was zu sagen! Obwohl Fanszenen sich als solidarische Gemeinschaft verstehen, orientieren sie sich an einer hierarchischen Leistungskultur, aus der Konflikte über die Deutungshoheit in den Fankurven und den Stadien resultieren (Winands, Grau u. a. 2017). Obwohl es vielfältige gelebte, aber auch zugeschriebene Fanidentitäten gibt, sind Fanszenen in Deutschland nach wie vor weiß und männlich dominiert. Tradierte Männlichkeitsideale prägen einen hierarchisch organisierten Sozialraum und verwehren auch Zugänge und Anerkennung für andere Menschen.

2.4.1 Sinnstiftender Ort – sinnstiftende Gemeinschaft – Fankultur

Die Fankultur ist nicht homogen. Sie vereint sowohl progressive Strömungen als auch konservative Ausrichtungen. Einerseits begeistert sie durch Kreativität, Vielfalt und Erlebnisorientierung, andererseits ist sie geprägt von tradierten Männlichkeitsvorstellungen. Fankultur bildet auch nicht die Pluralität der Gesellschaft ab. Dennoch bietet sie vielfältige Anknüpfungspunkte für unterschiedliche Individuen und insbesondere für Jugendliche auf der Suche nach Identität. In dieser Lebenswelt als Fan ernstgenommen und wertgeschätzt zu werden, ist ein zentrales Bedürfnis, das auch über die eigene Fanszene hinausgehen kann. Nach dem bereits erwähnten Motto „Wer macht, bestimmt" ist Fankultur auch Teil einer geteilten Wissens- und Leistungskultur, in der Rituale, kollektive Erinnerungen und überhöhte Legendenbildungen Elemente des interaktiven Geschehens sind. Die im Zuge der Covid-19-Maßnahmen aufgeflammten Diskurse um eine Entfremdung der Fans vom professionellen Männerfußball belegen eindrucksvoll, wie abhängig der Fußball von der Loyalität der Stadiongänger*innen ist (KOS 2020a, S. 43).

Den Schal so lange nicht waschen, bis wir wieder gewinnen, am Spieltag immer mit dem gleichen Bein aufstehen, Sticker im eigenen Viertel überkleben, die Vereinshymne beim Einlaufen der Mannschaften singen: Allein diese individuellen Praktiken machen noch keine Fankultur aus. Rituale schaffen aber Gemeinsamkeit. Dem Stadion kommt dabei als Sozialraum für Fußballfans eine große Bedeutung zu.

Das Stadion hat zahlreiche Funktionen: Es ist sinnstiftender Ort, Raum für kollektives Handeln und das Auftreten von Massenphänomenen, Heimat für Fußballfans, Ort der Gemeinschaft und Identitätsstiftung. Die Atmosphäre eines Stadions entsteht durch die architektonische Ausrichtung der vier Tribünen auf das zentrale Spielfeld. Die Ausrichtung der Tribünen bzw. das Stadionrund erzeugen Interaktion (Winands 2015): Interaktion zwischen Zuschauer*innen und den Teams, zwischen den Fans auf unterschiedlichen Tribünen, aber auch innerhalb einer Kurve. Das Stadionerlebnis, als „letztes Lagerfeuer der Republik" vermarktet, wird bisweilen glorifiziert, aber auch die Forschung stellt gelegentlich Analogien zur Religion fest (Probst 2022). Die „wahren" Fußballfans stehen ganz nach dem Motto „Sitzen ist fürn Arsch“ (Dembowski 2004a) zentral in der Fankurve und sind aktiver Teil des Events Fußball. Die Fankurve und das Stadion bilden den zentralen Bezugspunkt und Sozialraum für Fans. Die Praktiken rund um das Event Fußballspiel sind dabei sowohl von Veranstalter*innenseite als auch von Stadiongänger*innen ritualisiert (ex.: Thalheim 2019).

Schon in den 1990er Jahren wurde das Konzept Fankultur aus dem wissenschaftlichen Umfeld der Fanprojekte und der Koordinationsstelle Fanprojekte bei der Deutschen Sportjugend (KOS) geprägt. Demnach sind Fans keine passiven Sportzuschauer*innen oder Konsument*innen der Darbietungen, sondern selbst aktiver Teil des Spiels (Weiser 2002, S. 45 f.). Kultur steht hier nicht für einen Kulturbegriff, wie er in einer bürgerlichen Kategorisierung für Theater, Museum oder klassische Konzerte Anwendung findet, sondern für eine geteilte Wissenskultur. Fankultur steht gleichermaßen für

- eine ritualisierte Praxis,
- eine gemeinsame Identität,
- geteiltes Wissen
- und gemeinsames Verhalten.

Eine spezifische fankulturelle Praxis ist die Inszenierung der eigenen Gruppe über den gemeinsamen Support im Stadion durch Gesänge, Schlachtrufe, Klatschrhythmen, Banner und aufwendige Choreografien. Fußballfans prägen durch ihre geteilte Wissenskultur aber nicht nur das Event Fußball, sondern auch die lokale Alltagskultur. Durch kulturelle Artefakte wie Sticker, Graffitis oder Tags[25] wird Fankultur im öffentlichen Raum sichtbar. Die dabei benutzten Codes bilden Schnittmengen mit anderen Jugend- und Subkulturen wie Punks, Skins und Hip-Hop. Gabriel und Zeyn (2019, S. 28)

> „verstehen die Fankultur als einen Ort jugendlicher Sozialisation, den diese autonom gestalten und der den jugendlichen Mitgliedern vielfältige und anregende Erfahrungsräume bietet. Die Fankurve wird als ein Lernort für die Jugendlichen betrachtet, in dem sie in der kontinuierlichen Interaktion mit den Mitgliedern der eigenen Szene sowie den Akteure*innen der Erwachsenengesellschaft Selbstwirksamkeit erfahren, die eigene Persönlichkeit entwickeln und sich im übertragenen Sinne die Welt aneignen können.“

25 Mit Tags werden Graffitis signiert und territoriale Markierungen vorgenommen.

Fankultur steht hier als Synonym für eine Teilkultur einer modernen Lebenswelt, in der traditionelle gemeinschaftliche Orientierungen wie Familie, Kirche und Klassenzugehörigkeit an Wert verlieren (ex.: Hurrelmann 2004; Ferchhoff 2008; aktuell: Zeyn, Bechthold u. a. 2017, S. 61). In der Fußballfanszene vollzieht sich die Konstruktion von Geschlecht über ein tradiertes Verständnis von männlicher Normalität. Trotzdem und gerade deshalb erleben Frauen und Mädchen die Fankultur als eine Lebenswelt, die einen Ausbruch aus klassischen Rollenmustern und anregende Erfahrungsräume gewährt:

> „Was für Männer in der Ultraszene normal scheint, ja ihnen oft vorweggreifend unterstellt wird (Fanatismus, ungeschliffene Wildheit, Rebellion, Gewaltbereitschaft, Kreativität, unbändige Leidenschaft und Hingabe für den Verein und die Gruppe), scheint als Zuschreibung an eine Frau erst mal undenkbar" (Thaler 2016, S. 97).

Innerhalb der von hegemonialen Männlichkeitsstrukturen geprägten Fanszene, die auch in den Events und den kreativen Selbstinszenierungen sichtbar werden, spielen die Themen Geschlecht und Diversity (k)eine große Rolle: Zugangsprobleme für Frauen und queere Fans und Konfrontation mit Stereotypen und Vorurteilen (Selmer 2004; Sülzle 2011; v. d. Heyde 2018) sind alltäglich erlebte Praxis.

2.4.2 Organisierte Fans im Einsatz für den Erhalt der Fankultur

Fußballfans sind Gestalter*innen ihrer Lebenswelt und treten aktiv für ihre Belange ein. Das Engagement geht in Teilen der Fanszene weit über den Support am Spieltag hinaus. Fußballfans treten als politische Akteur*innen in Erscheinung, die für ihre Themen und Werte einstehen (Fritz, Wetzels u. a. 2021). Seit den 1990er Jahren[26] organisieren sich Fußballfans als fördernde Mitglieder im Verein, um diesen in seinen demokratischen Gremien aktiv mitzugestalten. Sie sehen sich als Teil des Vereins. Unter dem Motto „Reclaim the game – Wir sind der Verein" fordern Fans ihre Rechte als Stakeholder des Fußballs ein (Dembowski 2013). Forderungen nach Mitbestimmung, Partizipation und Teilhabe am Fußball sind gegenwärtig relevant, gerade weil Beteiligungsmöglichkeiten durch die Auflösung der originären Vereinsstrukturen zunehmend eingeschränkt werden (Klose, Zeyn 2017, S. 176). Überregionale Fanorganisationen bündeln die lokalen Aktivitäten und streuen wiederum übergeordnete Anliegen in die Fanszenen

26 Anstoß gab die Gründung des HSV Supporters Club 1993.

(Näheres dazu: Kapitel 11), die über Fanclubs, Dachverbände oder auch Förderabteilungen in den Vereinen organisiert sind. Themen, die Fans u. a. kritisch betrachten und bearbeiten, sind:

- fehlende Mitbestimmung,
- Pläne zur Umsetzung von Weltmeisterschaften[27]
- und die zunehmende Entfremdung des Fußballs.

Fans treten als gestaltende Akteur*innen in Erscheinung. Dies geschieht auch aus Protest gegen die zunehmende Ökonomisierung, Überwachung, mediale Berichterstattung und eine gefühlte Entrechtung in ihrem eigentlichen Sozialraum Stadion. Über Fanmagazine (Fanzines), Fandemonstrationen und -märsche, öffentliche Stellungnahmen, Pyroaktionen oder Spruchbänder für den Erhalt der Fankultur wird Kritik an dem System des Fußballs und seiner Konsumkultur in eine breitere Öffentlichkeit getragen. Diese Kritik richtet sich einerseits gegen die institutionellen Vertreter*innen des Fußballs und der Sicherheitsorgane, andererseits wirken gesellschaftliche Diskurse in die Fanszenen hinein und werden dort kritisch bearbeitet. Engagement gegen Diskriminierung ist Teil einer progressiven Fankultur.

Gerade weil konservative Strömungen gesamtgesellschaftlich wieder an Bedeutung gewonnen haben, gibt es progressive Bestrebungen in den Fanszenen (s. o.), die für eine plurale und nachhaltige Gesellschaft und einen besseren Fußball werben. Fußballfans treten als Gestalter*innen eines Wandels auf. Dies gilt es dadurch zu stärken, dass Jugendlichen in der gesellschaftlichen Mitte Halt(ung) vermittelt wird.

Übungsfragen

- Was macht Fankultur zu einer sinnstiftenden Gemeinschaft?
- Welche Ressourcen lassen sich für Heranwachsende in der Fankultur finden?
- Vor welchen Herausforderungen stehen junge Menschen in der Ultrakultur?

---

27 Eine aktuelle Initiative ruft zum Boykott der Fußballweltmeisterschaft der Männer in Katar auf: www.boycott-qatar.de, Zugriff am 4. 5. 2022.

Literaturempfehlungen

Claus, R. (2018). *Hooligans. Eine Welt zwischen Fußball, Gewalt und Politik*. Göttingen: Verlag Die Werkstatt.

Gabriel, M., Zeyn, J. (2019). Die unabhängigen Fanprojekte. Jugendarbeit im Spannungsfeld von Partizipation, Repression und Abschottung. In *Sozial Extra* 43 (1), S. 27–32.

Koordinationsstelle Fanprojekte bei der dsj (Hrsg.) (2020). *Fanarbeit und Geschlecht. Fanszenen zwischen Vielfalt und Diskriminierung und der Umgang der Fanarbeit mit sexualisierter Gewalt*. Frankfurt am Main.

Roose, J., Schäfer, M. S., Schmidt-Lux, T. (Hrsg.) (2017). *Fans. Soziologische Perspektiven*. Wiesbaden: Springer.

Thalheim, V. (2019). Ultras – Was hat das noch mit Fußball zu tun? Zur szeneorientierten Teilnahme am Stadion-Event. In *Zeitschrift für Jugendkriminalrecht und Jugendhilfe* (2), S. 113–119.

3. Zur Entwicklung Sozialer Arbeit mit Fußballfans

Ein Merkmal Sozialer Arbeit ist, dass sie sich entsprechend der sich wandelnden gesellschaftlichen Anforderungen ständig modifiziert. Dies geschieht häufig mit Verzögerungen und oft nur dann, wenn neu auftretende Phänomene nach Auseinandersetzung, Antworten und Lösungen verlangen. Nachfolgend werden die verschiedenen Entwicklungsphasen des noch jungen und quantitativ begrenzten Felds der Sozialen Arbeit mit Fußballfans skizziert.

3.1 Frühe Ansätze: Die Einbettung der Arbeit mit Fußballfans in die offene und Mobile Jugendarbeit ab den 1960er Jahren

Im Zuge der kritischen Sozialarbeitsdiskurse der 1960er und frühen 1970er Jahre vollzogen sich auch in der offenen Jugendarbeit deutliche Modifikationen. Auf der einen Seite lösten selbstverwaltete Jugendzentren zunehmend das „Haus der offenen Tür“ ab. Auf der anderen Seite waren eine weitgehende Öffnung und die Integration von professionell ausgerichteten Ansätzen zu beobachten. Drogenkonsument*innen („Giftler“), Rockercliquen und Kuttenfans wurden nun nicht mehr ausgegrenzt. Die Konzepte und Konzeptionen waren geprägt von einem deutlich höheren Maß der Akzeptanz abweichenden Verhaltens Jugendlicher sowie gelingenden wie auch gelegentlich misslingenden Versuchen, mit diesen „schwierigen“ Jugendlichen umzugehen und ihnen ausgestaltbare Räume und Orte zu bieten, an denen sie sich heimisch fühlen konnten. Eine systematische und konzeptionell spezifisch ausgerichtete Sozialarbeit mit Fußballfans wurde zu diesem Zeitpunkt weder in der offenen noch in der aufsuchenden Jugendarbeit entwickelt. Man arbeitete mit denen, die kamen oder anzutreffen waren, ungeachtet ihres jugend- und subkulturellen Habitus.

Pioniere eines Arbeitsansatzes, der Jahrzehnte später von Krafeld als *akzeptierende Jugendarbeit* charakterisiert wurde (ders. 1992), waren Jörg Kraußlach, Friedrich W. Düwer und Gerda Fellberg, die ab 1968 eine niederschwellige Arbeit mit Rockern leisteten und in diesem Kontext wichtige Prinzipien für eine Arbeit mit aggressiven Jugendlichen entwickelten (dies. 1976). Teile der damaligen Rockercliquen hatten starke Bezüge zum Fußball und genossen es, aus ihrem Rockerstatus gelegentlich in die Rolle des „Fußballrowdies“ zu wechseln.[28]

Eine wichtige Voraussetzung für einen *die Gruppe annehmenden* Arbeitsansatz war ein gewandeltes Verständnis von der Funktion von Gruppen, selbst jenen, die als deviant eingeordnet wurden:

> „Wir mussten erkennen, dass die Gruppe als Notgemeinschaft Reaktion auf gesellschaftliche Deprivation ist, und daß sie als Solidargemeinschaft identitätsbildend für die einzelnen ist“ (Kraußlach u. a. 1976, S. 44).

Daraus folgte im Zusammenhang einer Praxis, die aus Erlebnissen, Versuchen, Irrtümern, Verwerfungen und der Übernahme brauchbarer Versatzstücke erwuchs, eine Gestaltung alltagsbezogener Jugendarbeit, welche die Jugendlichen in ihrem situativen Gewordensein akzeptierte. Sie war grundsätzlich auf Integration, Hilfe und Unterstützung angelegt, ohne die im subkulturellen Kontext auftretenden Straf- und Gewalttaten zur zentralen Grundlage des pädagogischen Handelns zu machen oder gar als Begründung für den Ausschluss heranzuziehen.

Auch der kürzlich verstorbene Begründer der Mobilen Jugendarbeit, Walter Specht (1938–2021), hat in seinen stadtteilbezogenen Projekten immer wieder Bezugspunkte zu Jugendlichen hergestellt, deren Ausagieren von Sozialisationsdefiziten sich in wiederkehrenden Gewaltzyklen manifestiert hatte. Seine in den 1960er Jahren begonnene stadtteilbezogene Jugendarbeit erbrachte Begegnungen mit gewaltaffinen Cliquen, die anlassbezogen auch im Umfeld der Spiele des VfB Stuttgart den besonderen Reiz gewaltsamer Auseinandersetzungen gesucht haben (Specht 1978). Schlenker und Reutlinger (2017) haben Walter Specht im Rahmen der Entwicklung von zwölf biografischen Bildern danach befragt, welche fachlichen Grundsätze und welches Professionsverständnis sich hinter dem von ihm oft gebrauchten, manchmal als provokant empfundenen Satz „Du musst sie lieben“ verbergen. Specht bestätigte nochmals seine Haltung:

> „Du musst sie lieben, das war von mir aus immer ein Anliegen. [...] Mit diesem Kernelement kannst du auch bei hoch misstrauischen, manchmal sogar feindselig eingestellten Jungen alles dahinschmelzen lassen, wenn du sie ernst nimmst, wenn du sie magst, ja, du musst sie lieben. Das ist es, da gibt es keine Alternative dazu“ (ebenda, S. 122).

---

28 Ausgehend von dem erlangten Erfahrungswissen war Jörg Kraußlach bis 1985 beratend für das 1981 gegründete Hamburger Fanprojekt tätig (Simon 1989c, S. XXI).

Im weiteren Verlauf des Interviews, das sich an der Biografie Walter Spechts entlang entwickelt, präzisiert dieser den von ihm verwendeten Liebesbegriff. Zugang zu den „Schwierigen" erhalte man nur über Respekt, Vertrauensbildung, Anerkennung, Schaffung von Geborgenheit und Herstellung von Zugehörigkeit (ebenda).

Exkurs 3: Mobile Jugendarbeit

Die von Walter Specht und anderen 1967 im Stuttgarter Stadtteil Freiberg erstmals in Deutschland implementierte *Mobile Jugendarbeit* wird fälschlicherweise oft mit den Begriffen Streetwork und aufsuchende Arbeit gleichgesetzt. Streetwork ist lediglich eine von vier Säulen Mobiler Jugendarbeit.

Die vier Säulen Mobiler Jugendarbeit

Einzelfallhilfe	Streetwork	Gruppenarbeit	Gemeinwesenarbeit
Individuelle Angebote, Beziehungsarbeit, Fallarbeit, Unterstützung bei der Lebensbewältigung, Vermittlungstätigkeiten	Aufsuchende Arbeit an den Treffpunkten der Jugendlichen	Regelmäßige Arbeit mit Gruppen und Cliquen, oftmals mit Clubraum, Bauwagen o. Ä.	Systematische Verankerung im Stadtteil, Netzwerkarbeit, Gremienarbeit, Kooperationen

(ausf. hierzu: Klenk, Häberlein 1995, S. 144 ff.)

Während die Soziale Arbeit der 1970er und 1980er Jahre unter dem Paradigma der Hilfe und einer antirepressiven Pädagogik stand, waren die 1990er Jahre von der gesellschaftlichen Umbruchphase der Nachwendezeit und einem disziplinierenden pädagogischen Ansatz geprägt. Letzteres wird auch im nachfolgenden Exkurs deutlich, in dem Michael Gabriel, Leiter der Koordinationsstelle Fanprojekte bei der Deutschen Sportjugend (KOS), die Entstehung und die Herausforderungen der Fanprojektarbeit in dieser Zeit des gesellschaftlichen Wandels skizziert.

Exkurs 4: Interview mit Michael Gabriel, Leiter der Koordinationsstelle Fanprojekte bei der Deutschen Sportjugend (KOS), zu Geschichte, aktueller Lage und Herausforderungen der Sozialen Arbeit mit Fußballfans

Gibt es einen speziellen Moment, den du als den Anfang der professionellen Fan(projekt)arbeit bezeichnen würdest?

„Wir haben es mit Blick auf die Arbeit der Fanprojekte mit einem verhältnismäßig jungen und neuen Arbeitsfeld der Sozialen Arbeit zu tun, dessen erste Spuren an unterschiedlichen Orten Ende der 1970er Jahre zu finden sind. In Bremen, wo schließlich 1981 das erste offizielle Fanprojekt gegründet wurde, kam der Impuls, sich dem Phänomen der jugendlichen Fußballfans verstehend zuzuwenden, über den damaligen Dozenten an der Bremer Universität Narciss Göbbels aus der Subkulturforschung. Dies entfaltete eine weitere Dynamik in Richtung Hamburg, wo 1982 das zweite Fanprojekt entstand. In Frankfurt eröffnete sich der Zugang ebenfalls Ende der 1970er Jahre über die politische Bildungsarbeit der Hessischen Sportjugend, die mehrere Bildungsurlaube mit Fußballfans durchgeführt hatte. In Hannover war es die sportbezogene Sozialarbeit und in Stuttgart und München waren es Einrichtungen der sich gerade entwickelnden aufsuchenden Arbeit, die in professionellen Kontakt mit der Fußballfankultur gelangten.

Man wandte sich an verschiedenen Orten unabhängig voneinander diesem bislang unbekannten jugendkulturellen Phänomen aus unterschiedlichsten professionellen Perspektiven zu. Die frühe Praxis der Fanprojekte war intensiv durch das Ausprobieren neuer Praktiken gekennzeichnet, ebenso von Irrtümern und Weiterentwicklungen.

Sehr wichtig war wohl, dass die jeweiligen lokalen Akteure recht schnell in einen intensiven Austausch miteinander eingetreten sind, wodurch eine bundesweite Vernetzung gelang, die einen intensiven professionellen Austausch und gegenseitige Befruchtungen für die Weiterentwicklung des Arbeitsfeldes ermöglichte. Ich glaube, die Akteure haben sich deswegen zeitweise als Teil einer Bewegung verstanden, weil das gesamte Umfeld so unglaublich dynamisch war und ständig von größeren Ereignissen, die medial mächtig aufschlugen, beeinflusst wurde. In dieser Zeit mischten auch noch eine Reihe von Fanaktivisten mit, wie zum Beispiel Anjo Scheel in Frankfurt, Holger Spiecker in Mönchengladbach oder Peter Bode in Leverkusen.

Dass diese verschiedenen Ansätze in ein bundesweit einheitliches inhaltliches Konzept zusammengeflossen sind, ist der Entwicklung des Nationalen Konzepts Sport und Sicherheit geschuldet, dessen Vorbereitungsarbeiten zu Beginn der 1990er Jahre stattfanden. In diesem Kontext spielte Michael Löffelholz vom Hamburger Institut für Jugendkulturforschung eine herausragende Rolle, der 1990 die Arbeit der damals bestehenden Fanprojekte im Auftrag des Bundesjugendministeriums evaluierte und anschließend in einem engen Austausch mit der gerade gegründeten Bundesarbeitsgemeinschaft der Fanprojekte die inhaltliche Grundausrichtung der Arbeit beschrieb (siehe hierzu: Kapitel 3.2).

Gepaart mit der bundespolitischen Unterstützung durch das NKSS (Nationales Konzept Sport und Sicherheit) und der damit einhergehenden Finanzierungssicherheit wurde die Basis für die professionelle Arbeit mit jugendlichen Fußballfans geschaffen."

Welche markanten Ereignisse gibt es, die die Weiterentwicklung der Fanprojektarbeit beeinflusst haben?
„Gerade in der Anfangsphase der Fanprojekte gab es unter den Kolleg*innen das geflügelte Wort ‚Tote pflastern unseren Weg', was zwei Dinge deutlich macht. Das Arbeitsfeld wurde regelmäßig von gewalthaltigen Vorfällen beeinflusst. Hierzu gehören der Tod des Bremer Fans Adrian Maleika 1982 in Hamburg, die Katastrophe im Brüsseler Heyselstadion 1985 mit 39 Toten oder der 1990 in Leipzig durch Polizeikugeln getötete Mike Polley. Der gesellschaftliche Diskurs über Fußballfans war demzufolge durch das Gewaltthema überlagert. Es gehört zu den herausragenden konzeptionellen Leistungen in der Gründungszeit der Fanprojekte, dass es gelungen ist, die fachliche Perspektive über diese verengte und kontraproduktive Wahrnehmung hinaus zu weiten, hin zu den gesellschaftlichen Ursachen und Mitverantwortungen. Ein kritischer Blick auf gesellschaftliche Zustände ist der Arbeit der Fanprojekte also inhärent und zu diesem grundlegenden Verständnis hat Michael Löffelholz bedeutende Beiträge geleistet.

Ein weiteres markantes Ereignis war sicherlich der Überfall deutscher Hooligans auf den französischen Gendarmen Daniel Nivel während der 1998 in Frankreich stattfindenden Fußballweltmeisterschaft. Dieser hat im Netzwerk der Fanprojekte zu intensiven, auch selbstkritischen Diskussionen geführt und eine Entwicklung beschleunigt, die damals schon im Gange war, nämlich die gezielte Hinwendung zu den Ultras, der neuen und alsbald dominanten Strömung. Das war in Anbetracht der dynamischen Entwicklung dieser neuartigen Fankultur und des jugendlichen Alters ihrer Protagonisten fachlich geboten. Mit den, vereinfacht gesagt, mittelschichtsorientierten und gesellschaftskritischen Ultras weitete sich das thematische Spektrum für die Arbeit der Fanprojekte. Immer mehr Fans reiben sich an den Entwicklungen des professionellen Fußballs und fordern Möglichkeiten der Mitbestimmung. Dies stellt neue Anforderungen an die Vermittlungs- und Dialogkompetenzen der Fanprojekte.

Infolge progressiver gesellschaftlicher Öffnungen, die in den neuen Fankulturen ihren Widerhall fanden, gewannen Themen der gesellschaftlichen Vielfalt an Bedeutung. Dies gilt für die Rolle von Mädchen und Frauen in den Kurven oder für Schwule und Lesben, die von den Fanprojekten produktiv, z. B. über Angebote der politischen Bildungsarbeit, in ihr Handlungsrepertoire aufgenommen wurden. Und schließlich, um bei der Fragestellung nach markanten Ereignissen zu bleiben, möchte ich auf die vielen Initiativen und Angebote der Fanprojekte im Zuge des ‚Sommers der Migration' im Jahr 2015 hinweisen. Dass Menschen auf der Flucht in Deutschland von Fans so viel Unterstützung erhielten, konnte nur geschehen, weil die langjährige rassismus- und rechtsextremismusbezogene Arbeit der Fanprojekte offensichtlich viele Früchte getragen hat."

Wo steht die Fanprojektarbeit heute?

„Mit 71 Fanprojekten hat sich ein großes und stabiles Netzwerk der professionellen Arbeit mit Fußballfans etabliert. Viele Standorte werden sicher nicht mehr hinzukommen, denn der spezifische Arbeitsansatz setzt das Vorhandensein einer nennenswerten Anzahl von jugendlichen Fußballfans voraus, die regelmäßig die Spiele ihres Bezugsvereins besuchen. Die meisten Standorte, an denen dies der Fall ist, haben ein Fanprojekt.

Das Arbeitsfeld hat innerhalb der Profession der Sozialen Arbeit seinen Platz gefunden. Es gibt einen engen Austausch mit den Universitäten. Sehr viele Standorte haben in ihren Beiräten Vertreter*innen von Hochschulen integriert. Fußballfankultur ist eine Massenbewegung, was in der öffentlichen Wahrnehmung oft nicht gesehen wird. Durch ihre spezifische innere Verfasstheit und die Einbettung in Sicherheits- und Kommerzialisierungsdiskurse ist sie oftmals Seismograf für kritische gesellschaftliche Prozesse, die hier frühzeitig sichtbar werden. Dementsprechend wichtig ist die Vernetzung mit anderen wissenschaftlichen Disziplinen, wie zum Beispiel der Kriminologie.

Als herausragendes Beispiel für berufsbezogenes Handeln ist die Initiative für ein Zeugnisverweigerungsrecht für Tätige in der gesamten Sozialen Arbeit zu nennen, die in den Fanprojekten ihren Ausgang nahm und sich mittlerweile zu einem starken Bündnis von überregionalen und bundesweiten Trägern der Sozialarbeit entwickelt hat. Der Leidens- und Handlungsdruck im Feld war durch zunehmende Zeugenvorladungen durch die Polizei einfach zu groß geworden.

Darüber hinaus ist es gelungen, den Arbeitsansatz der Fanprojekte im erweiterten politischen und fachlichen Netzwerk zu verankern, also bei DFB und DFL, den Sicherheitsorganen, den Kommunen und Bundesländern sowie parteiübergreifend auch auf politischer Ebene. Das spricht für die hohe Fachlichkeit der Standorte, die über den von der KOS entwickelten kontinuierlichen Prozess der Qualitätssicherung – das Qualitätssiegel ‚Fanprojekt nach dem NKSS' – garantiert wird. Die Umsetzung liegt in der Hand eines externen Fachinstituts."

Was sind die größten Herausforderungen für die Fanprojektarbeit?

„Weil die Arbeit der Fanprojekte in einem Umfeld stattfindet, welches durch mächtige Interessengruppen und Interessengegensätze geprägt ist, ist sie auf die Akzeptanz und Unterstützung aller Beteiligten angewiesen. Welche intensiven Dynamiken öffentliche Debatten zum Thema Innere Sicherheit bekommen können, ist gerade bei Vorfällen auf der großen Fußballbühne schon oft zu beobachten gewesen, wenn sich Innenminister oder Polizeigewerkschaften in reichweitenstarken Medien profilieren wollen. Diese Debatten müssen dann an den einzelnen Standorten in den Beiräten oder in anderen Netzwerkrunden beruhigt und auf die professionelle Ebene zurückgeholt werden. Hier sind die Fanprojekte als Vermittlungsinstanz von großem Wert. Das jedoch funktioniert nur über ein konstruktives und professionelles Verhältnis zur Polizei und ich meine, dass dies an den allermeisten Standorten gegeben ist. Das auch in Zeiten zu gewährleisten, wenn durch die absehbar stärker werdenden innergesellschaftlichen Konflikte die Vertreter*innen von Law & Order lauter werden, ist sicher eine der großen Herausforderungen für die Zukunft.

Ähnliches lässt sich auch für das andere große Konfliktverhältnis im Arbeitsfeld attestieren, dem zwischen den Fußballfans und dem Fußball. Selbst an Fußballuninteressierten dürften die großen Proteste der Fans wie z. B. die Kampagne ‚Krieg dem DFB' oder die Kampagne ‚Unser Fußball', die für einen werteorientierten Fußball als gesellschaftliches Gemeinwohl stritt und der sich mehrere Hunderttausend Fans angeschlossen haben, nicht vorbeigegangen sein. Sollte das Band, welches Fans, Vereine und Fußballverbände zusammenhält, einmal reißen, wird das absehbar große negative Auswirkungen auf eine Reihe von gesellschaftlichen Konfliktfeldern haben. Diejenigen, die dieses Band stärken, sind in erster Linie die Fanprojekte durch ihre Vermittlungstätigkeit. Daher muss es auch in Zukunft unbedingt gelingen, DFB und DFL im System der Fanprojektarbeit zu halten.

Als letzte Herausforderung möchte ich den spürbar werdenden Fachkräftemangel nennen, der auch innerhalb der Fanprojektarbeit zunehmend sichtbar wird. Dieser wird durch die fachlichen Herausforderungen, die die Arbeit mit sich bringt, noch verschärft. Im Studium lernt man nicht unbedingt, nach Gewaltvorfällen Interviews für das Fernsehen zu geben, mit Polizeipräsident*innen zu diskutieren oder gar, sich vor Vereinspräsident*innen rechtfertigen zu müssen und dabei immer die Interessen der eigenen Zielgruppe im Auge zu haben. Hinzu kommen Arbeitszeiten, die über gängige Formen der Arbeitszeiterfassung gar nicht dokumentiert werden können, etwa dann, wenn die Fans aus Rostock im Zug nach Freiburg begleitet werden. An dieser Stelle sind nicht nur die Träger gefordert, sondern jedes einzelne lokale politische Netz und nicht zuletzt die auf der Bundesebene angesiedelten Akteure. Die Arbeitsbedingungen sind so zu gestalten, dass die Fachkräfte länger im Arbeitsfeld bleiben, denn die Beziehungsarbeit ist der konzeptionelle Kern der Arbeit."

3.2 Zur Entwicklung grundlegender Konzepte im Arbeitsfeld

Im Feld der Sozialen Arbeit mit Fußballfans sind Mitarbeiter*innen mit unterschiedlichen Qualifikationen und Ausbildungsabschlüssen tätig. Von zentraler Bedeutung ist der Zugang über eine jugendkulturelle Perspektive. Dieser bestimmt die praktische Arbeit, die sich diesbezüglich am Nationalen Konzept Sport und Sicherheit (NKSS) orientiert. Unter der Federführung von Michael

Löffelholz (seinerzeit tätig am Hamburger Institut für Jugendkulturforschung) wurden 1992 vier zentrale Orientierungen der Fanprojektarbeit vorgelegt, die bis heute bedeutsame Bestandteile der Konzeptionen sind (Gabriel, Zeyn 2019, S. 28) und als „fachpolitisches Manifest“ eingeordnet werden können (Schneider 2004, S. 5). Während die Ursprünge des NKSS eine starke Fokussierung auf Sicherheit aufwiesen, was unter dem Eindruck von Gewalthandlungen eine eher repressive Pädagogik beförderte (Löffelholz 2004, S. 31), setzte Löffelholz den Versuchen pädagogischer Disziplinierung bewusst systemische Ansätze entgegen. Alle Akteur*innen des Fußballgeschehens sollten in den Blick genommen werden. Dieter Bott, ein Vordenker und Pionier der Fanprojektarbeit, hat das als den *strukturellen Ansatz der Fanprojektarbeit* beschrieben (Dembowski 2001). Im Zusammenhang mit dem Auftreten radikalisierter rechter Jugendgruppen wurde in der Nachwendezeit Kritik am akzeptierenden Ansatz der Jugendsozialarbeit (Krafeld 1996) formuliert. Dem stellte Löffelholz eine Rückbesinnung auf Konzepte der Anerkennung (Honneth 1994) entgegen.

Nachfolgend wird skizziert, in welcher Weise Michael Löffelholz vier gängige sozialpädagogische Prinzipien auf die Soziale Arbeit in Fanprojekten übertragen hat.

3.2.1 Lebensweltlich-jugendkulturelle Zugänge

Löffelholz (2004, S. 28 f.) sieht im lebensweltlich-jugendkulturellen Zugang ein zentrales Prinzip der Sozialpädagogik, das auch in der Fanprojektarbeit zur Anwendung gelangen soll. Er stellt die Lebenswelt der Jugendlichen sowie die Fankultur in den Fokus der Arbeit und rekurriert auf die fankulturellen Alltagspraktiken, die für die Heranwachsenden sinnerzeugend sind. Das Verständnis der Fankultur als Lebenswelt sieht dieses zugleich als Erlebnisfeld und auch als Lernfeld für Heranwachsende. Die Arbeit orientiert sich an den Bedarfen der Jugendlichen und nicht an den vom Gedanken der Wahrung der Sicherheit geprägten Anforderungen. Löffelholz (ebenda) macht deutlich, dass die pädagogische Arbeit nicht von außen disziplinierend wirken soll, sondern sich an den lebensweltlichen Gegebenheiten der Jugendlichen orientiert. Dabei spielt die ressourcenorientierte Arbeit mit den jeweiligen Gruppen der Fankultur eine bedeutende Rolle. Über die aufsuchende Arbeit werden Kontakte und Beziehungen intensiviert und Jugendliche mit kritischer Parteilichkeit begleitet. Das stetige Ausbalancieren von Nähe und Distanz stellt eine der zentralen Herausforderungen an die professionelle Arbeit der Fanprojekte dar.

3.2.2 Orientierung am gesamten Partizipationsfeld Zuschauer*innenfußball

Löffelholz (ebenda) misst der Orientierung an der jugendkulturell geprägten Lebenswelt eine wichtige Bedeutung bei, weshalb er in seinen Betrachtungen die Perspektive auf die Organisationen rund um den Fußball lenkt:

> „Sie [die Arbeit] bleibt aber nicht auf die jugendliche Zielgruppe beschränkt, weil die Fanszene die Teilnahme an der etablierten Fußballkultur zum wichtigsten Gegenstand ihrer Aktivitäten macht und zwischen Fanszene und den einschlägigen Institutionen der Erwachsenengesellschaft – Fußballorganisationen, Medien, staatliche Kontrollorgane – eine intensive wechselseitige Bezugnahme besteht“ (ebenda, S. 29).

Die Organisationen rund um den Fußball sind zentrale Bezugspunkte der Heranwachsenden, mit denen sie sich auseinandersetzen, was konflikthafte Interaktionen nicht ausschließt. Protest wird als legitime politische Praxis der Fankultur ein- und ausgeübt. Als derzeit zentrale Konflikte werden die zwischen Fans und Vereinen, Fans und Ultras sowie zwischen Fans und der Polizei gesehen (Gabriel, Zeyn 2019). Die daraus resultierenden Herausforderungen für die Fanprojektarbeit sind die Notwendigkeit einer kontinuierlichen Kommunikation im System Fußball und die kritische Begleitung von Dialog- und Partizipationsangeboten. Eine komplexe Anforderung an die professionelle Praxis ist das stetige generationenübergreifend vermittelnde und auch integrierende Wirken. Daraus ergeben sich spannungsreiche Arbeitsanforderungen an die Fanprojektler*innen und Rollenzuschreibungen an die Fans:

- Fans als hilfesuchende Adressat*innen der Sozialen Arbeit,
- Fans als teilnehmende Akteur*innen einer gesellschaftskritischen Jugendarbeit und
- Fans als aktive Stakeholder des Fußballs.

3.2.3 Diskursorientierung

Löffelholz (2004, S. 30) skizziert die Diskursorientierung als gegenläufiges Element, das den verstehenden Ansatz der Fanprojektarbeit aufbricht. Nicht erst seit Diskussionen über die Menschenrechtsorientierung als ein drittes Paradigma der Sozialen Arbeit eingesetzt haben, setzen Fanprojekte auf progressive Demokratieverständnisse und hinterfragen machtvolle Organisationen, Akteure und

Interessengruppen. Dabei werden Weltanschauungen, Werte, Weltbilder und Handeln reflektiert und es findet eine Auseinandersetzung mit dem eigenen Verhalten statt. Fanprojekte, so Löffelholz (ebenda), regen selbstständige Diskurse an und tragen dazu bei, über gemeinschaftliche Auseinandersetzungen festgefügte Denkmuster langfristig aufzubrechen. Sie verfolgen einen friedensbildenden Ansatz, der Sprachlosigkeit überwindet, Positionen hinterfragt und auch Rollen reflektiert. Dabei handeln die Fanprojekte sowohl in Richtung der Adressat*innen als auch im Netzwerk des Fußballs selbst. Ziele sind dabei Dialog, Partizipation und Beteiligung von Fans auf Augenhöhe. Besonders herausfordernd ist die Arbeit mit schwieriger Klientel in einem Sicherheitsnetzwerk, das vorrangig auf repressive Maßnahmen setzt.

3.2.4 Prozessorientierung

Fanprojekte sind dauerhafte Einrichtungen, die über langfristige Beziehungsarbeit Vertrauen zu den Adressat*innen aufbauen. Der Fußball ist Teil des Lebens der Fans und die Verweildauer in einer Fanszene geht häufig über die explizite Jugendphase hinaus. Eine langfristige Begleitung des Aufwachsens gewährt (Verhaltens-)Sicherheit für die Adressat*innen und ist eine der Kernaufgaben einer gelingenden Sozialen Arbeit. Das Vertrauen in die Erwachseneninstitutionen ist Voraussetzung für eine erfolgreiche politische Jugendbildungsarbeit. Vertrauensschutz ist eine Grundbedingung der Arbeit und wird mit der aktiven Forderung nach einem Zeugnisverweigerungsrecht zu einem politischen Anliegen (siehe: Kapitel 8.2). Eine kontinuierliche Begleitung, welche die Lebenswelt der Fans einbezieht, sowie offene und niederschwellige Angebote schaffen stabile Bindungen zu den Adressat*innen. Die pädagogische Aufgabe, die Fähigkeiten der Beteiligten zur Einmischung in die Prozesse der gesellschaftlichen und strukturellen Veränderungen zu fördern, setzt ein Arbeitsverständnis voraus, das an langfristigen Veränderungen orientiert ist (ebenda, S. 29).

3.3 Zukünftige Herausforderungen für die Fanprojektarbeit

Die vier oben genannten, von Löffelholz aus der Sozialpädagogik auf die Fanprojektarbeit übertragenen Orientierungen sind zentrale Bestandteile der Konzeptionen und der Praxis geworden. Darüber hinaus kommt es in Orientierung an den Bedarfslagen der Adressat*innen zu eigenständigen konzeptionellen Neuausrichtungen des Arbeitsfelds. Die Covid-19-Pandemie wurde etwa zum Verstärker von Angeboten in digitalen Formaten, in einer Zeit, in der eine zunehmende Spaltung der Gesellschaft vermehrt wahrgenommen werden konnte. Diese und die Folgen des Klimawandels sind wichtige Anliegen der jungen Generation. Das gilt es im Alltag der Jugendlichen zu bearbeiten, woraus sich immer wieder neue Herausforderungen an die professionelle Praxis ergeben.

Zudem ist Inklusion ein Thema für die aktuelle und die zukünftige Praxis geworden. Dies lässt sich seit 2021 auch aus dem geänderten Jugendhilferecht ableiten (siehe hierzu: Kapitel 4.1). Der Gedanke der Inklusion in der Sozialen Arbeit kann und sollte noch weiter gefasst werden: „Inklusion [ist] im Kern zunächst die Vision einer vielfältigen Gesellschaft, innerhalb derer selbstbestimmte und gleichberechtigte Teilhabe aller Individuen ermöglicht wird" (Hansing, Wurbs 2022, S. 154).

Jede*r sollte die Möglichkeit haben, die Angebote der Fanprojekte wahrzunehmen, unabhängig des Geschlechts, der Herkunft, einer möglichen Behinderung oder der Sprache. Dieser umfassend gedachte Begriff der Inklusion und die Festschreibung im SGB VIII muss nun auch in der schon gelebten offenen und niedrigschwelligen Arbeit der Fanprojekte weiterentwickelt werden. Beispielsweise sollten Barrierefreiheit und Zugänglichkeit für alle Fans sowohl in den Räumlichkeiten, bei der Kontaktaufnahme oder aber auch über die Online-Präsenz der Fanprojekte überprüft und bei Bedarf geschaffen werden. Hier müssen Ressourcen zur Verfügung gestellt werden, damit z. B. Homepages barrierefrei überarbeitet oder Flyer in verschiedenen Sprachen gedruckt werden können. Auch bauliche Veränderungen in Fanprojekträumen sind notwendig. Nimmt man den Begriff Teilhabe ernst, müssen die Handlungskonzepte der Fanprojektarbeit die spezifischen Bedarfe und Ausgangslagen der Adressat*innen berücksichtigen (Hansing, Wurbs 2022, S. 157). Die aus dem Inklusionsgedanken ableitbaren Anforderungen müssen erkannt und in Fortbildung, Schulung, Umbaumaßnahmen oder Überarbeitungen umgesetzt werden. Das geschieht u. a. in der Zusammenarbeit mit KickIn!, der Beratungsstelle für Inklusion im Fußball. Die Expertise der Fachstelle unterstützt die Fanprojektmitarbeiter*innen in Fortbildungen und bei Bedarfsanalysen. Auf Inklusion ausgerichtete Themen können so aufgearbeitet und in der Fanarbeit umgesetzt werden.

Übungsfragen

- Welche dauerhaften Herausforderungen gilt es in der Sozialen Arbeit mit Fußballfans zu bearbeiten?
- Welche unterschiedlichen Rollen üben Fans aus und wie wirkt sich das auf die Arbeit aus?
- Was kann als der Kern der Arbeit mit jugendlichen Fans beschrieben werden?

Literaturempfehlungen

Arnold, P., Kotthaus, J. (Hrsg.) (2022). *Soziale Arbeit im Fußball. Theorie und Praxis sozialpädagogischer Fanprojekte.* Weinheim und Basel: Beltz Juventa.

Gabler, J. (2017). Fußball, Sicherheit und Soziale Arbeit: Fußball-Fanprojekte: Jugendhilfeeinrichtung oder Sicherheitsdienstleister? In *Soziale Passagen* 9 (2), S. 299–316.

Scherr, A. (2018). Fans und Fanprojekte in den Spannungsfeldern von Mitbestimmung und Eventkultur, Autonomie und Kontrolle, Zugehörigkeit und Ausgrenzung. In Koordinationsstelle Fanprojekte bei der dsj (KOS) (Hrsg.), *Stimmung ja – (Mit)bestimmung nein? Perspektiven für die Beteiligung jugendlicher Fans im Spannungsfeld von Jugendarbeit, Gewaltprävention und kommerzialisiertem Fußball* (S. 43–52). Frankfurt am Main.

4. Über die jugendhilferechtliche Einordnung und die Finanzierung von Fanprojekten

Charakteristisch für die Etablierung neuer Arbeitsformen ist, dass sie einerseits oftmals Modellcharakter haben, andererseits aber Hürden zu überwinden und Einordnungen vorzunehmen sind, ehe eine Regelförderung garantiert ist. Nachfolgend wird auf die jugendhilferechtliche Zuordnung dieses Arbeitsfeldes sowie auf die Entwicklung ihrer besonderen Finanzierungssystematik eingegangen.

4.1 Fanprojekte als (rechtlicher) Bestandteil der Jugendhilfe

Als die ersten Fanprojekte ihre Arbeit aufnahmen, waren im politischen Diskurs gelegentlich Stimmen zu vernehmen, die diesen Arbeitsansatz eher mit polizeilichen und ordnungsrechtlichen Maßnahmen als mit der Jugendhilfe in Verbindung brachten. Diese Sichtweise ist an manchen Stellen – etwa bei einzelnen Akteur*innen der Kommunalpolitik – bis heute existent. Es hat Jahre gedauert, bis nahezu alle Entscheidungsträger*innen anerkannt haben, dass es sich bei Sozialer Arbeit mit Fußballfans um eine spezifische Form der Jugendhilfe handelt, die sowohl Elemente der Jugendarbeit im Sinne des § 11 SGB VIII als auch der Jugendsozialarbeit nach § 13 SGB VIII aufweist (Simon 2016, S. 7).

Daran hat sich durch die im Kinder- und Jugendhilfestärkungsgesetz (KJSG) zusammengefassten und am 10. Juni 2021 in Kraft getretenen[29] Änderungen des Achten Buches Sozialgesetzbuch (SGB VIII) nichts Wesentliches geändert. Die bislang für die Fansozialarbeit relevanten Bestimmungen der §§ 11 und 13 gelten unverändert, haben aber Modifikationen erfahren, auf die nachfolgend noch eingegangen wird.

§ 9 Abs. 3 SGB VIII wurde dahingehend erweitert, dass Jugendhilfe nicht nur die unterschiedlichen Lebenslangen von Mädchen und Jungen, sondern auch jene von „transidenten, nichtbinären und intergeschlechtlichen jungen Menschen“ zu berücksichtigen hat.

Die mit den in § 9a SGB VIII vorgesehenen Ombudsstellen neu geschaffene Möglichkeit, in Konflikten und Notlagen selbstständig eine unabhängige Anlauf-

29 Im Artikel 10 KJSG wird auf abweichend terminierte Inkraftsetzungen einzelner Bestimmungen verwiesen, die aber den Kern der Sozialen Arbeit mit Fußballfans nicht berühren.

stelle in Anspruch nehmen zu können, gilt für alle Jugendlichen und jungen Erwachsenen – und somit auch für die Zielgruppen der Fanprojekte.

Gleiches gilt für den mit § 10a SGB VIII neu eingefügten uneingeschränkten Beratungsanspruch für Jugendliche und junge Erwachsene, die von den örtlichen Fanprojekten erreicht werden. Die bislang ohne spezifische Nennung dem § 13 SGB VIII subsumierte Jugendsozialarbeit in Form der Schulsozialarbeit hat richtigerweise mit dem § 13a SGB VIII eine eigene Rechtsnorm erhalten, die nochmals heraushebt, dass Inhalt und Umfang derselben – und damit auch deren Finanzierung – durch Landesrecht zu regeln sind.

4.1.1 Soziale Arbeit in Fanprojekten als Jugendarbeit

Nach § 11 SGB VIII ist die Bereitstellung von Angeboten der Jugendarbeit eine Pflichtaufgabe der öffentlichen Jugendhilfeträger. Dies sind in der Regel kreisfreie Städte und Landkreise. Kreisangehörige Gemeinden betätigen sich auf dem Gebiet der Jugendarbeit freiwillig im Rahmen der Daseinsfürsorge.

§ 11 Abs. 1 SGB VIII bestimmt, dass Jugendarbeit zur Förderung der Entwicklung junger Menschen beitragen soll. Die im § 11 Abs. 1 vorgelegten Darstellungen konkretisieren und erweitern die erst einmal relativ unbestimmt formulierte allgemeine Zielsetzung des SGB VIII. Mit § 11 Abs. 1 Satz 3 wurde in der neuen Fassung eine Ergänzung eingefügt, die die Sicherstellung der Zugänglichkeit und Nutzbarmachung der Angebote der Jugendhilfe für junge Menschen mit Behinderungen nochmal besonders betont.

Junge Menschen sollen zu eigenverantwortlichem, gesellschaftlichem und politischem Handeln befähigt werden. Um dieses Ziel erreichen zu können, müssen in einer wertepluralen Gesellschaft vielfältige Angebote der Jugendarbeit gemacht werden, die zudem geeignet sind, den unterschiedlichen Entwicklungsbedingungen und Interessen der jungen Menschen Rechnung zu tragen.

§ 11 Abs. 2 SGB VIII beschreibt als mögliche Formen der Jugendarbeit: Angebote für Mitglieder (von Vereinen und Verbänden), offene Jugendarbeit, gemeinwesenorientierte Angebote. Die verschiedenen Formen stehen keineswegs isoliert nebeneinander, sondern können im Sinne einer gemeinwesenorientierten Netzwerkarbeit miteinander in Beziehung stehen und so komplementäre Wirkungen entfalten (Kaiser, Simon 2020, S. 60).

Ohne dass hierbei ein Anspruch auf Vollständigkeit gegeben ist, beschreibt Abs. 3 des § 11 SGB VIII als mögliche Schwerpunkte von Jugendarbeit: Jugendbildung, Sport, Spiel, Geselligkeit, arbeitswelt-, schul- und familienbezogene Jugendarbeit, internationale Jugendbegegnung, Kinder- und Jugenderholung und Jugendberatung.

Stellt man dem die Praxis der Sozialarbeit mit Fußballfans gegenüber, wird deutlich, dass eine so hohe Übereinstimmung gegeben ist, dass Fanprojekte zweifelsfrei spezifische Anbieter von Jugendarbeit im Sinne des § 11 SGB VIII sowie sämtlicher relevanter Kommentierungen sind (Simon 2016, S. 8).

Gerade angesichts der sich rasch verändernden Bedingungen, unter denen Kinder und Jugendliche aufwachsen, ist die Entwicklung und Umsetzung neuer Angebote eine der regelmäßigen Aufgaben der Jugendarbeit. Dabei ist anzumerken, dass gerade Jugendberatung nicht immer in ausreichender Weise als integrierte Tätigkeit anderer Dienste und Einrichtungen erfolgt. Um dem mit § 10a SGB VIII neu eingefügten Beratungsanspruch gerecht zu werden, sollte in jeder kreisfreien Stadt und in jedem Landkreis zumindest eine selbstständige Jugendberatungsstelle geschaffen werden (siehe hierzu bereits: Kaiser, Simon 2020, S. 60).

Sowohl die Kommentierung als auch die Landesausführungsgesetze – exemplarisch sei hier verwiesen auf § 14 Abs. 2 LKJHG (Kinder- und Jugendhilfegesetz) für Baden-Württemberg – betonen die Gleichrangigkeit von Jugendarbeit innerhalb des Spektrums aller Jugendhilfemaßnahmen und stellen heraus, dass Jugendarbeit neben Familie, Schule und Beruf ein eigenständiges Sozialisationsfeld darstellt (ebenda, S. 61). Damit ist den öffentlichen Trägern die Verpflichtung auferlegt, bedarfsgerechte Angebote der Jugendarbeit bereitzustellen. Allerdings kann ein solcher Träger damit nicht auf die Bereitstellung einer spezifischen Angebotsform – etwa offener Jugendarbeit – festgelegt werden, sofern er nachweisen kann, dass andere Angebote, Maßnahmen und Veranstaltungen den festgelegten und sachlich begründeten Entwicklungszielen in ausreichender Weise gerecht werden. Üblicherweise ist davon auszugehen, dass tatsächliche Bedarfslagen und sinnvoll darauf reagierende Angebote der Jugendarbeit über die Ergebnisse der kommunalen Jugendhilfeplanung ermittelt werden. Über diese kann gerade für jene Sozialräume, in denen sich ausgeprägte Fanszenen entwickelt haben, festgestellt werden, dass es auch einer spezifischen Jugendarbeit mit Fußballfans bedarf. Fanprojekte sind hierfür nahe liegende und bewährte Angebotsformen.

4.1.2 Bezüge der Sozialen Arbeit mit Fußballfans zur Jugendsozialarbeit

Wenn also der jugendarbeiterische Bezug der Fanarbeit unstrittig ist, bleibt zu klären, ob und in welcher Weise diese auch die Merkmale der Jugendsozialarbeit erfüllt.

Maßnahmen der Jugendsozialarbeit richten sich nicht an alle jungen Menschen, sondern lediglich an jene, für die aufgrund der Beeinträchtigung ihrer individuellen Entwicklung ein *besonderer Hilfebedarf* begründet wird.

Maßnahmen der Jugendsozialarbeit gelangen auch dann in Anwendung, wenn Hilfen zur Erziehung nach §§ 27 ff. SGB VIII entweder in Anwendung gebracht wurden oder wenigstens die Voraussetzungen zur Erlangung einer derartigen Hilfe gegeben sind. Die bereits erfolgte Durchführung von Hilfen nach §§ 27 ff. SGB VIII oder das Vorliegen der Voraussetzungen hierfür stellt allerdings keine Bedingung für die Anwendung des § 13 SGB VIII dar (Simon 2016, S. 8).

Jugendsozialarbeit dient somit insbesondere der Integration und wendet sich vorrangig an solche jungen Menschen, die im Prozess der beruflichen und sozialen Integration „in erhöhtem Maße auf Unterstützung angewiesen sind" (§ 13 Abs. 1 SGB VIII) (Kaiser, Simon 2020, S. 64).

Jugendsozialarbeit – etwa in Form der Mobilen Jugendarbeit oder in hoch spezialisierten Formen wie der Arbeit mit Fußballfans – kann sehr wohl einen Beitrag zum Ausgleich sozialer Benachteiligung leisten. Zielbeschreibung und Praxis von niedrigschwelligen – außerhalb von Vereinen bereitgestellten – sport- und bewegungsbezogenen Angeboten sind etwa durchaus als eine Form *sozialintegrativer Gruppenarbeit* zu sehen, die Jugendliche erreicht, welchen der Zugang zu traditionellen Angeboten fehlt oder welche aus anderen Gründen aus diesen ausgegrenzt sind. Über die Jugendsozialarbeit wird ihnen ein Gruppenarbeitsangebot unterbreitet, das Kontakte zu Mitarbeiter*innen der Jugendhilfe enthält, hilfreiche Prozesse in Gang setzt oder unter Umständen Zugänge zu notwendigen andersgelagerten Hilfen des SGB VIII herstellt.

In Verbindung mit dem Gedanken des Ausgleichs sozialer Benachteiligung bzw. der Überwindung individueller Beeinträchtigung wird hier auch, neben der Generalklausel des § 1 SGB VIII, die gesetzliche Grundlage für „Jugendsozialarbeit in Fanprojekten" gesehen, ohne dass diese innerhalb des § 13 SGB VIII explizit genannt sein muss. § 13 normiert die Jugendsozialarbeit als einen eigenständigen Bereich zwischen den erzieherischen Hilfen und der Kinder- und Jugendarbeit (Schäfer in Münder u. a., FK-SGB VIII, § 13 Rn. 1).

Die Verantwortung auch anderer Institutionen für Jugendsozialarbeit wird deutlich in der Formulierung des Abs. 1, der von den Angeboten der „Jugendsozialarbeit im Rahmen der Jugendhilfe" spricht (bereits: Münder 2006, S. 245).

Eine deutliche Einschränkung der Anwendung des § 13 SGB VIII wurde 2005 mit der Umsetzung des SGB II geschaffen, was auch zu einer einschränkenden Formulierung in § 10 Abs. 3 SGB VIII geführt hat. Demnach gehen Leistungen des SGB VIII zwar grundsätzlich den Leistungen nach SGB II vor. Explizit umgekehrt wurde dieses Rangverhältnis jedoch für die Leistungen nach § 3 Abs. 2 und §§ 14 bis 16 SGB II. Die Leistungskonkurrenz von § 3 Abs. 2 SGB II und § 13 SGB VIII führt zu dem Ergebnis, dass Jugendsozialarbeit zwar ein eigenständiges Angebot bleibt und nicht grundsätzlich durch Eingliederungsleistungen des SGB II ersetzt wird. Einschränkungen in der Anwendung des § 13 SGB VIII ergeben sich allerdings dadurch, dass die Leistungsträger des SGB II nach § 3 Abs. 2 für junge Menschen mit Berufsabschluss einen Vermittlungsvorrang in Arbeit, Ausbildung und Arbeitsgelegenheit erhalten haben.

Trotz des schmaleren Anwendungsbereichs des § 13 SGB VIII bleibt ein eigenständiger Aufgabenbereich der Jugendsozialarbeit als individueller Soll-Anspruch junger Menschen bestehen, wenn sie in erhöhtem Maße einer sozialpädagogischen Unterstützung zu ihrer sozialen Integration bedürfen. Ob der einzelne Jugendliche einen subjektiven Rechtsanspruch auf Leistungen aus § 13 SGB VIII ableiten kann, bleibt umstritten (Schäfer in Münder u. a., FK-SGB VIII, § 13 Rn. 6). Schruth (in jurisPK-SGB VIII, § 13 Rn. 38) sieht das Vorliegen eines individuellen Rechtsanspruchs auf sozial-integrative Hilfen immer dann gegeben, wenn diese für eine gelingende soziale Integration erforderlich sind.

Auch für alle Formen der *aufsuchenden Jugendarbeit* (in unpräziser Weise werden Begriffe wie *jugendbezogene Streetwork, aufsuchende Jugendsozialarbeit* und *Mobile Jugendarbeit* synonym verwendet) gilt der unbefriedigende Zustand, dass im Jugendhilferecht eine eigenständige Rechtsnorm für diesen Arbeitsansatz fehlt. In der Praxis hat sich bislang eine rechtliche Systematisierung durchgesetzt, wie sie bereits mit dem Rechtsgutachten des Landeswohlfahrtsverbandes Württemberg-Hohenzollern 1991 im Vorfeld der Auflegung eines ersten Modellprogramms festgehalten wurde. Demnach ist Mobile Jugendarbeit – je nach Ausgangssituation:

1. Ein gemeinwesenorientiertes Angebot der *Jugendarbeit* nach § 11 Abs. 2 SGB VIII;
2. eine Form der Jugendsozialarbeit, die die soziale Integration junger Menschen fördert (§ 13 SGB VIII);
3. unter bestimmten Bedingungen im Einzelfall als *Hilfe zur Erziehung* (z. B. §§ 29, 30, 35 SGB VIII) heranzuziehen (Kaiser, Simon 2020, S. 66).

Aufsuchende und Mobile Jugendarbeit können sehr wohl einen Beitrag zum Ausgleich sozialer Benachteiligung leisten. So sind etwa Zielbeschreibung und Praxis von niedrigschwelligen – außerhalb von Vereinen durch die Mobile Jugendarbeit bereitgestellten – sport- und bewegungsbezogenen Angeboten durchaus als eine Form *sozialintegrativer Gruppenarbeit* zu sehen, die Jugendliche erreicht, welche zum Teil Hausverbote in den örtlichen Jugendclubs haben oder aus anderen Gründen aus diesen ausgegrenzt sind. Über die Mobile Jugendarbeit wird ihnen ein unverändert zugängliches Gruppenarbeitsangebot unterbreitet.

Zielgruppen aufsuchender Arbeit sind Szenen, die aus dem traditionellen System Sozialer Arbeit ausgegrenzt wurden. Dabei dominiert unverändert die Arbeit mit Jugendlichen: jugendliche Straßencliquen, die offensichtlich nirgendwo beheimatet sind; Kinder und Jugendliche, die Suchtmittel gebrauchen; Jugendliche, die durch aggressive Lebensäußerungen auffallen. Speziell für die großstädtischen Projekte gilt, dass ausländische Kinder und Jugendliche in besonderem Maße zur Klientel Mobiler Jugendarbeit gerechnet werden müssen. Einzelne Projekte arbeiten mit einem hohen Anteil jugendlicher Aussiedler. Anhand regionaler Stichproben kann vermutet werden, dass über 80 Prozent aller aufsuchend tätigen Projekte sich an Jugendliche wenden. Die jugendarbeitsrelevante Debatte um geschlechtsspezifische Arbeitsformen hat bereits seit den frühen 2000er Jahren dazu geführt, dass Mobile Jugendarbeit einerseits Elemente von Jungenarbeit aufweist, andererseits immer mehr Mädchenprojekte entstehen, die in das jeweils stadtteilbezogene Konzept Mobiler Jugendarbeit eingebettet sind. Nunmehr wird – wie dargestellt – im § 9 Abs. 3 SGB VIII besonders betont, dass die Jugendhilfe generell – und somit auch die Mobile Jugendarbeit – künftig die Bedarfe und Bedürfnisse transidenter, nicht binärer und intergeschlechtlicher junger Menschen zu beachten hat.

Die fachliche Anerkennung Mobiler Jugendarbeit lag in Expert*innenkreisen – selbst in der Sozialverwaltung – immer höher als die konkrete Umsetzungsbereitschaft auf kommunaler Ebene. Allerdings gelangte die Bundesarbeitsgemeinschaft der überörtlichen Träger der Jugendhilfe bereits vor Jahrzehnten zu der Auffassung:

> „Mobile Kinder- und Jugendarbeit ist eine geeignete Projektform zur Kontaktaufnahme und Hilfevermittlung für ausgegrenzte und von Ausgrenzung bedrohte Jugendliche.“ (Bundesarbeitsgemeinschaft der Landesjugendämter und überörtlichen Erziehungsbehörden 1986, S. 4).

Mobile Jugendarbeit basiert, wie dargestellt, auf einem sozialpädagogischen Handlungsansatz, der unterschiedliche Methoden Sozialer Arbeit innerhalb eines Gesamtkonzepts vereint. Die vier Hauptstränge Streetwork, Einzelfallhilfe, Gruppenarbeit und Gemeinwesenarbeit werden dabei so miteinander verwoben, dass dieser Ansatz Möglichkeiten bietet, die jugendliche Klientel innerhalb seiner mannigfaltigen Dimensionen (Peergroup, Familie, Nachbarschaft, Schule, Betrieb, Stadtteil, Kommune usw.) ganzheitlich wahrzunehmen.

Zur Bewältigung der zahlreichen Aufgaben, die aus Fluchtzusammenhängen und der gestiegenen Zuwanderung resultieren, gehören auch Angebote, die gezielt mit minderjährigen Zugewanderten arbeiten. Somit ist schlüssig, dass die vielfältigen Arbeitsansätze, die innerhalb der Jugendmigrationsdienste gebündelt werden, in den letzten Jahren eine erhebliche Bedeutungssteigerung erfahren haben. Hierzu gehören insbesondere die Begleitung nicht mehr schulpflichtiger

Neuzuwander*innen, die Beratung von jungen Menschen mit Migrationshintergrund und unterschiedliche Formen sonstiger Gruppenangebote (Schäfer, Weitzmann in Münder u.a. 2019, FK-SGB VIII, § 13, Rn. 8). Um wirksam tätig werden zu können, müssen Jugendmigrationsdienste in andere Fachdienste hineinwirken (ebenda).

Bereits eingangs wurde darauf verwiesen, dass die im § 13 SGB VIII vorgegebene Systematisierung keineswegs vollständig alle denkbaren Formen der Jugendsozialarbeit beschreibt. Insbesondere neuere Entwicklungen aus der Praxis der Sozial- und Jugendarbeit werden hier nicht explizit genannt. Vor dem Hintergrund der in den letzten 30 Jahren intensiven Debatte um Jugendgewalt sowie auch aus der Erfahrung heraus, dass – abgesehen von Strafe mit ihren zweifelhaften und keineswegs immer abschreckenden Folgen – oftmals keine wirkungsvollen Instrumente gegen das Verhalten von Gewalttäter*innen existieren, wurden in jüngster Zeit vermehrt Projekte und Modelle umgesetzt, die gleich mehrere Schnittstellen besetzen: Sie sind dort angesiedelt, wo Jugendhilfe und Maßnahmen des Jugendgerichtsgesetzes sich treffen, bzw. transportieren Erfahrungen aus Trainingskontexten des Strafvollzuges in die Jugendhilfe. Spezielle Abgrenzungsprobleme bestehen zu sozialen Trainingskursen, die meist als gruppenpädagogische Angebote für Straftäter*innen auf der Basis richterlicher Weisungen beruhen (§§ 10, 45, 47 Jugendgerichtsgesetz (JGG)) sowie auch zur Sozialen Gruppenarbeit im Sinne des § 29 SGB VIII. Diese Abgrenzungsproblematik muss beachtet, soll aber an dieser Stelle nicht vertieft werden (Kaiser, Simon 2020, S. 69).

Ziele dieser Maßnahmen sind eine Reduktion des individuellen Gewaltverhaltens, eine Stärkung der Resistenz gegenüber Gewalt auslösenden „Schlüsselreizen" sowie letztendlich eine Verhaltensmodifikation.

Nach dem Abschluss erfolgreicher Modellversuche werden seit geraumer Zeit auch *Maßnahmen, die gezielt mit Schulverweigerern* arbeiten, unter den § 13 SGB VIII subsumiert.

Dass es immer wieder neue Angebotsformen der Jugendsozialarbeit gibt, die sich an neuen oder stärker wahrgenommenen Problemlagen orientieren, zeigt sich exemplarisch an der Sozialen Arbeit mit Fußballfans. Diese wird in 71 Fanprojekten praktiziert und von der Dachorganisation Koordinationsstelle Fanprojekte bei der Deutschen Sportjugend (KOS) fachlich begleitet (Koordinationsstelle Fanprojekte 2019).

Jugendsozialarbeit ist stärker als andere Leistungssegmente des sozialen Berufs mit Jugendlichen konfrontiert, die im Fokus der Strafverfolgung stehen. Hier zeigt sich immer wieder, dass der Strafschutz des § 203 StGB nicht ausreicht, um eine nachhaltige und vertrauensvolle Zusammenarbeit zwischen Vertreter*innen der Profession und Jugendlichen zu garantieren, die im Verdacht stehen, an

Straftaten beteiligt gewesen zu sein. Deshalb haben mehrere Dachorganisationen aus dem Kreis der Jugendarbeit und der Jugendsozialarbeit im Juli 2019 ein Bündnis Zeugnisverweigerungsrecht gegründet, um – ausgehend von einem umfangreichen Gutachten (Schruth, Simon 2020) – die alte Forderung nach einem *Zeugnisverweigerungsrecht* für die Soziale Arbeit wieder verstärkt in den (fach-)politischen Diskursen zu platzieren (vertiefend hierzu: Kapitel 8.2).

Jenseits der Maßnahmen nach §§ 11 und 13 SGB VIII wurden modellhafte Arbeitsformen des schulischen Lernens an 23 Standorten durch das von der DFL-Stiftung und dem Bundesministerium für Senioren, Frauen und Jugend geförderte Angebot *Lernort Stadion* implementiert (vertiefend hierzu: Kapitel 11).

4.1.3 Fanprojektarbeit an der Schnittstelle zwischen § 11 und § 13 SGB VIII

Soziale Arbeit mit Fußballfans kann in Orientierung an den jeweiligen sozialräumlichen Bedarfslagen mal mehr Jugendarbeit, mal mehr Jugendsozialarbeit oder auch beides zugleich sein. In allen Konstellationen dominiert der Gedanke der Prävention, ist dieser doch in beiden Angebotsformen von herausragender Bedeutung. Ungeachtet hiervon wurde das Leitbild „Prävention statt Intervention" spätestens mit der Implementierung des SGB VIII im Jahr 1990 zu einem Grundprinzip der gesamten Jugendhilfe (Simon 2016, S. 9). Sowohl für die Ausgestaltung ihrer Arbeit als auch für die Kommunikation mit anderen Anbietern, den öffentlichen Trägern der Jugendhilfe und den Kostenträgern ist es unabdingbar, dass die Fanprojekte ihre jeweiligen Schwerpunktsetzungen innerhalb der Angebotssegmente offener Jugendarbeit sowie der Jugendsozialarbeit konturiert beschreiben.

4.2 Die Fördergrundlagen – abgeleitet aus dem Nationalen Konzept für Sport und Sicherheit

Die Besonderheit der sozialpädagogischen Fanprojektarbeit spiegelt sich auch im spezifischen Fördermodell wider. Neben der gesetzlichen Verortung der Arbeit im SGB VIII in den §§ 11 und 13 gibt es seit den 1990er Jahren den politischen Willen, Sicherheit und Prävention rund um Fußballspiele zu gewährleisten. Sozialpädagogische Arbeit mit Fußballfans wird dabei als präventiver Ansatz verstanden und ist Teil des Netzwerks Sicherheit und Prävention rund um Fußballspiele der Männer. Fanprojektarbeit wird aus Mitteln der öffentlichen Hand (Kommunen, Länder) und vom Fußball (DFB und DFL) gefördert.

4.2.1 Politische Entscheidungen zur Arbeit der Fanprojekte

Eine bundesweit einheitliche Förderung der Fanprojektarbeit geht auf die Ständige Konferenz der Innenminister und -senatoren der Länder (IMK) 1991 zurück. Gewalt bei Fußballspielen der Männer war in den 1990er Jahren vermehrt in der öffentlichen Wahrnehmung und im Fokus der Sicherheitsbehörden. Fanprojekte arbeiteten schon seit den 1980er Jahren mit „schwieriger" Klientel im Fußball, es fehlte aber ein bundesweit einheitliches Finanzierungsmodell und an der Bereitschaft der Fußballverbände, Verantwortung zu übernehmen. Das 1992 vorgelegte Nationale Konzept Sport und Sicherheit (NKSS) wurde von dem am Netzwerk Fußball beteiligten Akteur*innen gemeinsam entwickelt. Es erkennt die besondere gesellschaftliche Verantwortung des Fußballs an, der über die emotionalen Bindungen ein ökonomisch erfolgreiches Produkt vermarktet:

> „Das 1993 verabschiedete Nationale Konzept Sport und Sicherheit (NKSS) bildet die Grundlage für die Arbeit der Fanprojekte. Beteiligt an der NKSS-Arbeitsgruppe, die die Richtlinien und Standards für die Fanarbeit festlegte, waren Vertreter der Innen-, Sport- und Jugendministerkonferenzen, des heutigen Bundesministeriums für Familie, Senioren, Frauen und Jugend, des DFB, des Deutschen Städtetages und des Deutschen Sportbundes (heute: DOSB)" (KOS 2010, S. 4).

Die Zusammenarbeit von Sicherheitsbehörden, Vereinen und Sozialer Arbeit wird anhand ihrer unterschiedlichen Aufträge für die Bereiche Prävention und Sicherheit im Kontext der Fußballspiele der Männer spezifiziert. Mit der Anerkennung der gesellschaftlichen Bedeutung des Fußballs wurde auch der Fußball in die Pflicht genommen, die Soziale Arbeit mit Fußballfans strukturell und finanziell zu fördern.

4.2.2 Anerkennung der Fanprojektarbeit

> „Die Ständige Konferenz der Innenminister und -senatoren der Länder (IMK) hat 1991 festgestellt, dass ein gemeinsames Handeln aller Beteiligten erforderlich ist, um die Sicherheit bei Sportveranstaltungen zu verbessern. Als Antwort auf die Gewalt im Zusammenhang mit Fußballspielen hat die IMK deshalb gemeinsam mit allen Beteiligten das Nationale Konzept Sport und Sicherheit (NKSS) erarbeitet und 1993 verabschiedet. Es enthält Empfehlungen zu den Handlungsfeldern Fanbetreuung im Rahmen von Sozialarbeit, Stadionordnung, Stadionverbote, Ordnungsdienste, Stadionsicherheit und Zusammenarbeit aller Beteiligten" (www.kos-fanprojekte.de, Zugriff am 4. 3. 2022).

Mit dem Inkrafttreten des NKSS, in dem ein gemeinsames Vorgehen der Netzwerkpartner um die Sicherheit von Fußballspielen vereinbart wurde, besteht ein grundsätzliches Bekenntnis aller Beteiligten zur Förderung der Fanprojektarbeit. In der ersten Fassung von 1992 wird dem Fußball (anfangs nur dem DFB, später auch der DFL) sowie den Ländern und Kommunen empfohlen, sich gemeinsam in der finanziellen Förderung der Fanprojektarbeit zu engagieren. Der Ergebnisbericht des NKSS (1992) sah eine Drittelfinanzierung durch den DFB, die Länder und die Kommunen vor. Mit der Ausarbeitung der Finanzierungsrichtlinien wurde dem entsprochen. Die damalige Fassung des NKSS sah vor, Fanprojekte an Standorten mit Fanszenen von Bezugsvereinen der 1. Bundesliga einzurichten. Die Schaffung weiterer Standorte wurde von der Existenz einer größeren Anzahl gewaltaffiner Anhänger*innen abhängig gemacht, die „auffällig" würden (AG NKSS 1992, S. 7). Damit war ein politischer Rahmen geschaffen, der eine kontinuierliche Förderung der Fanprojektarbeit garantiert. Mit der Verankerung der KOS im NKSS wurde zusätzlich zur Interessensvertretung durch die Bundesarbeitsgemeinschaft der Fanprojekte (BAG Fanprojekte) eine koordinierende Organisation zur Einrichtung neuer Fanprojekte etabliert, die eine professionelle Vernetzung ermöglichte. Von 1993 bis zur Fortschreibung des NKSS im Jahr 2012 konnten über 30 neue Fanprojekte eingerichtet werden.

4.2.3 Langfristige Beziehungsarbeit braucht langfristige Perspektiven

Das Bekenntnis aller Beteiligten zur Fanprojektarbeit wurde mit der Fortschreibung des NKSS im Jahr 2012 erweitert. Die aktuell gültige Fassung des NKSS wurde am 9. Dezember 2011 durch die IMK verabschiedet. Neben der Anlage zur Einführung eines einheitlichen Zertifizierungsrahmens „Fanprojekte nach dem NKSS" wurde das Finanzierungsmodell in eine neue Dreierfinanzierung abgeändert. Nunmehr übernahmen der Fußball (DFB, DFL) 50 Prozent, die Länder und die Kommune jeweils 25 Prozent der Kosten. Der Fußball[30] verständigte sich dabei mit seinen gemeinsamen „Richtlinien für die Zuschussgewährung für Fanprojekte nach dem NKSS (DFB/DFL)" auf ein einheitliches Vorgehen. In den aktuellen, bis Ende 2022 gültigen Richtlinien werden auch die Höchstfördersummen (150 000 Euro) aus der Hand des Fußballs geregelt. Die Zuwendungsgeber der öffentlichen Hand (Kommune und Bundesland) müssen gemeinsam

30 „Mit der Neuausrichtung des Profifußballs unter dem Dach der Deutschen Fußball Liga (DFL) im Jahre 2000 waren zwei Institutionen für die Förderung von Fanbelangen zuständig" (Klose, Zeyn u. a. 2017, S. 16).

mindestens 60 000 Euro bereitstellen. Der Fußball verdoppelt dann mit seinem Beitrag die Förderung[31]. Die Antragstellung muss die „Nachweise über die Finanzierungszusagen der Stadt und des Landes für das beantragte Haushaltsjahr" (DFB, DFL 2021, S. 4) beinhalten. Die IMK bekräftigte 2013, 20 Jahre nach Verabschiedung des NKSS, in Hannover den Anteil der Fanprojektarbeit an einer friedlichen Fankultur: „Sie sieht in der Stärkung der friedlichen Fankultur in Deutschland und dem Dialog mit den Fans wesentliche Beiträge zur Gewaltprävention. Daran haben die Fanprojekte in Deutschland einen maßgeblichen Anteil; ihre Arbeit gilt es zu stärken und zu fördern" (IMK 2013, S. 27).

4.2.4 Erneuerung des Bekenntnisses zur Förderung der Fanprojektarbeit

In einer Sondersitzung des Nationalen Ausschusses Sport und Sicherheit (NASS)[32] 2020 erneuerte das bundesweite Netzwerk aus Politik, Sicherheitsverantwortlichen und Fußball sein Bekenntnis zur Förderung der Fanprojektarbeit. Vorausgegangen war eine zwei Jahre währende Phase der Verunsicherung. Der DFB prüfte, ob er seine Förderzusage auch in Zukunft aufrechterhalten würde. Er führte für einen möglichen Ausstieg vielfältige Gründe[33] an, die innerhalb des Netzwerkes umfassend erörtert wurden. Letztendlich haben sich die Verbandsvertreter*innen zu ihrer gesellschaftlichen Verantwortung bekannt und die zugesagte Förderung vorerst verlängert. Um Handlungssicherheit für alle Beteiligten (insbesondere auch die Geldgeber) herzustellen und darüber die Fanprojektarbeit strukturell zu stärken, wurde eine Anlage zur Finanzierung der Fanprojekte vorgelegt, die von Vertreter*innen des NASS, externen Expert*innen der Träger und der AG Qualitätssicherung erarbeitet wurde. Dort werden Grundvoraussetzungen für die Einrichtung neuer Fanprojekte, das Prozedere einer etwaigen Erhöhung der Mittel und die Bedingungen für einen Antrag auf Beendigung eines Fanprojekts festgehalten. Geplant ist, eine Lenkungsgruppe einzurichten, die bei Bedarf die genannten Prozesse strukturiert und begleitet. Vorsitz der Lenkungsgruppe übernimmt die KOS. Damit soll gewährleistet sein, dass eine Entscheidung über die Einrichtung und mögliche Beendigung eines Fanprojekts nicht von einem Fördergeber allein getroffen werden kann, sondern

---

31 Aus diesen Festlegungen ergeben sich eine Mindestfördersumme von 120 000 Euro sowie eine Höchstfördersumme von 300 000 Euro pro Fanprojektstandort.

32 Vertiefend hierzu: Kapitel 11.

33 Diskussionen um Sparzwänge, Reduzierung des Budgets für Fanprojekte und der Überarbeitung der Finanzierungsrichtlinien verunsicherten das Netzwerk der Fanprojekte.

das Netzwerk involviert und in die Entscheidung eingebunden werden muss. Die zeitweilige Unsicherheit eines Netzwerkspartners hat letztendlich zu einem deutlichen Bekenntnis zur Förderung der Fanprojektarbeit geführt. Das bundesweite Netzwerk aus Politik, Sicherheit und Fußball hat sich klar für die weitere sichere und langfristige Förderung von Fanprojekten ausgesprochen. Insgesamt werden derzeit bundesweit 71 Fanprojekte gefördert.

Übungsfragen

- Was verweist darauf, dass die Soziale Arbeit mit Fußballfans in der Jugendarbeit und in der Jugendsozialarbeit verortet ist? Überlegen Sie sich hierfür jeweils zwei mögliche praktische Beispiele.
- Welche Herausforderungen ergeben sich aus den unterschiedlichen Mandaten der Jugendhilfe und des NKSS an die Arbeit?

Literaturempfehlungen

Es lohnt sich generell, in einem der Lehr- und Praxiskommentare zum Kinder- und Jugendhilferecht die Kommentierungen zu den §§ 11, 13 SGB VIII nachzulesen.

Kotthaus, J. (2017). Soziale Arbeit mit Fußballfans. Überlegungen zur Genese eines Handlungsfelds. In *Soziale Passagen* 9 (2), S. 345–363.

Nationales Konzept Sport und Sicherheit – NASS (2012). *Nationales Konzept Sport und Sicherheit. Fortschreibung 2012.* Unter: www.kos-fanprojekte.de/fileadmin/user_upload/materialien/NKSS/nkss_konzept2012.pdf.

5. Professionsbezogene Grundlagen einer Sozialen Arbeit mit Fußballfans

Muss man sich für Fußball interessieren oder gar etwas davon verstehen, um in einem Fanprojekt arbeiten zu können? Dieter Bott, Pionier der Fansozialarbeit in Deutschland, wird nachgesagt, in den Jahren seiner Tätigkeit im Projekt des MSV Duisburg kein einziges Mal im Stadion gewesen zu sein. Dies erinnert an die frühen 1970er Jahre, in denen diskutiert wurde, ob eine effektive Drogenarbeit nur von Personen geleistet werden könne, die früher selbst „an der Nadel hingen". Jenseits potenzieller Erfahrungsgrade bedarf es einer professionellen Haltung zum subkulturellen Hintergrund jedweder Arbeit mit expressiven Gruppen. Weder völliges Desinteresse am Gegenstand Fußball noch pulsierende Überidentifikation mit dem eigenen Verein und seinen Fans sind optimale Grundlagen für berufliches Handeln. Kollegiale (Praxis-)Beratung und Supervision können helfen, ein angemessenes Verhältnis zu den Motiven des eigenen Handelns und zur Nähe-Distanz-Problematik zu entwickeln sowie Klarheit darüber zu erlangen, ob diese Form Sozialer Arbeit zu den individuellen Fähigkeiten und Dispositionen der an diesem Arbeitsfeld Interessierten passt.

Soziale Arbeit in Fanprojekten stellt eine auf eine bestimmte Zielgruppe ausgerichtete Spezialisierung innerhalb des sozialen Berufs dar. Neben einem feldspezifischen Wissen und Können kommen allgemeine berufsethische und fachliche Prinzipien und Methoden zur Anwendung, auf die nachfolgend in einer knappen Übersicht eingegangen werden soll.

5.1 Identität und Berufsethik

Zu den Kennzeichen moderner Sozialer Arbeit gehören deren zunehmende Arbeitsteilung sowie eine aufgaben- und zielgruppenbezogene Spezialisierung. Statt den Beliebigkeiten und Zufällen in Hilfskompetenzen zu vertrauen, setzt man auf

> „Gleichmäßigkeit im Angebot, auf geregelte und abrufbare Zuständigkeiten, auf Verläßlichkeiten eines professionell markierten und wissenschaftlich ausgewiesenen Könnens" (Thiersch 1986, S. 10).

Neben dem, was Sozialarbeiter*innen an Fachlichkeit und beruflicher Haltung in ihre jeweilige Praxis einbringen, ist eine institutionell abgesicherte, wissenschaftlich fundierte Professionalität Voraussetzung dafür, dass die innerhalb der Tätigkeit aufkommenden Schwierigkeiten und Belastungen ausgehalten werden können (ebenda, S. 48).

Soziale Arbeit ist ein praktischer Beruf und zugleich eine wissenschaftliche Disziplin. Fragt man, wie sich die Berufsidentität von Sozialarbeiter*innen bildet und woraus sie besteht, stößt man auf verschiedene wirkmächtige Einflussgrößen. Die wichtigsten sind in Abbildung 2 dargestellt

Abbildung 2: Die wichtigsten Quellen beruflicher Identität

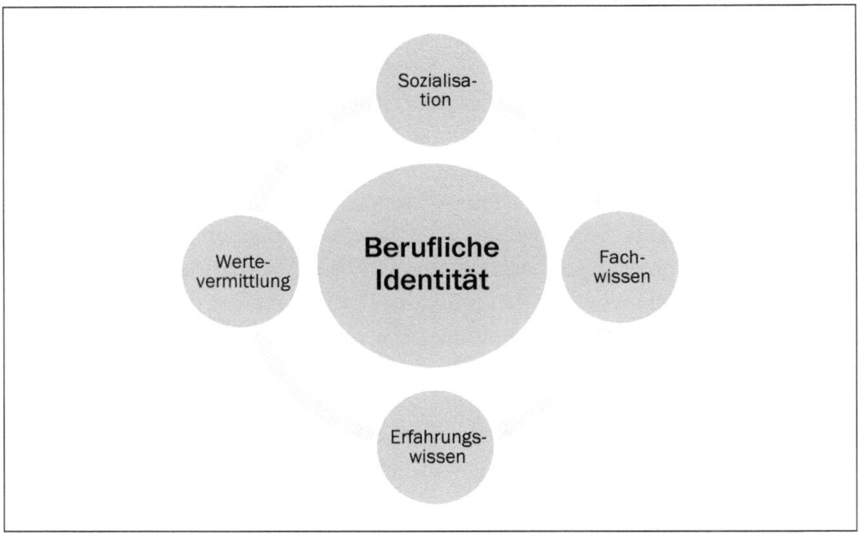

Quelle: Simon 2021b, S. 7

Eine pragmatische Einordnung nimmt die berufspolitische „Berliner Erklärung" des Deutschen Berufsverbandes für Soziale Arbeit (DBSH) vor, in der auf das Handlungs- und Reflexionsverhältnis des sozialen Berufes verwiesen wird (DBSH 2014, o.S.). Dieses bewegt sich zwischen

- dem gesellschaftlichen Auftrag,
- der Beauftragung durch die Klientel und dem damit verbundenen kommunikativ vermittelten Hilfe- bzw. Unterstützungsprozess,
- der notwendigen Parteinahme und dem Einwirken auf das (sozial-)politische Umfeld, um strukturelle Ursachen sozialer Problemlagen zu bearbeiten,

- und den Rahmenbedingungen, die die Kosten- und Anstellungsträger für eine wirkungsvolle Hilfe zur Verfügung stellen.

In fall- und arbeitsfeldbezogenen Zuspitzungen kann diese Verortung auch Begrenzungen für ein ethisch motiviertes Handeln bilden. Somit erlangt die Berufsethik in Spannungsmomenten verschiedene abgleichende Funktionen (ebenda):

1. Sie verpflichtet die Professionsangehörigen zur Beachtung berufsethischer Prinzipien und zur Ablehnung von Aufträgen, die der Berufsethik widersprechen.
2. Sie dient als Anleitung zur Reflexion des beruflichen Alltags.
3. Sie schafft und erhält berufliche Identität.
4. Sie unterstreicht die Orientierung der Profession an den Prinzipien der Menschenwürde, allgemein-ethischen Haltungen und Arbeitsprinzipien.
5. Sie benennt auch gegenüber ihrer Klientel ihre berufsethischen Prinzipien, auf deren Einhaltung die Hilfesuchenden sich verlassen können.
6. Sie verdeutlicht gegenüber der Politik und der Öffentlichkeit die Wirkmächtigkeit, aber auch die Begrenzungen der Profession.
7. Sie beschreibt die Positionierung zu anderen Professionen.
8. Sie formuliert gegenüber dem Auftraggeber bzw. dem Anstellungsträger den Anspruch auf eine fachlich begründete Autonomie bei der Berufsausübung.
9. Sie unternimmt Versuche, die rechtlichen und sozialpolitischen Rahmungen in ihrem Sinne zu beeinflussen.

Auch in der spezialisierten Form einer Sozialen Arbeit mit Fußballfans gelten deren international verhandelte humanistische und ethische Grundsätze (Maaser 2015). Dies sind insbesondere (Simon 2021b, S. 15 ff.):

- Ein Verständnis Sozialer Arbeit als *Menschenrechtsprofession*. Dieses manifestiert sich in der beruflichen Praxis in der Förderung von:
  - Teilhabe und Partizipation,
  - Vielfalt und Diversität,
  - geschlechtersensibler Praxis,
  - wechselseitiger Toleranz für unterschiedliche Lebensentwürfe, Lebensformen und Lebensziele.
- Die Anerkennung eines *politischen Mandats Sozialer Arbeit*. Leinenbach (2018, S. 30) leitet dieses aus der internationalen Definition Sozialer Arbeit ab, aus der sich folgende Aufträge ergeben können:
  - die Förderung gesellschaftlicher Veränderungen und sozialer Entwicklungen,

  - die Wahrung der Prinzipien sozialer Gerechtigkeit,
  - die Achtung der Vielfalt,
  - die Befähigung und Ermutigung von Menschen zur Bewältigung der Herausforderungen ihres Lebens und zur Verbesserung ihres Wohlergehens.
- Die Entwicklung berufsethisch begründeter Strategien im Umgang mit dem *doppelten Mandat* des sozialen Berufes, das sich im Spannungsfeld zwischen dem gesellschaftlichen Auftrag und den Interessen der Zielgruppen vollzieht.[34]
- Die gezielte praxisleitende Erweiterung sozialarbeiterischen Handelns im Sinne einer *rassismuskritischen* Ausrichtung. Der Blick ist hierbei zu richten auf:
  - Alltagsrassismus, den Einzelne und Gruppen in unterschiedlicher Weise erfahren,
  - alltäglichen institutionellen Rassismus,
  - strukturellen Rassismus,
  - offenen und subtilen Alltagsrassismus in öffentlichen oder medialen Diskursen.
- Ein *reflektierter Umgang mit Macht.* Staub-Bernasconi (1996, S. 24) sieht den Zugang zu sozioökonomischen Ressourcen nicht nur von Bedürfnissen und Fähigkeiten abhängig, sondern von weiteren Machtquellen. Hierzu gehören:
  - die Physis,
  - die sozioökonomische Ausstattung,
  - Erkenntniskompetenz und Artikulationsmacht,
  - Bedeutungssysteme und deren Beherrschung (symbolisches Kapital) sowie
  - Handlungskompetenzen.

5.2 Sozialpädagogische Prinzipien

Für die Fanprojektarbeit gelten zum Teil etablierte und eindeutige Prinzipien einer gruppen- und subjektbezogenen Arbeit. Scherr (2013, S. 297) sieht den Wesenskern subjektbezogener Arbeit nicht darin, auf unangepasste, ärgerliche und irritierende Verhaltensweisen Jugendlicher in der Absicht zu reagieren, diese zu sozial unauffälligen, angepassten Gesellschaftsmitgliedern zu erziehen. Ju-

34 In der aktuellen Debatte wird das bipolare Konstrukt des Doppelmandates zu einem *Tripelmandat* erweitert. Die Helfenden stehen nicht nur zwischen dem öffentlichen Auftrag und den Wünschen und Bedürfnissen der Klient*innen, ein drittes Mandat leitet sich aus den fachlichen und berufsethischen Fundierungen der Profession ab.

gendkulturen sind als *Suchbewegungen* aufzufassen (ebenda, S. 303). Darin sind sowohl selbstdestruktive Ausdrucksformen als auch Möglichkeiten eines emanzipatorischen Lernens eingelagert. Ein weiteres Kernelement subjektbezogener Jugendarbeit besteht in einer Form der Begegnung, in der negative Erfahrungen der Jugendlichen nicht bestätigt werden. Die meisten Erfahrungen von Jugendlichen in expressiven Milieus mit Eltern, Lehrkräften, Sozialarbeit und Polizei sind negativ verlaufen. Begleitende Jugendarbeit hat hier die Funktion, den Teufelskreis der sich selbst erfüllenden Prophezeiungen zu durchbrechen. Aus der Pioniertätigkeit von Kraußlach und anderen sind folgende unverändert handlungsleitende Konkretisierungen überliefert (Kraußlach u. a. 1976, S. 52 ff.):

- In der Zusammenarbeit mit Jugendcliquen soll auch bei Konflikten möglichst auf einen Ausschluss Einzelner verzichtet werden. Dieser sollte höchstens im Einzelfall bei gewaltsamen Übergriffen in Erwägung gezogen werden.
- Die Begründung von Maßnahmen darf nicht generalisierend der Gruppe gegenüber ausgesprochen werden, sondern muss im Einzelfall erfolgen.
- Subkulturspezifisches Abgrenzungsverhalten und entsprechende Abgrenzungssymbole sind prinzipiell zu akzeptieren. Wo dies mit den Zielen einer Einrichtung nicht in Einklang zu bringen ist (z. B. das Tragen von nationalsozialistischen Symbolen), sollte dies auf eine Weise kommuniziert werden, die einzelne Jugendliche nicht als Gesamtpersönlichkeiten diskreditiert.
- Die Mitarbeiter*innen sollten sich nicht auf die Stärkeverpflichtung der Jugendlichen einlassen.
- Sie dürfen – etwa in Gruppenzusammenhängen – nicht als potenzielle Konkurrent*innen zu Führungspersonen der jeweiligen Szenen auftreten.
- Generell sollte gerade eine auf die Herstellung tragfähiger Beziehungen angelegte Sozialarbeit Jugendliche nicht vereinnahmen.
- Die Projekträume sind nicht nur Treffpunkte und Veranstaltungsorte, sondern besitzen auch Funktionen als Schon- und Schutzraum und als Experimentierfeld.
- Sozialarbeit muss nicht immer erforschen, sondern auch abwarten können, bis Jugendliche sich und ihre Probleme selbst darstellen.
- Der Dialog mit der Polizei sollte äußerst reflektiert und nur aus einer gesicherten Position heraus geführt werden.
- Gerade in der Arbeit mit Angehörigen expressiver Jugendkulturen muss deren Anonymität gewahrt werden.[35]

35 Auf die aus einem fehlenden Zeugnisverweigerungsrecht resultierenden Kalamitäten wird in Kapitel 8.2 eingegangen.

- Häufig ist es für die Ausgestaltung einer subjektbezogenen Jugendarbeit sinnvoll, in Konflikten nicht Partei zu ergreifen.
- Dennoch sollten Sozialarbeiter*innen ihren eigenen Standpunkt nicht verleugnen.
- Sie sollten den Jugendlichen als zugewandte Erwachsene und nicht in falscher Kumpelhaftigkeit begegnen.

Die entscheidende Dimension eines gelingenden Annäherungsprozesses ist der Erwerb von *Interventionsberechtigung*. Pädagog*innen, die in einen Konflikt eingreifen wollen, aber die Interventionsberechtigung nicht besitzen, scheitern oftmals. Der Konflikt bleibt bestehen, er kann sich verschlimmern oder sich gegen sie selbst richten. Kraußlach beschreibt die Herstellung und Aufrechterhaltung von Interventionsberechtigung als zentralen, dynamisch verlaufenden Prozess (Kraußlach 1981, S. 74 ff.):

1. Die Interventionsberechtigung muss erworben werden.
2. Gegenüber Gruppen ist niemand aufgrund seines Titels oder seiner Funktion a priori eingriffsberechtigt.
3. Interventionsberechtigung wird letztendlich über einen längeren Prozess von den Jugendlichen zugesprochen.
4. Interventionsberechtigung muss ständig erneuert werden.
5. Sie kann entzogen werden, wenn sie missbraucht wurde.

Soziale Arbeit hat demnach auch unangepasste Adressat*innen darin zu unterstützen, genau das Leben zu führen, das sie sich vorstellen. Und dies auch dann, wenn deren Vorstellungen nicht mit den Leitbildern der Professionellen über ein „gutes Leben" übereinstimmen. Alltagspraktisch bedeutet dies, dass Sozialarbeiter*innen, die sich – abgeleitet von ihren berufsethischen Prinzipien – zu Diversity bekennen, in ihrem Alltag auch die Potenziale von vermeintlich aus der Norm fallenden Handlungen und Lebensstilen erkennen und nutzen sollten (Simon 2021b, S. 54). Das setzt eine gewisse Widerstandskraft, vor allem aber ein positives Menschenbild und eine optimistische Grundhaltung voraus. Für das Feld der Jugendarbeit und allgemein für die Unterstützung junger Menschen konstatiert Franz-Josef Krafeld:

> „Nicht was beigebracht oder vermittelt wird, ist entscheidend, sondern das, was ankommt. Und das ist – entgegen aller pädagogischen Illusionen – weit weniger (und dazu oft auch etwas ganz anderes) als das, was beigebracht werden soll oder was wir doch längst besprochen haben" (2016, S. 65).

Das destruktive Verhalten von Angehörigen sub- und jugendkultureller Strömungen kann als Versuch gewertet werden, die Definitions- und Gestaltungsmacht innerhalb des Geschehens zu behaupten. Wenn die Gruppe für die einzelnen aufgrund ihrer eher geringen Chancen auf ein gutes Leben zu einem zentralen Schutz- und Schonraum oder zu einer Art Familienersatz geworden ist, können ihre Mitglieder den von außen an sie herantretenden Akteur*innen keine Zugeständnisse machen, die das Gleichgewicht, die Verkehrsformen und die interaktiven Regeln der Gruppe infrage stellen.

Destruktives und aggressives Verhalten resultiert auch aus stetig wiederkehrenden Misserfolgserlebnissen und Ohnmachtsgefühlen. Bereits Dieter Knoll-Krist (1985) bezeichnete die misslingenden Lebensäußerungen als die in den Jugendlichen gefrorenen, Struktur gewordenen Umwelten, die wirkmächtig geworden sind:

> „Die jahrelange wiederkehrende Erfahrung von Mißachtung und aussichtsarmem Kampf dagegen hat Abwehrfassaden bewirkt, die als existentielle Panzer nicht so leicht vom guten Willen oder warmen Herz des Sozialarbeiters geschmolzen werden können" (ebenda, S. 51 f.).

Eine zentrale Kategorie professioneller Sozialer Arbeit ist, den Adressat*innen Wertschätzung entgegenzubringen (hierzu vertiefend: Pfisterer 2019). Wichtigste Dimension ist die empathische Teilnahme am Leben anderer. Dies gilt insbesondere für Momente, in denen Praktiker*innen mit besonderen sozialen Schwierigkeiten oder besonders herausfordernden Situationen konfrontiert sind. Pfisterer (2021, S. 12 ff.) verweist auf zwölf zentrale Aspekte, die in ihrem „Zusammenklang" gleichsam die „Kunst der pädagogischen Wertschätzung" ausmachen:

- die Kunst des Verstehens,
- die Fähigkeit, sich in junge Menschen einzufühlen,
- Authentizität der Pädagog*innen,
- Achtsamkeit,
- pädagogischer Takt, womit das situative Feingefühl in nicht planbaren pädagogischen Momenten gemeint ist,
- dialogische Begegnung,
- vertrauensvolle Beziehung,
- wertschätzende Kommunikation,
- Fähigkeit zur Anteilnahme,
- Wohlwollen,
- Humor und
- die Fähigkeit zur Entwicklung von Gelassenheit.

Diese Bündelung von Fähigkeiten, die wiederum in enger Beziehung zum Idealbild der beruflichen Identität Sozialer Arbeit stehen, rekurriert sowohl auf ein reformpädagogisches Ideal als auch auf die Leitbilder der humanistischen Psychologie.

Sich auf den Alltag der Jugendlichen einlassen zu können, ohne die Gültigkeit ihres Stils und ihrer Normen infrage zu stellen, muss nicht bedeuten, ihre Handlungen und die von ihnen vertretenen Werte kritiklos zu tolerieren. Sinnvoll ist, ihnen in der Rolle der erwachsenen Persönlichkeit zu begegnen, die sich – im Unterschied zu anderen Erwachsenen – nicht von ihnen distanziert, sondern auch in kritischen Situationen versucht, zwischen der Lebenswelt der Jugendlichen und den diesen kritisch gegenüberstehenden Instanzen zu vermitteln.

Die gemeinsame Bewältigung von Herausforderungen kann das Selbstbewusstsein der Jugendlichen stärken und zugleich die Beziehung zwischen diesen und den Professionellen vertiefen. Ein wichtiger Aspekt ist dabei die Auseinandersetzung mit den in den Cliquen dominanten tradierten Männerbildern. Dies geschieht weniger durch Formen klassischer Bildung und Aufklärung, sondern basiert auf Erfahrungslernen:

> „Bei den Mobilen habe ich hauptsächlich mit Jungs gearbeitet. Und wir haben Männerdinge gemacht – uns auf den Rücken geklopft, manchmal nicht viele Worte verloren, uns gemessen, stundenlang gegen Bälle getreten. Bei vielen Jungs waren die Väter nicht anwesend, dauernd am Arbeiten, krank, verschwunden oder süchtig. Und trotzdem oder gerade deswegen wohnten in ihren Köpfen John Rambo und Mad Max. *Kommen nur die Harten in den Garten.* Für sie galten die Postulate der Männlichkeit: keine Hilfe annehmen, Muskeln sind gut, mehr Muskeln sind besser, nicht zurückweichen“ (Klenk 2020, S. 17).

In manchen Augenblicken, so Klenk (ebenda, S. 19), habe seine Rolle in der Gruppenarbeit der eines Animateurs oder Fährtensuchers geähnelt:

> „[M]an muss sie zum Laufen bekommen, zum Aufbruch ins Neuland. Denn die sicheren Grenzen, in denen sie sich bewegen wollen, sind eng gesteckt. Randbezirke der Großstädte ähneln Dörfern. Das eigene Verhaltensrepertoire ist scheinbar genau umrissen. Stadtteil, Gruppe, Familie, Medienkonsum, Alkohol, Nikotin, THC, VfB, Marken. Gegebenenfalls ein Urlaub im Heimatland der Eltern oder am Ballermann mit dem Fußballverein. Das gibt Sicherheit und hilft die Welt zu ordnen. Hinter dieser Welt wohnt die Fremde“.

5.3 Zugänge zu den Fanszenen

Ähnlich wie in der offenen Jugendarbeit sind in der Sozialen Arbeit mit Fußballfans unterschiedliche Formen sozialer Gruppenarbeit möglich, die auf unterschiedlichen Zugängen, Zielsetzungen und Konzepten beruhen (Simon 2005, S. 199 ff.):

- Eine *alltagsorientierte Gruppenarbeit* setzt an den spontanen Bedürfnissen der Jugendlichen an und erschließt im weitesten Sinne das Jugendhaus oder den Fantreff in seiner freizeit- und tagesstrukturierenden Bedeutung.
- Eingebettet in den Alltagsbezug können *gruppenbezogene Projektarbeiten* entstehen, die sich im breiten Spektrum der für Jugendliche attraktiven kreativen Ausdrucksformen bewegen.
- Abgrenzbar hiervon ist eine außerhalb der Schule und der Sportvereine organisierte *sportbezogene Jugendgruppenarbeit*, die an den Bewegungsbedürfnissen von Jugendlichen ansetzt.
- In der Systematik der deutschen Jugendhilfe findet sich unter den familienunterstützenden *Erziehungshilfen* die Form der *Sozialen Gruppenarbeit*, die im weitesten Sinne entwicklungs- und defizitorientiert eingesetzt wird. Hierfür stehen meist spezialisierte freie Träger der Jugendhilfe zur Verfügung. In manchen Fällen sind aber derartige Angebote in Maßnahmen der offenen Jugendarbeit eingebettet und könnten, weil im Sinne eines Teils ihrer Zielgruppe(n), auch in die Arbeit von Fanprojekten Eingang finden. Die Kurse sind zeitlich befristet und häufig themenbezogen. Bei fortlaufender Gruppenarbeit können Neuaufnahmen und Austritte zu jedem Zeitpunkt erfolgen (Struck, Trenczek in Münder u. a. 2013, S. 352).
- An der Schnittstelle zwischen Alltags-, Projekt- und sozialer Gruppenarbeit werden in zahlreichen Projekten auch *Fahrten* bzw. *erlebnispädagogische Angebote* durchgeführt. Neben regelmäßigen Besuchen von Auswärtsspielen haben sich in der Sozialen Arbeit mit Fußballfans auch Fahrten im Kontext internationaler Fußballereignisse, im Rahmen internationaler Fanfreundschaften und -begegnungen sowie als Reisen zu Gedenkstätten etabliert. Fußballfans sind, stärker noch als viele andere Jugendcliquen, *action- und handlungsorientiert*, was eine gute Voraussetzung für die gelegentliche Implementierung von impulsgebenden erlebnispädagogischen Unternehmungen darstellt.
- Eng verwandt mit diesem Zugang ist eine *cliquenorientierte Gruppenarbeit*. Sie bezieht sich vorrangig auf die Arbeit mit festen Cliquen, die in ihren größeren Formen in manchen Einrichtungen sogar den dominanten Teil der Stammbesucher*innen darstellen können.

- Manche dieser cliquenbezogenen Arbeitsansätze schaffen Zugänge zu Gruppen mit besonderen sozialen Schwierigkeiten und/oder Auffälligkeiten. Ein Teil der besonders expressiven Jugendkulturen sind in Gewaltzusammenhänge verstrickt, etwa dann, wenn die Jugendarbeit Angehörige linker und rechter Jugendkulturen oder andere gewaltfixierte Gruppen, wie Hooligans oder Jugendgangs und -cliquen, erreicht. In derartigen Arbeitszusammenhängen wurden in den letzten Jahrzehnten *niedrigschwellige Formen sozialer Gruppenarbeit* umgesetzt.
- Auch wenn es ein oftmals mühevolles Unterfangen ist, gelingen in der offenen Jugendarbeit immer wieder Prozesse, die zu einer Gruppenarbeit in Form von *Jugendbildungsarbeit* führen. Nicht immer, aber manchmal resultieren derartige Angebote aus einer kontinuierlichen Entwicklung mit an sich erst einmal *freizeit-* oder *fußballorientierten* Stammbesucher*innen von Einrichtungen oder aus den kreativen Unternehmungen vitaler Ultraszenen. Auch wenn aktuell eine Überbetonung des Bildungsgedankens in der außerschulischen Jugendarbeit zu verzeichnen ist (ex.: Pothmann, Lindner, Thole 2022, ausf.: dies. 2021), können im Alltag von Fanprojekten immer wieder Bildungsszenarien entwickelt werden, die der Verbesserung der Lebensgestaltung dienen, Selbstreflexionsfähigkeiten fördern und anregen, „die Welterkenntnispotentiale zu fundieren und zu qualifizieren“ (dies. 2022, S. 8).

Grundvoraussetzung dafür, dass Professionelle in den Fanprojekten in der Arbeit mit Gruppen überhaupt etwas bewirken, ist die gelingende Gestaltung der Kontaktphase. Dabei können unterschiedlichen Situationen Ausgangspunkt sein:

- das Vorhandensein von Räumen, die für Jugendliche attraktiv sind und die sie sich aneignen können,
- das Vorhandensein von Räumen, die für Jugendliche erst noch erschlossen werden müssen, bzw. die im Stadium der Kontaktaufnahme von Jugendlichen nicht als attraktiv empfunden werden, aber ein Gestaltungspotenzial aufweisen (Ausbau als Medium der Gruppenentwicklung sowie der Gestaltung von Beziehungen zwischen Professionellen und Jugendlichen),
- die Sichtbarkeit und Ansprechbarkeit der Sozialarbeiter*innen am Spieltag im Stadion, das vorübergehend zu einem Begegnungsort der Fansozialarbeit wird,
- das Vorhandensein von Multiplikator*innen, die eine Mittlerfunktion zwischen Jugendlichen und den Mitarbeiter*innen des Fanprojekts einnehmen können,
- die Vermittlung durch andere Instanzen: Der Kontakt mit auffällig gewordenen Jugendlichen geschieht gelegentlich dadurch, dass sich Gerichte und

Jugendgerichtshilfe an Einrichtungen mit dem Ziel wenden, Jugendlichen die Möglichkeit zu geben, an Orten der Jugendarbeit ihre Arbeitsauflagen abzuleisten.
- Schließlich ergeben sich Kontakte, die in Gruppenarbeit mit Jugendlichen münden, aus ursprünglich offenen, neuen Situationen ohne räumliche Anbindung und ohne eine Vorgeschichte.

Für die Entwicklung zur Arbeit mit Gruppen, mit denen zu Beginn nur lose Beziehungen bestehen, sind folgende *Erstkontaktszenarien* denkbar (Simon, Wendt 2019, S. 93):

- Anlässe, die auf der Ebene unverbindlicher Alltagskommunikation liegen. Man kommt über völlig alltägliche, banale Dinge ins Gespräch. Neulinge haben oft das Problem, diese Kontaktsituationen als beliebig und unprofessionell zu empfinden.
- Steffan (1988) schildert, aus der Streetwork kommend, auch Situationen, in denen Sozialarbeiter*innen dadurch mit ihrer Klientel in Kontakt geraten sind, dass sie diese sehr *offensiv angesprochen* haben. Selbst aus daraus resultierenden Missverständnissen ergeben sich zum einen Chancen, insbesondere jene kennenzulernen, die erst relativ kurz in der Szene sind. Auf der anderen Seite schafft es die Möglichkeit, sich auf diese Weise als professionelle Kraft erkennen zu geben, u. U. erst einmal Distanz, da die Erwartung der Zielgruppe nicht erfüllt wurde.
- Speziell in der Arbeit mit *Jugendlichen in Problemlagen* bestehen natürlich auch Einstiegsmöglichkeiten über Gruppenangehörige, die man zuvor über andere Angebote der Jugendhilfe kennengelernt hat.
- Ein weiteres Einstiegsszenario kann sich über Situationen gestalten, in denen sich die Hauptamtlichen als nützlich für einzelne Jugendliche oder Gruppen erwiesen haben.
- Vielfach bringen Jugendliche ihre Freund*innen mit.
- Manchmal werden Mitarbeiter*innen auch gebeten, mit bisher noch nicht kontaktierten Personen zu sprechen oder *etwas für diese zu tun.*
- In anderen Fällen kann auch an zurückliegende flüchtige Begegnungen oder Erfahrungen aus anderen Lebensbereichen angeknüpft werden.
- Eine Besonderheit sind Situationen, in denen der Kontakt vor allem dadurch entsteht bzw. intensiviert wird, dass Jugendliche den Hauptamtlichen gefallen wollen. Dies geschieht gehäuft bei Jüngeren und auch bei Praktikant*innen und steht in engem Zusammenhang mit einer zu lösenden Nähe-Distanz-Problematik unter Akteur*innen mit geringen Altersunterschieden.

Grundsätzlich gilt: Das Angebot der Jugendhilfe oder des Fanprojekts muss für die Zielgruppe einen Gebrauchswert besitzen. Dies gilt am deutlichsten für raumbietende Angebote, etwa durch die Bereitstellung von Treff- und Veranstaltungsmöglichkeiten oder Flächen für die Erstellung ultraspezifischer Choreografien.

Wichtig für eine gelingende Kontaktaufnahme ist, die für die Gruppe bedeutsamen Wertigkeiten in den jeweiligen Situationen zu erfassen, ihr Selbstverständnis zu dechiffrieren und Kenntnisse über die jeweilige Bedeutung der Einzelpersönlichkeiten für die Gruppe zu erlangen. Der Kontakt wird anfangs nicht zur ganzen Gruppe, sondern nur zu einzelnen Mitgliedern bestehen. Diese Einzelkontakte müssen wiederum vor dem Hintergrund des Gruppenprozesses und der Rollenverhaftung jener Individuen betrachtet werden, zu denen erste, noch fragile Kontakte aufgebaut werden konnten. Diese dürfen nicht überstrapaziert werden, da die zu offene Demonstration eines guten Kontaktes für die Betreffenden unangenehm sein kann. Rückzug oder Beziehungsabbruch kann die Folge sein.

Erstkontakte – insbesondere im Beisein anderer – verlaufen nur selten in dyadischer Form. Hauptamtliche und Jugendliche agieren in Anwesenheit anderer Menschen beeinflusst von deren Beisein, von der Situation und von den jeweiligen Erwartungshaltungen. Gerade in Gegenwart anderer spielen Macht- und Behauptungsspiele eine nicht unwesentliche Rolle.

In diesem Stadium des Beziehungsaufbaus kommt es auf Eigenschaften wie Witz, Charme und Spontanität an.

In der Arbeit mit Gruppen ist ferner zu berücksichtigen, dass die Beziehungen der Gruppenmitglieder untereinander heterogen und von Abhängigkeiten bestimmt sind, die externe Betrachter*innen auf den ersten Blick häufig nicht erfassen können.

Eine erfolgreiche Gestaltung des Zugangs fördert in Verbindung mit einem *gelingenden Alltag* der Projektarbeit sowie einer vertrauensgeprägten Zusammenarbeit die eingangs als notwendig beschriebene Interventionsberechtigung.

5.4 Vermeidung ordnungspolitischer Instrumentalisierung

Offene Jugendarbeit, Streetwork, Mobile Jugendarbeit und die Akteur*innen des kleinen Feldes der Sozialen Arbeit mit Fußballfans haben in den vergangenen Jahrzehnten einen unglaublichen Erfahrungsschatz fachlichen Wissens erarbeitet. Man kann heute leicht beschreiben, wie gute Praxis auszusehen hat. Notwendig dafür ist allerdings, dass die Träger so weit als möglich streng darauf achten, dass ihre Basisarbeiter*innen davor geschützt sind, ständig in den Ordnungs- und Sicherheitsdiskurs eingebunden und zur Übernahme von Aufgaben angehalten zu werden, die ordnungspolitisch begründet sind. Soziale Arbeit ist eine besondere Profession, weil sie jenseits von therapeutisch-beratenden und verwaltenden Ansätzen das Geschäft der Alltagsbewältigung in den Mittelpunkt stellt (Thiersch 2012, S. 42).

Soziale Arbeit mit Fußballfans muss sich zwischen dem staatlichen Versorgungs- und Normalisierungsauftrag einerseits und den konkreten Bedürfnissen und Rechten der Klientel andererseits behaupten. Hier wird eine weitere *alte Angelegenheit* der Professionalisierungsdebatte berührt: die mit dem Doppel- bzw. dem Tripelmandat zusammenhängenden Fragen und Probleme. Nagel und Rieckmann (1999, S. 161 ff.) sehen in diesen Konflikten drei Komponenten eines *sozialarbeiterischen Standpunktes* berührt:

1. Zum einen geht es um Fürsprache, um Mobilisierung von Verständnis für die jeweiligen Zielgruppen.
2. Sozialarbeit trage auch da zur Segregation bei, wo Menschen in einer elenden Lebenssituation sich selbst überlassen werden, wo zu hochschwellige Angebote und Konzepte ausgrenzende Wirkungen entfalten.
3. Im Alltag Sozialer Arbeit komme es immer wieder zu Situationen, in denen ihre Auftraggeber*innen eine eher ordnungspolitisch wirksam werdende *Problemlösungskompetenz* unter Beweis gestellt sehen möchten.

5.5 Vernetzung und Planung

Die für eine Soziale Arbeit mit Fußballfans zutreffenden Beschreibungen erhellen den Sachverhalt, dass es sich um sozialarbeiterische Praxis in einem höchst komplexen Feld handelt. Diese kann dauerhaft nur gelingen, wenn sie sich nicht in überstarker Identifikation mit ihren Adressat*innen abschottet, sondern in einem stetigen Entwicklungsprozess steht, der drei Ziele hat:

- Anpassung an neu auftretende Bedarfslagen,
- stetige Vernetzungsbemühungen und offenen fachlichen Diskurs – auch über Probleme der Arbeit,
- Schaffung eines Rahmens, der eine abgesicherte Sozialarbeit mit Fußballfans ermöglicht.

Vor dem Hintergrund dieser spezifischen Anforderungen bedarf es zum einen einer tragfähigen Vernetzung mit jenen Akteuren, mit denen sich das Fanprojekt im Berufsalltag regelmäßig konfrontiert sieht. Hierzu gehören in besonderer Weise auch jene, die den Fans in auf Kooperation ausgerichteten oder aber konfliktträchtigen Situationen und Prozessen begegnen. Zum anderen befasst sich Soziale Arbeit mit Fragen einer aufgabenorientierten Vernetzung auch angesichts der die Profession seit drei Jahrzehnten begleitenden Effizienzdebatte. Deutlich erkennbar sind die Übereinstimmungen mit offener und aufsuchender Jugendarbeit. Die Vernetzung mit Szenen und der Aufbau von Kontakten zu allen im Sozialraum handelnden Akteuren wurden in erfolgreichen Projekten zu entscheidenden Aufgabenstellungen. (Auf die spezifischen Kooperationsbeziehungen einer Sozialen Arbeit mit Fußballfans wird in Kapitel 11 vertiefend eingegangen.) Schließlich haben sowohl die Steuerungs- und Planungsverantwortlichen der kommunalen Jugendhilfe (Jugendamt und Jugendhilfeausschuss) als auch die Vertreter*innen der zielgruppenspezialisierten Sozialen Arbeit mit Fußballfans darauf zu achten, dass dieses Arbeitsfeld gleichberechtigt neben den anderen Segmenten der Jugendhilfe in die auf künftige Bedarfslagen reagierende kommunale Jugendhilfeplanung nach § 80 SGB VIII einbezogen wird.

Feldstudien sowie kommunale Sozial- und Jugendhilfeplanung können als hilfreiche Instrumente eingesetzt werden, die neben anderen Zielsetzungen, wie der Erhellung bestehender Bedarfslagen, auf eine bessere Verknüpfung bestehender Angebotsdienste abzielen (hierzu ausführlich: Simon 2015b). Ihre Aufgabe besteht ferner darin, vorhandene Lebenssituationen in einem Stadtteil, Quartier oder noch überschaubareren Ausschnitt eines Gemeinwesens möglichst so darzustellen, dass ihre Aussagen handlungsleitend für neue Schwerpunktsetzungen der kommunalen Sozialpolitik sowie der örtlichen Jugendhilfe werden. Daraus können wiederum eine verstärkte konzeptionelle Vernetzung und eine *Intensivierung der Kooperation* der verschiedenen Akteure der Jugendhilfe und anderer Netzwerkpartner erwachsen.

Im Interesse einer Fortschreibung sollten im Verlauf der kommunalen Jugendhilfeplanung *Informationswege* und *Koordinationsanlässe* geschaffen und *dauerhaft funktionierende Planungszusammenhänge* entwickelt werden. So sind die Voraussetzungen dafür zu schaffen, dass Problementwicklungen künftig frühzeitig geortet und ihnen – präventiv vorausschauend – konzertiert und flexibel begegnet werden kann.

Der Sozialen Arbeit werden in einem derartigen Konzept Aufgaben der Moderation und Mediation zugewiesen. Wenn zwischen der Jugendhilfe und ihren Netzwerkpartnern trotz eventueller Hemmnisse und Kooperationsbelastungen mehr Zusammenarbeit entstehen soll, ist eine sozialpädagogische Begleitung und Unterstützung jener Prozesse erforderlich, welche die angestrebten Netzwerkbildungen herbeiführen und stabilisieren.[36]

36 Es liegt nahe, dass diese Aufgabe vom örtlichen Träger der Jugendhilfe übernommen wird. Ansonsten sollten sich die Netzwerkpartner*innen darüber verständigen, durch wen und auf welche Weise diese Funktion ausgeübt wird. Mit Blick auf die vielfältigen Verflechtun-

Ein spezifischer Ansatz resultiert aus dem Konzept des Community Coachings (CC). Die Idee zur Übertragung von bereits in den USA im Rahmen der dortigen Gemeinwesenarbeit gemachten Erfahrungen entstand nach der Jahrtausendwende aus der Erkenntnis heraus, dass es nicht reicht, auf soziale Problemlagen immer nur zu reagieren. Kommunalanalysen oder die mit ihnen verwandten *Gemeinde-Macht-Analysen*[37] sind mittlerweile fester Bestandteil der Arbeit einzelner sozialraumbezogener Projekte. Ein Grundproblem ist oft der fehlende einheitliche Blick auf einen Bezirk, einen Ort oder eine Region als Ganzes. Es gibt viele Einzelwahrnehmungen von Lehrer*innen, Sozialarbeiter*innen, Polizei, Verwaltung usw., aber es fehlt ein Gesamtkonzept für die Weiterentwicklung der Kommune hin zu einem funktionierenden sozialen Gemeinwesen. Mit Blick auf die Gewinnung von relevanten kommunalen Partnern kann das Konzept des CC zu einer Gemeinde-Macht-Analyse erweitert werden. Die im Zusammenhang von kommunaler Jugendhilfeplanung erstellten Sozialraumanalysen können – um Fragestellungen erweitert, die sich aus der akuten Belastung des Gemeinwesens oder einzelner Netzwerkpartner ableiten – als Grundlagenmaterial herangezogen werden.

Die Kommunalanalyse des CC orientiert sich an den Elementen der qualitativen Sozialforschung, d. h., der Ansatz ist aufsuchend und beschreibend statt messend, was eine differenzierte Wiedergabe lokaler Realitäten begünstigt. Das Ziel ist, möglichst viele kommunale Bereiche – Schule, Jugendarbeit, Verwaltung, Polizei, Parteien, Kirchen, Gewerkschaften, Wirtschaft, Jugendgruppen, zivilgesellschaftliche Organisationen, Flüchtlinge, engagierte Bürger*innen usw. – zu beschreiben und Defizite, Handlungsoptionen und Demokratiepotenziale ausfindig zu machen. Multiplikator*innen werden sensibilisiert. Nachfolgend ist die Implementierung belastbarer Netzwerke anzustreben.

Aus der Verknüpfung der Informationen zu den Lebensverhältnissen im Quartier und der teilweisen oder vollständigen Bewertung vorhandener Angebote leiten sich Teilkonzepte für die kommunale Sozial- und Jugendarbeit ab. Hierzu gehört auch die Bestimmung zielgruppenspezifischer Aufgaben wie der Sozialen Arbeit mit Fußballfans. Jenseits von Finanzierungsfragen gilt es, deren Absicherung im Kontext einer für die Jugendhilfe anzustrebenden *rollierenden Planung* zu gewährleisten (siehe Abbildung 3).

---

gen der Fanprojektarbeit kann es evtl. geboten sein, dass diese Tätigkeit von örtlichen Fanprojekten übernommen wird.

37 Mit diesen wird insbesondere der Frage nachgegangen, welche Personen und Gruppen besondere Gestaltungsmacht im Gemeinwesen besitzen und wodurch fördernde und hemmende Wirkkräfte für die Umsetzung sozialarbeiterischer und weitergehender zivilgesellschaftlicher Zielsetzungen ausgelöst werden.

Abbildung 3: Absicherung Sozialer Arbeit mit Fußballfans innerhalb der kommunalen Sozialplanung

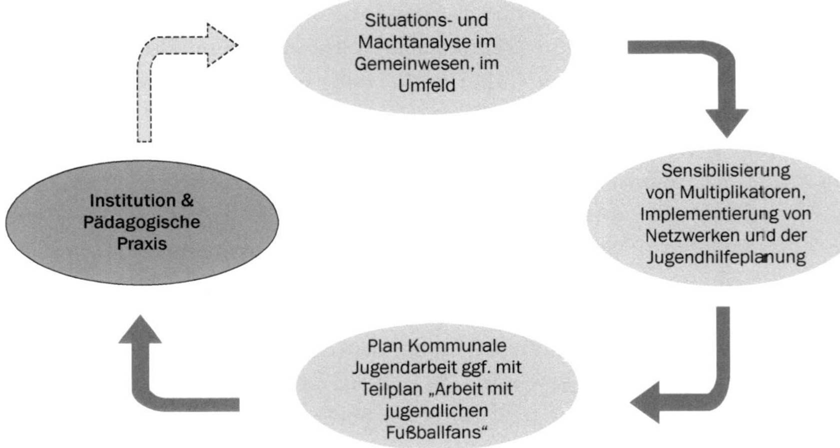

Übungsfragen

- Fußballfans haben nicht a priori Interesse an der Zusammenarbeit mit Institutionen der Sozialen Arbeit. Wie gelingt den Mitarbeiter*innen von Fanprojekten in der Regel dennoch der Zugang zu dieser Zielgruppe?
- Die „Berliner Erklärung“ des DBSH formuliert Marksteine einer menschenrechtsorientierten Sozialarbeit. Wie sind deren Grundannahmen auf die Soziale Arbeit mit Fußballfans zu übertragen?

Literaturempfehlungen

Maaser, W. (2015). *Lehrbuch Ethik. Grundlagen, Problemfelder und Perspektiven* (2. Auflage). Weinheim und Basel: Beltz Juventa.

Pfisterer, A. (2019). *Pädagogik der Wertschätzung – eine Chance für die Schule der Gegenwart? Grundlagen und Möglichkeiten* (zugleich auch Dissertationsschrift an der PH Ludwigsburg). Weinheim und Basel: Beltz Juventa.

Simon, T. (Hrsg.) (2020). *Schwere Arbeit. Erzählungen vom gelingenden Beziehungsaufbau zu schwer zugänglicher Klientel.* Weinheim und Basel: Beltz Juventa.

Spiegel, H. von (2021). *Methodisches Handeln in der Sozialen Arbeit. Grundlagen und Arbeitshilfen für die Praxis* (7. Auflage). München: Ernst Reinhardt.

6. Fanprojektalltag

Den Alltag der Fanprojektarbeit umfassend zu beschreiben, ist eine komplexe Angelegenheit, da die Fanprojekte in unterschiedlichen, vielfältigen Themen- und Handlungsfeldern aktiv sind. Jede Arbeitswoche ist von mindestens einem Pflichtspiel des Bezugsvereins geprägt. Da die nationalen und internationalen Wettbewerbe inzwischen fast an jedem Tag der Woche stattfinden können, richtet sich die Wochenplanung oftmals erst an der Einteilung der Spielbegleitung aus. Diese größtenteils kurzfristige Planbarkeit ist eine Herausforderung für die professionelle Fanarbeit. Feste, alltägliche Konstanten gibt es nur wenige. Hierzu gehören Angebote wie *offene Treffs*, institutionalisierte Gesprächsrunden in den lokalen und bundesweiten Netzwerken, Teamsitzungen oder regelmäßige Sport- und Freizeitangebote für die Zielgruppen der Fanprojekte. Zur besseren Nachvollziehbarkeit wird in diesem Kapitel der Fanprojektalltag am Standort von den Aktivitäten unterschieden, die überregional und im bundesweiten Netzwerk stattfinden.

6.1 Fanprojektarbeit am Standort

Die Fanprojekte haben nach Empfehlungen des Nationalen Konzepts Sport und Sicherheit (NKSS) und den Standards des Qualitätssiegels (siehe: Kapitel 10) eigene Räumlichkeiten, in denen sie (im besten Fall) über Büro- und Gruppen- bzw. Veranstaltungsräume verfügen (NASS 2012, S. 9). Neben der klassischen Büroarbeit wie Finanzabwicklung, Jahresberichten, Dokumentation, Anträge schreiben, Konzepte entwickeln u. v. m. bieten die Fanprojekte unter der Woche in ihren Räumen offene Treffs für Jugendliche und junge heranwachsende Fußballfans an. Diese Angebote sind meist auf einen Wochentag festgelegt und finden regelmäßig statt. Die offene Jugendarbeit in den Fanprojekten umfasst neben verschiedensten Sport-, Veranstaltungs-, Unterhaltungs- und Kommunikationsformaten auch Einzel- und Gruppenarbeit.

Spezielle Angebote wie Lesungen, Vorträge, Projektarbeit oder themenspezifische Sitzungen finden meist separat und anlassbedingt statt. In diesen Angeboten wird über fanpolitische, fußball- oder vereinsbezogene, rechtliche und andere Themen informiert und mit den Fans diskutiert. Die Themen resultieren aus konkreten Anfragen der Fans, des Vereins oder aus Maßnahmen der Fanprojekte. Alle Angebote orientieren sich an einem „niederschwelligen, von Freiwilligkeit geprägten, akzeptierenden und begleitenden Ansatz“ (BAG Fanprojekte 2020). Eine Beschreibung spezifischer Themen der Fanprojektarbeit ist in Kapitel 8 zu finden.

Daneben gibt es immer auch die Möglichkeit der Einzelfallberatung. Diese orientiert sich am individuellen Bedarf der Adressat*innen. Die Mitarbeiter*innen begleiten diese, wenn gewollt, durch verschiedene Phasen ihres Alltags, wobei die „Prinzipien der Freiwilligkeit, der Vertraulichkeit, der Parteilichkeit sowie das Prinzip Hilfe zur Selbsthilfe" grundlegend sind (Gabriel 2016, S. 107). Die Begleitung und Unterstützung beschränkt sich nicht nur auf Fußballthemen und das Engagement in der Fanszene, sondern kann sich auf die gesamte Lebenswelt der Fußballfans beziehen. In dieser „großen Flexibilität und Sensibilität in Bezug auf die Bedürfnisse der Fans" zeigt sich die „Stärke des Konzepts" der Fanprojektarbeit (Schatz 2020, S. 140).

6.1.1 Fanprojekte und die Arbeit mit Fans

Fanprojekte haben eine große Zielgruppe, die Fußballfans. Grundlagen für die Arbeit sind das NKSS und das SGB VIII, nach welchem „Kinder & Jugendliche (Fußballfans) im Alter von 12–27 Jahren" die Zielgruppe sind (Albus 2020, S. 86). Wird von der Arbeit mit Fußballfans gesprochen, ist hauptsächlich diese Altersspanne gemeint, wobei Fanprojekte grundsätzlich Ansprechpartner für alle Fans sind. Die Zusammensetzung der Zielgruppe ist sehr heterogen. Sie besteht „aus allen sozialen Schichten, unabhängig von Geschlecht, ethnischer Herkunft, Religion, sexueller Orientierung, egal ob mit oder ohne Beeinträchtigung" (Schatz 2020, S. 134). Wichtigste Gemeinsamkeiten sind die Verbundenheit zum Verein und das Fansein. Die in den Fanprojekten Tätigen organisieren ihren Alltag auch und vor allem nach den Bedürfnissen der Fans und deren Anliegen. Ihre Arbeit ist geprägt von der Lebenswelt- und Sozialraumorientierung der Fußballfans (BAG Fanprojekte 2020). Die Teilnahme an der Lebenswelt der Fans bedeutet für die Fanprojekte, dass sie Treffpunkte, Spieltage, Feste, Veranstaltungen, Gruppen- und Einzelgespräche u. v. m. begleiten. Sie unterstützen die Fans mit ihren Ressourcen wie Räumen, Infrastruktur, Kontakten, Herstellung von Netzwerken und pädagogischer Fachkenntnis (KOS 2018, S. 92).

Fußballfans werden an vielen Stellen stigmatisiert, vorverurteilt und in den Fokus der Sicherheitsakteure gerückt. Außerhalb ihrer eigenen Strukturen gibt es für sie kaum Möglichkeiten, einen vorurteilsfreien und offenen Raum zu finden und zu nutzen. Einen solchen stellen im physischen wie auch im pädagogischen Sinne die Fanprojekte zur Verfügung, wodurch Freiräume für die Jugendlichen und jungen Heranwachsenden geschaffen werden (Scherr 2018, S. 52). In diesen Räumen bietet sich den Fans die Möglichkeit, ihre Fankultur zu leben, gemeinsam zu diskutieren, kreativ zu sein. Fanprojekte tragen dazu bei, die „Initiierung von langfristigen Diskussionsprozessen innerhalb der Fanszene“ anzuregen (Gabriel 2013, S. 30). Die Mitarbeiter*innen arbeiten kritisch-parteilich mit den Fans, was bedeutet, dass sie die Fans und ihre Interessen wahrnehmen, respektieren und vertreten. Sofern vertrauensvolle Beziehungen entstanden sind, kann es auch gelingen, die Fans und ihr Verhalten konstruktiv-kritisch zu reflektieren und entsprechend zu agieren. Werte, Normen und Ansichten werden thematisiert und ein selbstkritischer Umgang damit angeregt. Eine klare Haltung und Positionierung der Sozialarbeiter*innen gegenüber den Fans ist hierbei unerlässlich. Fanprojekte sind eine „Instanz, die junge Menschen dazu befähigen soll, sich im gesellschaftlich und demokratisch legitimierten Rahmen, einzubringen“ (KOS 2018, S. 96). Jugendkulturen, wie die der Ultras, konstruieren eine Art Kompetenztraining für die Fußballfans, in denen Aspekte der Partizipation innerhalb der Gruppe und in der sozialpädagogischen Arbeit mit der Gruppe eine große Rolle spielen (Farin 2013, S. 49).

Diese Begleitung und Unterstützung ist nur möglich, wenn die Fanprojektmitarbeiter*innen ein Vertrauensverhältnis zu den Fans aufbauen können und dieses beidseitig besteht. Eine langfristige Beziehungsarbeit mit den Fans ist elementar und charakteristisch für die Arbeit der Fanprojekte:

> „Die Stärkung von Potenzialen und Ressourcen, aber auch die kritische Auseinandersetzung mit Fehlverhalten erfordern […] ein hohes Maß an Sensibilität und Nähe zu unserer Zielgruppe“ (BAG Fanprojekte 2020).

Für alle neuen Kolleg*innen in Fanprojekten oder gar neu eingerichteten Fanprojekten gilt, dass die erste Zeit am Standort und in der Arbeit mit Fans durch Beobachtung, Wahrnehmung, Teilnahme, Geduld und unaufdringliche Präsenz geprägt ist. Gerade neue Fanprojekte und Mitarbeiter*innen müssen sich eine gewisse Zeit nehmen, um einen Bezug zur Fanszene und ein Gefühl für deren Strukturen und damit verbundene Interessen herzustellen. Fans müssen die Möglichkeit haben, die neuen Mitarbeiter*innen kennenzulernen und einen persönlichen Eindruck von ihnen zu bekommen. Die Jugendlichen und jungen Erwachsenen entwickeln in gelingenden Prozessen Vertrauen zum Fanprojekt und legen fest, wie sich das Vertrauensverhältnis gestaltet (Zick 2013, S. 70). Eine belastbare Beziehung zu Fußballfans und Vertrauen können nur in einer langfristigen und gegenseitig wertschätzenden Beziehungsarbeit entstehen. Die „Kenntnis der Lebenswelt und Bedürfnisse [sowie der] Zugang zu Fanszenen samt stabiler Beziehungen und Vertrauensverhältnis“ ist eine zentrale Anforderung an die Arbeit der Fanprojekte (KOS 2018, S. 93). Die Arbeit mit der Zielgruppe funktioniert dabei immer auf freiwilliger Basis und ohne Zwang. Freiwilligkeit und Niedrigschwelligkeit sind wichtige Charakteristika der Angebote von Fanprojekten.

6.1.2 Einzelarbeit

Fanprojektmitarbeiter*innen bieten der Zielgruppe in allen Lebenslagen ihre Unterstützung an. Wichtige Elemente sind Beratung und anlassbezogene Hilfsangebote (Schatz 2020, S. 138). Im besonderen Umfeld Fußball entstehen verschiedene Situationen, in denen Fans diese Angebote in Anspruch nehmen. Gibt es am Spieltag Schwierigkeiten mit Polizei, Ordnungsdienst oder anderen Institutionen, werden Fanprojekte schon vor Ort aktiv und versuchen, akute Konflikte zu lösen. Dies kann am Einlass, auf dem Parkplatz oder im Stadionbereich, in der Gruppe oder am Rastplatz auf den An- und Abreisewegen geschehen. Ein wichtiger Teil der Einzelfallarbeit der Fanprojekte liegt in der Begleitung von Strafverfahren, Ordnungswidrigkeiten, Stadionverbotsverfahren u. Ä. Die Professionellen beraten die Adressat*innen entsprechend ihrer jeweils eigenen Kompetenzen. Gehen die Anliegen über diese hinaus, vermitteln sie die Fans an Fachstellen wie Bewährungshilfe, Drogen- oder Rechtsberatung und begleiten sie bei Bedarf zu dort stattfindenden Terminen. Auch wenn die Beratung durch andere Fachstellen oder Expert*innen fortgeführt wird, stehen die Fanprojekte den Fans weiterhin in allen Prozessen zur Seite und versuchen, im Rahmen ihrer Möglichkeiten eine Konstante im weiteren Verlauf der Vorgänge zu sein. Durch die oftmals langjährige Begleitung der Jugendlichen und jungen Erwachsenen entwickeln sich häufig intensive Beziehungen, die es ermöglichen, auch Themen jenseits des Fußballs zu besprechen und zu bearbeiten. Die Sozialarbeiter*innen erleben die Persönlichkeitsentwicklung der Adressat*innen und stärken diese. Sie unterstützen und beraten bei vielfältigen Bedarfen. Probleme im Elternhaus, Konflikte in Partnerschaften, Kündigung oder Arbeitslosigkeit sind alltägliche Probleme der Zielgruppe, Teil ihrer Lebenswelt und damit auch der Arbeit der Fanprojekte, die an der Lebenswelt der Fans teilnehmen dürfen. Die Fanprojekte tragen in diesen Prozessen dazu bei, das „Selbstwert- und Verantwortungsgefühl" von jugendlichen Fußballanhänger*innen zu steigern sowie deren „individuelle Kompetenzen" zu stärken (Schatz 2020, S. 136). Beratung und Gespräche entwickeln sich dabei in den Räumen der Fanprojekte, aber auch während der Spieltage auf der Anreise, vor dem Stadion, an Treffpunkten oder in verschiedenen Veranstaltungen. Die Beratung beginnt meist dort, wo sich Fans gerade aufhalten und spontan ein Bedürfnis nach Begleitung oder Unterstützung empfinden.

6.1.3 Arbeit mit Gruppen

Fußballfans, aktive Fanszene, Ultras: Ihnen ist gemein, dass es sich jeweils um eine Ansammlung von Menschen handelt, die gemeinsam in großen oder kleinen Gruppen ihr Fansein in verschiedenen Formen ausleben und erleben. „Für jugendliche Fußballfans sind ihre Bezugsgruppen im Stadion genau wie ihr Verein oftmals die ersten Orte, an denen sie Dialog, Partizipation und damit Mitbestimmung persönlich erleben" (KOS 2018, S. 10). In diesen Gruppen entstehen Dynamiken und Prozesse, die von den Fanprojekten wahrgenommen und begleitet werden. Kreative, konfliktreiche, politische, solidarische und andere Ausdrucksformen beeinflussen das Handeln und Agieren der Gruppen und damit auch die Entwicklung der Fans. Die Fanprojekte „müssen die Bedeutung der Solidaritätsangebote und -leistungen dieser Gruppen für die Jugendlichen aufgreifen, müssen die Bedürfnisse nach Kommunikation, nach Schutz und Abgrenzung ernst nehmen und konstruktiv wenden" (Pilz 2010, S. 85). Fanprojekte unterstützen diese Prozesse in verschiedenen Formen. Dabei geht es ihnen darum, die Gruppen zu einer eigenen Haltung, zur Verantwortungsübernahme und zu eigener Organisation zu befähigen sowie diese Entwicklungen positiv und reflektiert zu begleiten. Ziel ist die „Stärkung positiver Fankultur" (KOS, BAG Fanprojekte, LAG NRW 2020, S. 8). Den Fanprojekten geht es nicht um eine bewusste Beeinflussung der Fans, sondern um eine Hilfestellung, die am Ende auch einen positiven Einfluss auf die Fans und ihre Entwicklung als Gruppe nehmen kann. „Demokratische Werte und menschenrechtliche Prinzipien" werden vermittelt (BAG Fanprojekte 2020).

Die Fanprojekte stellen den Gruppen ihre Infrastruktur wie Räume, Fahrzeuge, Netzwerk und Kontakte zur Verfügung. In diesem offerierten Rahmen können sie die Fans an Entscheidungen partizipieren lassen und gemeinsam Räume schaffen (Schatz 2020, S. 136). Den Fans werden Möglichkeiten geboten, eigene Strukturen zu entwickeln und in einem sicheren Rahmen zu festigen.

Daneben existieren weitere Angebote der Fanprojekte an die Zielgruppe und alle Interessierten: der offene Treff, aber auch thematisch gebundene Veranstaltungen wie etwa Vorträge zum Umgang mit Depressionen in Zusammenarbeit mit Beratungsstellen, Filmabende beispielsweise über Fankulturen in anderen Ländern sowie Lesungen oder Graffiti-Workshops (ausführlich dazu: Kapitel 6.1.5). Sportangebote gehören ebenfalls zum Repertoire der Fanprojekte. Sie bieten die Möglichkeit, mit den Fans gemeinsam aktiv zu werden und Themen wie Gesundheit, Fitness, Fairness, Teamfähigkeit und den Umgang mit dem eigenen Körper und Verhaltensweisen im Wettkampf zu bearbeiten. Regelmäßige Fußballtrainings, Lauftreffs oder Fitnesskurse sind nur einige wenige Beispiele für das Engagement der Fanprojekte. Sie orientieren sich, wie die gesamte

Arbeit, an den Interessen der Fans und werden gemeinsam mit diesen geplant und umgesetzt. Partizipation und Mitbestimmung sind charakteristisch für die Fanarbeit. Neben den regelmäßigen Sportangeboten gibt es auch einige jährliche Fußballturniere, die von den Fanszenen und/oder dem Fanprojekt organisiert und durchgeführt werden. Die Fanprojekte stellen ihre Infrastruktur zur Verfügung und treffen bei Bedarf notwendige Vereinbarungen mit Ordnungs- und Sicherheitsbehörden vor Ort. Während der gemeinsamen Turniervorbereitungen bilden sich Beziehungen zwischen Fans und Sozialarbeiter*innen, sodass auch jenseits der Spieltage Austauschmöglichkeiten entstehen. Gleichzeitig bietet die kooperative Organisation Hilfe zur Selbsthilfe von der Fanarbeit für die Fans. Sie lernen in den wiederkehrenden partizipativen Prozessen, Dinge selbst zu organisieren und Verantwortung zu übernehmen. Einige der jährlich stattfindenden Fußballturniere haben einen thematischen Schwerpunkt: Antirassismus (z. B. Copa Augusta Antiracista[38]) oder die Erinnerung an verstorbene Fans (z. B. Remember Benny Cup[39]), manche Veranstaltungen sind Freundschaftsturniere oder Erinnerungsturniere an anerkannte Persönlichkeiten aus der Geschichte des Vereins. Damit bieten die Fußballturniere und ihr Rahmenprogramm oftmals auch eine Gelegenheit, sich mit speziellen politischen, emotionalen oder historischen Themen auseinanderzusetzen und aufzuklären.

Die Fanprojekte machen aber nicht nur Angebote an die Fans. Die Fanprojektmitarbeiter*innen nehmen ihrerseits an den Angeboten der Zielgruppe und dem Fanalltag teil. Sie fahren bei von Fans organisierten Auswärtsfahrten (Busse, Sonderzüge etc.) mit, besuchen von ihnen organisierte Sport- und Kulturveranstaltungen, sind zu Gast in deren Räumlichkeiten und an Treffpunkten u. v. m. Diese aufsuchende Jugendarbeit/Streetwork ist ein weiterer wichtiger Ansatz. Dass Sozialarbeiter*innen diese Möglichkeit der Teilhabe haben und Einladungen in die persönlichen Sphären der Fans wahrnehmen können, ist Ausdruck einer gewachsenen Beziehung zwischen ihnen und den Fans.

An dieser Stelle sei angemerkt, dass Fanprojekte ihre Unterstützung nur in dem Rahmen zur Verfügung stellen, den sie leisten und vertreten können. Fans sollen in einem pädagogisch und rechtlich vertretbaren Raum Eigenverantwortlichkeit und Organisation erlernen. Was Gruppen und Fans dann aus dieser Möglichkeit machen, liegt in ihrer Verantwortung. Fanprojekte machen nicht

38 Antirassistisches Fußballturnier, das vom Fanprojekt des Stadtjugendrings Augsburg, dem Augsburger Fanzusammenschluss mit antirassistischem Selbstverständnis – Augusta Unida – und weiteren ehrenamtlichen Helfern aus der FCA-Fanszene organisiert und durchgeführt wird (www.nachhaltigkeit.augsburg.de/zukunftspreis/projektdetails/copa-augusta-antiracista, Zugriff am 16. 1. 22).

39 Jährliches Fußballturnier der Fanszene von Hertha BSC zur Erinnerung an einen verstorbenen Fan (www.hb98.de/remember-benny-cup/, Zugriff am16. 1. 22).

den Versuch, das Verhalten der Fans zwanghaft zu verändern. Sie machen Angebote, das Handeln der Fans offen und konstruktiv kritisch zu begleiten und einen von Vertrauen geprägten Dialog aufrechtzuerhalten.

6.1.4 Spielbegleitung

Ein wichtiger Bestandteil im *Alltag* der Fanprojekte ist die aufsuchende Arbeit, die stattfindet, wenn Sozialarbeiter*innen die Spieltage des Bezugsvereins der Adressat*innen begleiten. Dies geschieht sowohl bei Heim- als auch bei Auswärtsspielen.

Vor Heimspielen werden die Fanprojekte oftmals in die Spieltagsvorbereitungen eingebunden und nehmen in manchen Fällen an den Sicherheitsbesprechungen der Vereine teil. Bei Auswärtsspielen wird das Orts- und Fachwissen der Fanprojekte des Gastvereins genutzt.

Plant die Fanszene beispielsweise einen Fanmarsch[40] vor dem Spiel zum Stadion, können über die Kommunikationswege der Fanprojekte eventuell notwendige Absprachen und Genehmigungsverfahren angestoßen werden. Die Fansozialarbeit übermittelt Wünsche und Interessen der Fans an die Ordnungsbehörden der Stadt und kann die im Genehmigungsverfahren erforderlichen Auflagen für einen solchen Fanmarsch mit den Fans besprechen und die Gewährleistung abklären. Die Sozialarbeiter*innen sind sowohl in der Planung als auch zum Zeitpunkt des Fanmarsches erste Ansprechpartner für Fans, Polizei, Ordnungsamt und Verein.

Am Spieltag selbst beginnt der Arbeitstag in den Fanprojekten schon weit vor Spielbeginn. An den Heimspieltagen haben viele ihre Räumlichkeiten vor und nach den Spielen geöffnet. Dort treffen sich die Fans, trinken und essen gemeinsam und stimmen sich auf das bevorstehende Spiel ein. Wo das nicht der Fall ist, halten sich die Mitarbeiter*innen meist an den Treffpunkten der eigenen Fanszene oder direkt am Stadion an verschiedenen bekannten Anlaufstellen auf. In dieser Zeit besteht die Möglichkeit, auch kurzfristig Fragen, Probleme o. Ä. für den Spieltag zu besprechen und über das bestehende Netzwerk zu regeln. Fans können bei Fragen zu geplanten Choreografien, zusätzlichen Spruchbändern, Transparenten usw. auf kurzem Wege mit den Fanbeauftragten der Vereine auch am Spieltag noch in Kontakt treten und Anfragen klären. Gibt es am Standort kurz vor Spielbeginn *Countdown-* oder *Kurvengespräche*[41], nehmen die Fanpro-

---

40 Fans laufen von einem vorab vereinbarten Treffpunkt gemeinsam zum Stadion.
41 Zusammenkunft aller am Spieltag beteiligten Institutionen für einen Austausch kurz vor oder während des Spiels.

jekte meist daran teil. Dabei werden die Umstände der Anreise und des Einlasses sowie die allgemeine Lage am Spieltag mit offiziellen Vertreter*innen der Heim- und Gastmannschaft besprochen. Fanprojekte können kritische Momente der Anreise, mögliche akute Probleme im Stadion oder Fragen für die Abreise benennen und Lösungen diskutieren. Gleichzeitig kann ein direkter Kontakt zu den zuständigen Personen des Vereins, der Polizei und anderen Institutionen am Spielort hergestellt werden, was evtl. die weitere Kommunikation während der Begegnung erleichtert.

Während des Spiels befinden sich die meisten Fanprojektler*innen an bekannten Stellen im Stadion, damit Fans und Vertreter*innen des Netzwerks rund um den Spieltag sie unkompliziert ansprechen können. Die 90 Minuten Fußball sind für die Fanprojektmitarbeiter*innen eher Nebensache. Der Fokus liegt auf den Fans, dem Kontakt zu diesen und deren Bedarfen, der Kommunikation im Netzwerk und der situationsbedingten Vermittlung in schwierigen Situationen.

Entstehen vor, während oder nach dem Spiel Situationen, die der Deeskalation, der Vermittlung, Auseinandersetzung damit oder Ähnlichem bedürfen, werden die Fanprojekte in aller Regel hinzugezogen, um vor allem in Richtung der „eigenen" Fans für Transparenz und Aufklärung zu sorgen. Solche Situationen können beispielsweise entstehen, wenn:

- Fans Probleme haben, ins Stadion zu kommen, oder wenn sie ihre Fanmaterialien nicht mit ins Stadion nehmen dürfen,
- es zu einer Auseinandersetzung zwischen Fans der beiden Vereine oder mit anderen Akteur*innen kommt,
- es Festnahmen oder Personalienfeststellungen durch die Polizei gibt oder
- wenn weitere für die Fans unklare Situationen entstehen, die Unsicherheit und Unmut bei den Beteiligten hervorrufen.

Wenn die Umstände es erfordern, bewegen sich Mitarbeiter*innen der Fanprojekte während des Spiels auch außerhalb des Stadions bzw. der Zuschauer*innenränge. Nach dem Spiel begleiten sie die Fanszene am Stadion, im Fanprojekt, anderen Treff- und Sammelpunkten oder auf der Heimreise mit Bus, Bahn oder Auto.

Bei Auswärtsspielen reisen die Fanprojektmitarbeiter*innen in der Regel gemeinsam mit den Fans in Fanbussen, auf U-18-Fahrten, in Sonderzügen oder anderweitig an. Diese Begleitung ist ein wichtiger Bestandteil der Beziehungsarbeit, denn bei 600-Kilometer-Touren in Bus, Bahn oder Auto entstehen viele Gelegenheiten, sich auszutauschen und ausreichend Zeit für Gespräche über alle Themen, die Fans und Fanprojektmitarbeiter*innen bewegen. Je nach Reiseform sind die Fanprojekte Gastgeber der Fahrt oder nehmen an einer von den Fans organisierten Fahrt teil. In allen Fällen sind sie sowohl auf den Reisewegen als auch an den Spielorten erste Ansprechpartner für Anliegen der Fans und anderer Netzwerkpartner vor Ort. Der Dienst beginnt mit der Abfahrt und endet mit der Ankunft am Heimatort.

Exkurs 5: Fanprojekt Hannover – U-18-Angebote

U-18-Fahrten haben in der deutschen Fanprojektlandschaft, und speziell in Hannover, eine lange Tradition. Bereits Mitte der 1990er Jahre bot das Fanprojekt Hannover die ersten (damals noch U-16-)Fahrten für Jugendliche an. Der Fokus lag immer auf dem Besuch der Auswärtsspiele von Hannover 96 und dem damit verbundenen Gruppenerleben mit Gleichaltrigen.

Die Fahrten haben zahlreiche Vorteile: Verunsicherte Eltern können ihre Kinder mit ruhigem Gewissen zu Fußballspielen fahren lassen, da die jungen Fans adäquat betreut werden. Ebenso müssen sie sich in Bezug auf Alkohol- oder Nikotinkonsum keine Gedanken machen, da auf der Fahrt darauf verzichtet wird und sich die Jugendlichen per Unterschrift verpflichten, dies auch einzuhalten. Im Gegenzug können Jugendliche zu den 96-Spielen fahren und müssen nicht darauf warten, bis die Eltern zustimmen, dass die Heranwachsenden sich selbstständig zu den Auswärtsspielen begeben. Zudem bezuschusst das Fanprojekt Hannover die Fahrten finanziell, um einen jugendgerechten Preis anbieten zu können, der – wenn die eigenen finanziellen Mittel nicht ausreichen – auch über weitergehende Gespräche individuell gestaltet werden kann.

Der Fokus in der aktuellen U-18-Arbeit liegt auf dem Besuch der Auswärtsspiele von Hannover 96. Darüber hinaus sind auch (mehrtägige) Groundhopping[42]-Touren oder Besuche von Wettkämpfen anderer Sportarten möglich. Der Besuch der jeweiligen Veranstaltung steht im Mittelpunkt. Weitere pädagogische Angebote können dies ergänzen: Besuche von Museen, KZ-Gedenkstätten, Theatern etc. Hinzu kommen Stadtführungen in Hannover, Jugendbegegnungen mit Fans anderer Fanprojekte, Kinobesuche und Weihnachtsfeiern.

Die rechtliche Grundlage bestimmt dabei den Weg der Praxis: § 11 Abs. 1 SGB VIII besagt, dass an die Interessen junger Menschen angeknüpft werden soll und sie selbst die Angebote – zusammen mit den Fachkräften – bestimmen sollen. Das ist dem Fanprojekt wichtig, da die Jugendlichen sich nur auf diesem Weg mit ihren eigenen Interessen dort wiederfinden. Versucht wird, die Nachwuchsfans nach demokratischen Grundregeln einzubinden. Sich einbringen zu können, wird von den jungen Menschen gerne in Anspruch genommen und wertet die Angebote qualitativ und vor allem in ihrer Nachhaltigkeit auf.

---

42 Besuche von mehreren Fußballspielen in verschiedenen Stadien (Grounds).

Die U-18-Angebote haben in den vergangenen 25 Jahren ganze Fangenerationen geprägt und den Grundstein für so manche noch immer währende Freundschaft oder Gruppenbildung gelegt. Die Geschichten, die dabei entstehen, sind genau so vielfältig wie unvergesslich.

Manuel Schröder, Fanprojekt Hannover

6.1.5 Veranstaltungen im Fanprojekt – Lesungen, Podiumsdiskussion etc.

Fanprojekte haben zum größten Teil eigene Räumlichkeiten, in denen Angebote für die Fans stattfinden können. Diese Rahmenbedingung ist auch im NKSS festgeschrieben (siehe: Kapitel 10). Neben Treffmöglichkeiten an den Spieltagen sind auch Veranstaltungen außerhalb des Spieltagsgeschehens möglich. Lesungen und Filmvorführungen zu verschiedenen Themen wie Fußball im Ausland, weltweite Fankultur, Biografien von Spieler*innen u. v. m. werden regelmäßig in den Räumen der Fanprojekte angeboten. Gemeinsame Konzerte werden geplant. Auch Diskussionsrunden oder Podiumsgespräche sind häufig Bestandteil des Programms der Fanprojekte. Dabei werden Vertreter*innen aus allen relevanten Institutionen des Netzwerks eingeladen, um über verschiedene Themen wie Stadionverbote, Sicherheitsentwicklungen, Kommunikation am Standort, Fanutensilien usw. zu sprechen. In diesem Rahmen können beispielsweise bei einer vom Fanprojekt organisierten öffentlichen Diskussion über anstehende Weiterentwicklungen von Sicherheitsrichtlinien oder Gesetzesentwürfen Vertreter*innen aus Politik und Fußballverbänden, Vereinen und Fanszenen sowie Journalist*innen über das *Warum* und die Auswirkungen auf die Fans und deren Fußballalltag diskutieren. Ob im Publikum oder auf dem Podium, hier haben Fans die Möglichkeit, ihre Meinungen zu vertreten oder mit anderen Akteur*innen in Kontakt zu kommen. Die Fanprojekte ermöglichen damit den Blick auf verschiedene Perspektiven eines Themas und gestalten die Auseinandersetzung offen und konstruktiv. Die Adressat*innen sollen die Gelegenheit bekommen, sich ein eigenes Bild zu machen und auch selbst zu Wort kommen. Sie werden von den Fanprojekten in die Organisation und Durchführung der Veranstaltungen einbezogen. Partizipation und Eigenverantwortlichkeit werden auch auf diesem Weg zu einem wichtigen Bestandteil der Fanarbeit. Neben fußballspezifischen Angelegenheiten werden in Vorträgen und Workshops auch Themen wie Sucht, Depression, Krankheit oder Trauer mit den Fans besprochen. Außergewöhnliche Situationen wie schwere Erkrankungen oder Trauerfälle stellen ungewöhnliche Anforderungen an die pädagogische Arbeit der Fanprojekte. Durch den regelmäßigen Kontakt und die tragfähig gewordenen Beziehungen zu den Fans erkennen die Mitarbeiter*innen früh die Bedarfe und schaffen Möglichkeiten und Angebote, sich mit verschiedenen Lebenssituationen auseinanderzusetzen. Die geforderte hohe Sensibilität der Fanprojektler*innen gegenüber den Stimmungen und Bedarfen der Zielgruppe wird hier einmal mehr deutlich. Zu Bereichen wie beispielsweise Sucht oder Depression holen sich die Fanprojekte Unterstützung bei spezialisierten Beratungsstellen und planen mit diesen gemeinsame Veranstaltungen. Dadurch werden schwierige Themen für die Fans zugänglich, gleichzeitig können Besonderheiten des jeweiligen Feldes einbezogen werden.

Eine weitere, fanprojektübergreifende Aufgabe ist die Erinnerungsarbeit. An zahlreichen Orten leisten die Fanprojekte Aufklärung, geben die Möglichkeit zur Erinnerung und Gelegenheiten, sich mit historischen Ereignissen und der Vergangenheit auseinanderzusetzen. Die Mitarbeiter*innen erarbeiten thematische Führungen durch die eigene Stadt, Gedenkstättenfahrten, Zeitzeug*innengespräche, Filme und weitere Angebote. Die Adressat*innen können sich in einem geschützten Rahmen dem Nationalsozialismus und anderen historischen Zeiten nähern sowie Fragen, Gedanken und Gefühle teilen.

Exkurs 6: Erinnerungsarbeit – Fanprojekt München

In Zeiten eines zunehmenden gesellschaftsfähigen Rechtspopulismus und einer augenscheinlichen Geschichtsvergessenheit gehört es zu den wichtigen Aufgaben der Fanprojekte, die Erinnerung und Aufarbeitung der nationalsozialistischen Terrorherrschaft weiterzuführen sowie Bezüge zur Gegenwart herzustellen.

Erinnerungsarbeit ist umfangreich und vielseitig. Das Fanprojekt München greift die Thematik in verschiedenen Facetten auf. Die Auseinandersetzung mit der Geschichte der Bezugsvereine weckt bei Fans Interesse an weiterer Biografiearbeit. Dadurch ergeben sich oftmals Bezugspunkte zu lokalen Gedenkorten. In der KZ-Gedenkstätte Dachau fanden beispielsweise eigene Führungen zum Thema Fußball statt. Fanprojektmitarbeiter*innen und Fans besuchen regelmäßig gemeinsam das NS-Dokumentationszentrum und das Jüdische Museum in München, die wichtige Netzwerkpartner für das Fanprojekt sind. Stadtrundgänge durch die verschiedenen Stadtviertel mit der Aufarbeitung von Biografien und Schicksalen zählen ebenfalls zur lokalen Erinnerungsarbeit.

Darüber hinaus werden unter dem Motto „Wo uns der Fußball hinbringt“ regelmäßig Gedenkstätten und historisch bedeutende Orte im Rahmen der Fahrten zu Auswärtsspielen besucht. Bei jungen Fans, die bislang keine Berührungspunkte mit Gedenkstätten gehabt haben, kann durch die Verknüpfung mit ihrer Lebenswelt Interesse geweckt und die Auseinandersetzung mit Diskriminierungsformen angestoßen werden.

Für Fans, die sich bereits intensiver mit der Thematik auseinandergesetzt haben, werden regelmäßig mehrtägige Gedenkstättenfahrten angeboten. In den vergangenen Jahren wurden bereits Oświęcim (Auschwitz) sowie Theresienstadt besucht. Diese Fahrten werden vom Fanprojekt in Studientagen in München mit den Teilnehmenden vorbereitet und von Expert*innen des NS-Dokumentationszentrums begleitet.

Zusammenfassend sind unsere grundlegenden Ziele Aufklärung, Wissensvermittlung und Sensibilität für das Thema Ausgrenzung. Durch die Verknüpfung mit der Gegenwart und der Reflexion der eigenen Verhaltensweisen möchten wir zu Denkanstößen für das eigene Verhalten im Alltag und im Fußballstadion anregen. Dabei ist uns wichtig, die Fans möglichst aktiv in die Projekte einzubinden, weshalb wir viel Raum für Diskussionen und Reflexion der unterschiedlichen Thematiken geben.

Christian Exner, Fanprojekt München

6.1.6 Arbeit mit dem Verein

Die Fanprojekte sind Ansprechpartner für die Fans des jeweiligen Bezugsvereins. Diese Verbindung setzt eine regelmäßige und institutionalisierte Kommunikation mit dem Verein voraus. Auf der Arbeitsebene stehen die Fanprojekte vor allem mit den vom Verein beschäftigten Fanbeauftragten im Kontakt. Die Zusammenarbeit ist ein wichtiger Bestandteil der professionellen Fanarbeit:

> „Beide Säulen der Fanarbeit verbindet die Überzeugung, dass bunte, anerkennende, kritische und auf Vielfalt beruhende Fankulturen ein wichtiger Bestandteil des Fußballs in Deutschland sind. Fanbeauftragte und Fanprojekte verbindet der Auftrag, diese zu fördern“ (Arbeitskreis Fanarbeit 2020, S. 25).

Besonders bei der Vor- und Nachbereitung der Fußballspiele stehen Fanbeauftragte und Fanprojekte in einem intensiven Austausch. Die Fanbeauftragten sind in den Ligen 1 bis 3[43] hauptamtlich beim Verein angestellt. In den unteren Spielklassen arbeiten sie überwiegend im Ehrenamt. Sie sind „Vermittler*innen, Anlaufstation und Expert*innen von eigenen und fremden Botschaften zwischen Fans, Verein, Sicherheitsorganen, Medienvertreter*innen“ (DFB, DFL 2020, S. 11). Ihr Zuständigkeitsbereich am Spieltag liegt vor allem in den Stadien, sie

43 Fanbeauftragte sind in den ersten beiden Bundesligen der DFL im Hauptamt beschäftigt. Seit 2022 gilt auch für die 3. Liga die Benennung mindestens eines hauptamtlichen Fanbeauftragten.

geben Informationen zu den Details der Rahmenbedingungen dort und beantworten vorab Fragen. Das gilt sowohl für Heim- als auch Auswärtsspiele. Fanbeauftragte können besonders die Zulassung von Fanutensilien direkt abklären. Vor Spielbeginn stehen sie zusammen mit den Mitarbeiter*innen des Fanprojekts am Einlass bei den Kontrollen zur Unterstützung der Fans bereit. Auch während des Spiels können über die kurzen Wege zwischen Fanprojekt und Fanbetreuung Fragen und Probleme der Zuschauer*innen zeitnah gelöst und eventuell schwierige Situationen geklärt werden.

Außerhalb der Spieltage organisieren Fanprojekte und Fanbeauftragte z. T. auch gemeinsame Veranstaltungen für und mit den Fans. Gedenkstättenfahrten, Fußballturniere, Beteiligung in Prozessen rund um den Verein und Antidiskriminierungsarbeit sind nur wenige Beispiele für das umfangreiche gemeinsame Angebot vieler Standorte. Daneben ermöglichen die Kontakte des Fanprojekts zu den Fanbeauftragten oftmals eine direkte Verbindung zur geschäftsführenden Ebene des Vereins. Somit können Dialogformate, wie beispielsweise der Club-Fan-Dialog (CFD)[44], angeregt und gemeinsam organisiert werden. Diese Gespräche sollen den Fans die Möglichkeit geben, sich mit Vereinsverantwortlichen auszutauschen und dabei konstruktiv zu diskutieren, wodurch eine engere Verbindung zwischen Verein und Fans entsteht. Durch die Organisation und Durchführung der Gesprächsrunden werden die Fanprojektmitarbeiter*innen auch von den Verantwortlichen des Vereins als Expert*innen wahrgenommen und bei Bedarf angesprochen. Ein weiteres wichtiges Thema sind die Stadionverbote (siehe: Kapitel 8.2.2). Bei deren Erörterung, Festlegung oder Vermeidung ist ein vertrauensvolles und professionelles Arbeiten zwischen Verein und Fanprojekt unerlässlich.

6.1.7 Netzwerkarbeit

Im Fußball entsteht durch verschiedene Interessengruppen ein großes Spannungsfeld, das Aushandlungsprozesse dauerhaft notwendig macht (Gabriel 2013, S. 33). Diese Prozesse, welche sich u. a. in institutionalisierten Gesprächen und Gremien vollziehen, werden von den Fanprojekten vor allem in der lokalen und bundesweiten Netzwerkarbeit begleitet und oftmals moderiert. Hier sind bei-

44 „Die am Spielbetrieb der Bundesliga und 2. Bundesliga teilnehmenden Clubs sind verpflichtet, über mindestens ein Dialogformat einen regelmäßigen und verbindlichen Austausch mit ihren Fans (Club-Fan-Dialog) zu unterhalten (§ 5 Nr. 11 LO). […] Ein solcher Club-Fan-Dialog dient der Verstetigung von Teilhabemöglichkeiten, die eine gemeinsame Weiterentwicklung von Fankultur und Begeisterung im Stadion sowie den Erhalt und die Stärkung der Identifikation mit dem Verein unterstützen" (DFL 2021, S. 1 f.).

spielsweise der Örtliche Ausschuss Sport und Sicherheit (ÖASS)[45], Beiratssitzungen des Fanprojekts, Sicherheitsbesprechungen beim Bezugsverein, Jours fixes mit den Vereinen und Gremiensitzungen des eigenen Trägers zu nennen. In allen genannten Gremien und vielen weiteren Gesprächsrunden vermitteln die Fanprojekte die Anliegen, Interessen und Themen der Fans sowie der Fanprojektarbeit. Vorrangiges Ziel ist es, dass Fans selbst einen Platz in den Gremien und Gesprächsrunden bekommen. Dazu organisieren die Fansozialarbeiter*innen Dialogformen zwischen unterschiedlichen Institutionen wie Verein, Stadt, Polizei oder Verbänden (Scherr 2018, S. 47). Diese aktive Teilhabe ist aber nicht immer möglich oder gewollt (sowohl vonseiten der Akteure im Netzwerk als auch vonseiten der Fans), weswegen die Fanprojekte an dieser Stelle die mandatierte Rolle einer Interessensvertretung für Fans einnehmen. Die Mitarbeiter*innen vermitteln von den Fans zu Netzwerkpartnern und von diesen zu den Fans zurück. Die Kommunikation mit den Sicherheitsakteuren ist eine Voraussetzung für den Dialog, da diese „einen starken Einfluss auf die Fankultur und damit auf den Sozialisationsprozess vieler jugendlicher Fußballfans haben" (Dissinger 2011, S. 61). Alle Erfahrungen, die Fußballfans mit der Polizei oder Ordnungsdiensten machen, beeinflussen das zukünftige Verhalten und die Einstellung zu den Institutionen. Vor allem an Spieltagen kreist die Kommunikation oftmals um sicherheitsrelevante Informationen und Situationen, die vermittelt und diskutiert werden müssen. Wo dürfen Auswärtsfans parken? Wie werden die Fans vom Bahnhof zum Stadion begleitet? Aus welchem Grund finden diverse präventivpolizeiliche Maßnahmen statt? Fragen wie diese treten an Spieltagen kurzfristig und situativ auf und müssen zügig für alle Beteiligten, vor allem aber für die Fans, geklärt werden. Dadurch können Situationen häufig frühzeitig deeskaliert werden. Die Professionellen der Fanprojekte sind hier die ersten Ansprechpartner*innen im Netzwerk. Die Fanarbeit kann durch schnelle und gezielte Vermittlung von Informationen zur Entspannung zwischen allen Akteuren beitragen. Dabei gilt es immer wieder zu betonen, dass Fanprojekte Interessen, Haltungen und Bedarfe der Fans sowie der Netzwerkpartner vermitteln, weitertragen und mit den jeweiligen Ansprechpartner*innen auf allen Seiten inhaltlich diskutieren und reflektieren. Die endgültige Entscheidung über Handlungen und Abläufe liegt jedoch bei den jeweiligen Institutionen und Individuen.

45 Der ÖASS ist eine regionale Vernetzung der an der Spieltagsorganisation beteiligten Institutionen. Er „initiiert und koordiniert darüber hinaus auf regionaler Ebene Arbeitskreise und Projekte zu den Themenbereichen Prävention und Sicherheit" (KOS, BAG Fanprojekte, LAG NRW 2020, S. 48).

6.1.8 Öffentlichkeitsarbeit

Das Fußballgeschehen vollzieht sich öffentlich. Alles, was darum herum passiert, unterliegt einem großen medialen Interesse. Auch die Fans sind regelmäßig Bestandteil der Berichterstattung in den Medien. Die Fanprojektarbeit findet somit in einem entsprechend beobachteten Umfeld statt (Scherr 2018, S. 44). Die medial hergestellte Öffentlichkeit ist damit auch Teil dieser Arbeit, Mitarbeiter*innen nutzen sie in verschiedenen Formen für eigene Projekte, Darstellungen, Expertisen und Ähnliches. Auf Instagram, Facebook oder in anderen sozialen Medien werden Veranstaltungen beworben, fan- und fußballbezogene Texte und Berichte geteilt, auf spezielle Themen aufmerksam gemacht und Eindrücke von Projekten, Spieltagen oder U-18-Fahrten veröffentlicht. Daneben wird die Öffentlichkeitsarbeit auch dafür genutzt, eigene Themen aus der Fanarbeit und fanpolitische Anliegen zu benennen und darüber aufzuklären. Dabei geht es u. a. darum, „Bedingungen und Maßnahmen, die die Lebensverhältnisse der jugendlichen Fußballfans und deren Gestaltungsräume einschränken, zu kritisieren" (Albus 2020, S. 88) und auf andere Sichtweisen und Möglichkeiten hinzuweisen. Die Erfahrungen und das Wissen über Fans, Fankultur und Fußball ermöglichen den Fansozialarbeiter*innen, Perspektiven und Einschätzungen auch über das eigene Netzwerk hinaus zu vermitteln. Medienvertreter*innen nutzen inzwischen regelmäßig das in den Fanprojekten vorhandene Wissen zu Fans, Fankultur und fanpolitischen Themen für ihre Berichterstattung. In Talkrunden, Zeitungen oder Fernsehberichten stellen Fansozialarbeiter*innen die Sichtweise von Fans und professioneller Fanarbeit dar und argumentieren konstruktiv-kritisch in fanpolitischen und sicherheitsrelevanten Diskussionen.

6.2 Die bundesweite Fanprojektarbeit

Über das regionale Netzwerk hinaus sind die Fanprojekte auch bundesweit Ansprechpartner für die Belange von Fans und der Fanarbeit. Ihre Expertise wird von Journalist*innen, Politiker*innen und Sicherheitsakteuren bundesweit nachgefragt und in verschiedenen Prozessen genutzt. Dies geschieht bei der Weiterentwicklung des NKSS, in der Expert*innenrunde des DFB zum Umgang und zur Weiterentwicklung der bundesweiten Stadionverbotsrichtlinien, bei der Begleitung der Fans bei internationalen Turnieren der deutschen Nationalmannschaft durch die Koordinationsstelle Fanprojekte bei der Deutschen Sportjugend (KOS) und vielem mehr. Auf der Basis ihrer langjährigen Erfahrung und ihres Wissens über Fans und Fankultur leistet die Fanarbeit einen wichtigen Beitrag zum Verständnis, zur Transparenz und Sichtbarkeit von Fananliegen.

Regelmäßig tauschen sich die Kolleg*innen der Fanarbeit auch bundesweit aus. Ihr Feld ist nach wie vor eine Nische der Sozialen Arbeit und jede Kommunikation über die lokalen Standorte hinaus ist für die Weiterentwicklung und Reflexion der Arbeit von Bedeutung. Die Fanprojekte haben sich in der Bundesarbeitsgemeinschaft der Fanprojekte (BAG Fanprojekte) zusammengeschlossen. Dort sind alle Fanprojekte, die nach dem NKSS arbeiten, unter einem Dach vereint und werden durch gewählte Sprecher*innen vertreten (siehe: Kapitel 11). Überregional gehören sowohl die Jahrestagung der BAG Fanprojekte als auch die Verbundtagungen (Regionalverbundtreffen – RV), die Bundeskonferenz der KOS, Regionalkonferenzen der Fußballverbände sowie themenspezifische Veranstaltungen zu den Terminen im Netzwerk. Diese deutschlandweite Vernetzung ist wichtiger Bestandteil der Arbeit der Fanprojekte. Hier können spezielle Problemlagen, Impulse, Möglichkeiten und Handlungsoptionen der professionellen Fanarbeit vermittelt und besprochen werden. In den regelmäßig stattfindenden Fortbildungsangeboten der KOS und der Landesarbeitsgemeinschaft der Fanprojekte NRW (LAG NRW) werden die in den Fanprojekten Tätigen weiterqualifiziert, etwa im Umgang mit Stadionverboten, als Neueinsteiger*innen in Workshops, für eine geschlechtersensible Arbeit oder Soziale Arbeit mit rechtsorientierten und gewaltbereiten Jugendlichen.

Viele Mitarbeiter*innen engagieren sich außer in den lokalen Strukturen auch bundesweit in unterschiedlichen Arbeitsgruppen (AGs) und Arbeitskreisen (AKs), sowohl innerhalb der BAG Fanprojekte als auch in externen Gremien der Verbände, der Politik u.a. Intern sind das beispielsweise die AG Öffentlichkeitsarbeit (Pressemitteilungen der BAG Fanprojekte verfassen, Homepage- und Facebook-Betreuung, Öffentlichkeitswirksamkeit der BAG Fanprojekte etc.) und der AK Fanfinale (Organisation und Durchführung eines jährlich stattfindenden vereinsübergreifenden Fußballturniers für alle jugendlichen Fans aus den Fanprojekten bundesweit). Extern kann man hier die AG Fankultur oder AK Fanarbeit nennen, in denen die Fanprojekte mit Verbänden, bundesweiten Fanorganisationen und Vereinsvertreter*innen gemeinsam über alle Themen des Fußballs diskutieren und z.T. gemeinsame Papiere, Statements oder Handreichungen veröffentlichen.

Übungsfragen

- Beschreiben Sie, wie eine mögliche Arbeitswoche eines Fanprojekts aussehen könnte.
- Welche grundlegenden Voraussetzungen müssen für die Arbeit der Fanprojekte mit und für die Fans gegeben sein? Begründen Sie.

Literaturempfehlungen

Arnold, P., Kotthaus, J. (Hrsg.) (2022). *Soziale Arbeit im Fußball. Theorie und Praxis sozialpädagogischer Fanprojekte.* Weinheim und Basel: Beltz Juventa.

Koordinationsstelle Fanprojekte bei der Deutschen Sportjugend (2018). *Stimmung ja – (Mit)bestimmung nein? Perspektiven für die Beteiligung jugendlicher Fans im Spannungsfeld von Jugendarbeit, Gewaltprävention und kommerzialisiertem Fußball.* Frankfurt am Main.

7. Fanprojektarbeit und Geschlechterverhältnisse

Die Herstellung geschlechterbezogener Zugänge gehört seit Langem zu den gängigen Aufgaben der Sozialarbeitswissenschaft und der Praxis in den jeweiligen Arbeitsfeldern. Lange haben die Männerzentriertheit des Fußballsports und die darauf bezogenen Diskurse Geschlechterfragen entweder völlig vernachlässigt oder aber in tradierte Denk- und Sprachmuster eingebettet.

In diesem Kapitel sollen die geschlechtersensiblen Arbeitsansätze der Fanprojektarbeit dargestellt werden. Nach einer Bestandsaufnahme wird auf die Mechanismen eingegangen, die *Gender* konstituieren. Dem folgen die Beschreibung typischer Praktiken der Fanprojektarbeit sowie eine Skizze jener Herangehensweisen, die sich gegen Diskriminierung z. B. *queerer* Existenzen und sexualisierte Gewalt richten.

„Geschlecht ordnet Gesellschaft" und weist den Akteur*innen ihre Plätze zu (Meuser 2020, S. 18). Diese Ordnung bringt auch das bestehende Machtverhältnis zwischen den Geschlechtern zum Ausdruck. Menschen orientieren sich an vorgegebenen Rollen, die u. a. das Geschlecht konstruieren und ihnen Eigenschaften zuschreiben (KoFaS 2019, S. 29). Das gilt auch für den Männerfußball und sein Umfeld. Der Fußball und seine Fans sind nach wie vor stark männlich geprägt und werden mit Männern zugeschriebenen Eigenschaften wie Härte, Lautstärke, Kampf und vielem mehr konnotiert. Weiblichkeit wird oft mit Schwäche oder fehlendem Durchsetzungsvermögen verbunden. „Die Fankurven gelten als Ort der traditionellen Männlichkeit, sie weisen – ebenso wie die Gremien der Vereine und Verbände – auch zahlenmäßig eine klare männliche Dominanz auf" (KOS 2020, S. 7). Der männerdominierte Fußball und seine Netzwerke bringen immer wieder Themen und Situationen hervor, die eine Auseinandersetzung mit Geschlecht, Geschlechterrollen und -zuschreibungen erforderlich machen. Legt man den Maßstab der Vielfalt sexueller Orientierungen an, ist der Fußball alt und unzeitgemäß (Meuser 2020, S. 20). Diskriminierung und Ausschluss aufgrund des Geschlechts gehören dort zum Alltag. Die Fanprojekte greifen entsprechende Themen in einer geschlechtersensiblen Sozialarbeit auf und integrieren sie in die sozialpädagogische Fanarbeit. Damit kann diese Form der Sozialarbeit

> „vielen unterschiedlichen Menschen zu Zugang und Teilhabe zu dem immens wichtigen gesellschaftlichen Betätigungsfeld Fußball verhelfen und dadurch demokratiefördernd sowie gewaltpräventiv wirken" (KoFaS 2016, S. 138).

7.1 Fußball und Geschlecht

Fußball hat den Ruf, eine der letzten Männerbastionen zu sein. Hier können Zuschauer „echte Männer" sein und ihrer Männlichkeit freien Lauf lassen. Aber was bedeutet diese echte Männlichkeit? Sind alle männlichen Fans laut, vulgär, hart und kämpferisch? Geschlecht wird sozial konstruiert. Gesellschaftlich dominieren unverändert zwei Geschlechter mit jeweils heterosexueller Orientierung: Mann und Frau, die sich fortpflanzen können (Claus, Gießler u.a. 2016, S. 19f.). Zuschreibungen, wie oben erläutert, werden an das männliche Geschlecht geknüpft und auch im Fußball auf die überwiegend männlichen Fans übertragen. „Der Fußballfan ist eine männliche Erfindung" (Selmer 2004, S. 79), es dominiert eine „starke Orientierung an einer heterosexuellen Männlichkeit" (Meuser 2020, S. 16). Erwartet wird, dass die Jungen und Männer das gesellschaftlich heterosexuell-männlich gezeichnete Bild erfüllen und keine Schwäche zeigen. Viele männliche Fans erwecken den Eindruck, als würden sie diesem Bild gerne gerecht. Sie nutzen das Stadion, um lautstark ihre Mannschaft zu unterstützen, Bier zu trinken und ab und zu über die Stränge zu schlagen, ohne dass ihr Verhalten sanktioniert wird. Gleichzeitig werden alle gesellschaftlich nicht heterosexuell-männlichen Eigenschaften als Schwächen definiert und abgewertet. „Die Männlichkeit des Fußballs funktioniert über die Abgrenzung zu Frauen und Schwulen, die in Sexismus und Schwulenfeindlichkeit mündet" (Sülzle 2005, S. 48). Homosexuelle, transgeschlechtliche bzw. nicht heterosexuelle Orientierungen werden negativ bewertet und abgelehnt. Homosexualität findet keine Akzeptanz (Meuser 2020, S. 20). Der Begriff des Homosexuellen wird teilweise dazu benutzt, um andere Fans oder gegnerische Spieler*innen zu beleidigen und herabzusetzen. Die Angst „vor einer negativen Reputation der Gruppe oder der eigenen Szene spielt eine gewichtige Rolle, wenn es um Abwertung von Homo- und Transsexualität geht" (Claus, Gießler u.a. 2016, S. 96). Was die andere Gruppe oder Einzelne öffentlich abwertet, kann auf die eigene Person oder Gruppe ja nicht zutreffen, so die Wahrnehmung. Dieser Ausschluss und damit die Abwertung von Menschen nicht heterosexueller Orientierung zwingen diese Personen dazu, sich in den Stadien leise und unsichtbar zu machen. „Gering ist derzeit die Sichtbarkeit von nicht heterosexuell oder cisgeschlechtlich[46] lebenden Fans oder Ultras" (Claus, Gießler u.a. 2020, S. 37). Um nicht aufzufallen oder Positionen in Fanszenen, Fankurven oder Gremien aufgeben zu müssen, verstecken LGBTQIA+-Personen

46 „Bei cisgeschlechtlichen Menschen entspricht die Geschlechtsidentität dem Geschlecht, das ihnen bei der Geburt auf Grundlage der gesellschaftlichen Einordnung ihrer Genitalien zugewiesen wird" (KoFaS 2019, S. 80).

ihre Identität[47] und passen sich der allgegenwärtigen, bestimmenden Männlichkeit an.

> „Weibliche, homosexuelle und transgeschlechtliche Fußballfans sind stets genötigt, sich mit einem Kanon auseinanderzusetzen, der normativ festschreibt, was Fansein und Männlichkeit bedeuten" (ebenda, S. 126).

Die normative, gesellschaftlich anerkannte Männlichkeit bestimmt eine genaue Zeichnung von männlichen Fans und schließt alle nicht enthaltenen Eigenschaften aus. „Dem eigenen Verständnis von Männlichkeit liegt die Abgrenzung zu Weiblichkeit ebenso inne wie die Grenzziehung zu anderen Männlichkeiten" (ebenda, S. 70). Auch weibliche Fans sind mit diesem vorherrschenden Männlichkeitsbild konfrontiert und der damit einhergehenden Abwertung ausgesetzt. Nach wie vor gibt es deutlich weniger weibliche als männliche Fußballfans. Mädchen und Frauen in den Stadien und in Fanszenen sind aber kein ganz neues Phänomen. Weibliche Fans gehen schon lange Zeit ins Stadion und unterstützen ihre Mannschaft. Sie sind in den letzten Jahren auch sichtbarer und lauter geworden. Das liegt zum einen an den öffentlichen Diskussionen über Geschlechterfragen und Rollenverteilungen im Fußball und den Fanszenen, Frauenquoten bei Verbänden und vielem mehr. Andererseits haben Frauen heute auch innerhalb der Fankultur neue Rollen und damit Verantwortung für die Fanszenen und in diesen übernommen. Trotzdem ist es als Frau nach wie vor schwieriger, sich in den Stadien und Gremien zu bewegen bzw. eine gleichwertige Position wie Männer zugestanden zu bekommen. Frauen und Mädchen sind auf persönlicher, struktureller und öffentlicher Ebene immer noch mit Ausschlüssen konfrontiert (ebenda, S. 86). Sexismus, Vorurteile und Abwertungen führen immer wieder dazu, dass weibliche Fans diskriminiert und beleidigt werden. „Der Sexismus bekräftigt die männliche Ordnung des Fußballs" (Meuser 2020, S. 19). Frauen werden fantypische Verhaltensweisen wie lautes Brüllen, Aggressivität oder Härte und das „echte" Fansein nicht zugestanden. Dabei nutzen auch Frauen, ebenso wie Männer, das Stadion und den Fußball, um von Geschlechterbildern bewusst „abzuweichen" (Fritzsche 2010, S. 237). Sie bekommen hier Freiräume, die an anderen Stellen nicht vorstellbar sind, werden aber gleichzeitig mit strikten Grenzen konfrontiert (Selmer, Sülzle 2007, S. 148). „Du bist doch nur wegen der hübschen Männer hier!" – „Frauen gehen shoppen, Männer derweil ins Stadion." Solche und andere Schmähungen müssen Frauen in den Stadien und im Fußball-

47 Die Abkürzung steht für Lesbian, Gay, Bisexual, Transsexual/Transgender, Queer, Intersexual und Asexual.

umfeld immer wieder über sich ergehen lassen. Ihnen werden fast ausschließlich Rollen wie die des „Groupies" oder „der Freundin von" zugeschrieben und haben damit kaum die Möglichkeit, sich aus diesen Rollenmodellen schnell zu befreien. Frauen „werden nicht nur als Fan, sondern vor allem auch ständig körperlich als anderes Geschlecht wahrgenommen" (Claus, Gießler u.a. 2020, S. 32). Eigenes Interesse am Fußball und an Fankultur wird ihnen meist abgesprochen. Ein weitgehender Ausschluss der weiblichen Fans findet auch über Sprache, Sprüche, Fangesänge oder die Ausdrucksweise von Trainern und Spielern statt (Iffland 2022, S. 9).

Kommen Männer oder Jungs erstmals ins Stadion, werden sie in den Kurven ebenfalls mit Vorsicht und Skepsis wahrgenommen. Ihnen werden aber nicht grundsätzlich mangelndes Interesse oder fehlende Kompetenz unterstellt und sie bekommen relativ zügig einen Platz. Dagegen müssen Frauen neben einem fundierten Fußballwissen zusätzlich unter Beweis stellen, dass sie wegen der Mannschaft, dem Spiel und den Fans da sind und nicht, weil sie auf „Männerfang" sind. „Die Etablierung als eigenständige Persönlichkeit im Fansektor verläuft in diesen Biografien oft langwieriger als bei Männern" (Thaler 2013, S. 97). Weibliche Fans begegnen diesen Ausschlusskriterien und Diskriminierungen mit verschiedenen Verhaltensweisen: Ignorieren, sich anpassen, Ironisieren, Herausfordern oder Bekämpfen (Selmer, Sülzle 2007, S. 157). Manche Frauen wehren sich gegen die Zuschreibungen und Diskriminierungen und machen darauf aufmerksam. Sie kämpfen offen für ihr gutes Recht, Teil der Kurve zu sein, ohne sich verstellen zu müssen. Andere weibliche Fans ignorieren Sexismus, um Teil der männlichen Fanszene zu sein und ihre Position nicht zu verlieren. „In diesem Sinne leisten die anwesenden Frauen ihren eigenen Anteil zur Reproduktion einer Männerdomäne" (Fritzsche 2010, S. 237). Wiederum andere begegnen Sexismus mit Ironie und Humor.

Aktive weibliche Fußballfans und Ultras sind in bestehenden Gruppen integriert oder haben eigene Gruppen gegründet, sie stellen einen Teil der Fankurve dar. „Positive Gemeinschaftserlebnisse, bei denen der Fußball im Mittelpunkt steht und Geschlechterdifferenzen einebnet, funktionieren in der Regel allerdings nur, nachdem die Hürde des Frau-Seins überwunden und der Status geklärt ist" (Selmer 2004, S. 57). Der Weg ist lang und besteht aus einem oftmals dauerhaften Aushandlungsprozess. Haben Frauen in der Fanszene einen Platz gefunden, müssen sie sich trotzdem immer wieder beweisen oder sehen sich mit Ausschlüssen aus räumlichen oder symbolischen Bereichen konfrontiert. Sie gelten als zu schwach für körperliche Konflikte, sind angeblich Anlass für gruppeninterne Beziehungsstreitigkeiten – ihnen wird gesagt, sie dürften das nicht und dürften jenes nicht. Das führt dazu, dass sie bei einigen Aktivitäten der Gruppe nicht mitmachen können, während ihnen gleichzeitig vorgeworfen wird, dass sie oftmals nicht dabei sind. „Diese Ausschlussmechanismen enden also stets in einer Art self-fulfilling-prophecy“ (Thaler 2013, S. 102 f.).

7.2 Anforderungen an eine geschlechtersensible Arbeit in Fanprojekten

> „Welchem Geschlecht sich [aber] jemand zuordnet, muss nicht zwangsläufig kongruent sein mit dem zugewiesenen biologischen Geschlecht oder der sozialen Geschlechterrolle, die daran geknüpft ist. Geschlechtervielfalt geht somit weit über die reine Frage, wie viele Männer* und/oder Frauen* Teil einer Szene sind, hinaus“ (KoFaS 2019, S. 32).

Die gängigen Zuschreibungen an Geschlecht und deren Auswirkungen auf jugendliche und junge erwachsene Fans machen eine geschlechtersensible Arbeit der Fanprojekte notwendig. In der Auseinandersetzung mit Geschlechterrollen und -stereotypen werden „Jugendliche vom Druck gesellschaftlicher Anforderungen und Normierungsstrukturen entlastet, und der Abbau von Diskriminierung vorangetrieben“ (Claus, Gießler u. a. 2016, S. 107). Die Fanprojekte können somit Vielfalt und Toleranz unter den Fans durch Prävention, Früherkennung und Intervention positiv verstärken und begleiten (KoFaS 2019, S. 36).

Das Fußballstadion und alles, was räumlich damit zusammenhängt, bilden auch den Ort, an dem Diskriminierung aufgrund des Geschlechts oder der sexuellen Orientierung stattfindet und es zu sexualisierter Gewalt kommt. Was ist Homophobie? Wann kann von Sexismus gesprochen werden? Wer entscheidet, wann eine Handlung oder verbale Äußerung diskriminierend ist, und wie kann man sich und andere schützen? Mit diesen und vielen weiteren Fragen beschäftigen sich Akteur*innen u. a. aus Fanvertretung, Fanprojekten, Wissenschaft und Verbänden. In Vorträgen, Workshops, auf Fachtagungen und anderen Veranstaltungen werden diese Fragen und Themen aufgegriffen und mit den Teilnehmenden diskutiert. Beispiele, Erfahrungsberichte und Handlungsmöglichkeiten werden vorgestellt und ausgetauscht. Sozialarbeiter*innen erhalten Fortbildungen und Schulungen, um Methoden und Ideen für die Aufklärung und Arbeit mit den virulenten Themen an ihren Standorten nutzen zu können.

Fanprojektmitarbeiter*innen sind immer darauf angewiesen, die bestehenden Konzepte, Informationen und Anforderungen an ihre lokale Situation anzupassen und entsprechend umzusetzen, denn für „die Gestaltung konkreter Angebote muss stets die Entwicklung der Fanszene betrachtet werden“ (Iffland 2022, S. 87). Diese hohe Sensibilität im Umgang mit Diskriminierung und sexualisierter Gewalt am jeweiligen Standort in das eigene Vorgehen einzubinden, ist eine enorme

Herausforderung. Die Fanarbeit muss das Thema so platzieren, dass es die Fans erreicht, interessiert und sie zudem animiert, sich weiter damit auseinanderzusetzen. Voraussetzungen dafür sind Wissen über die lokale Fanszene und ein gegenseitiges Vertrauensverhältnis. Die Fanprojektmitarbeiter*innen sollten immer eine klare Haltung gegen jegliche Form von Diskriminierung und sexualisierter Gewalt einnehmen. Aber wann und wie sie auf die Fans zugehen können, hängt auch von den Rahmenbedingungen am Standort ab. Wird die Abwertung von marginalisierten Lebensformen thematisiert, steht die Fanarbeit „vor der Herausforderung, mit diesen Ausschlussmechanismen umzugehen, ohne den Bezug zu der Klientel zu verlieren“ (Claus, Gießler u. a. 2016, S. 111).

Für eine authentische geschlechtersensible Arbeit mit den Fans müssen die Mitarbeiter*innen der Fanprojekte ihre eigene Haltung und Rolle zu Geschlechterbildern sowie die eigene Geschlechtszugehörigkeit reflektieren und diskutieren, um „normative Geschlechtervorstellungen und Konstruktionen“ zu bearbeiten (ebenda, S. 107). Dabei geht es nicht nur um die Adressat*innen, sondern gleichfalls um die Fanprojekte und ihre Teams. Wie vielfältig sind diese besetzt, welche Aufgabenverteilung haben sie? Welche Angebote übernimmt wer und sind diese Angebote unabhängig vom Geschlecht des/der Mitarbeiter*in? Auch Mitarbeiter*innen von Fanprojekten machen an Spieltagen, im Netzwerk oder bei Veranstaltungen Erfahrungen mit Diskriminierung. Diese Situationen können im Team oder in einer kollegialen Beratung über den Standort hinaus reflektiert und aufgearbeitet werden. Auf diesen Wegen werden Erfahrungen ausgetauscht, Strategien im persönlichen Umgang und Fachwissen weitergegeben. Offenheit und Vertrauen stärken das Netzwerk und Kolleg*innen im Umgang mit belastenden Situationen. Die Kompetenzgruppe Fankulturen & Sport bezogene Soziale Arbeit (KoFaS) hat in einer Expertise zu *Geschlechterverhältnissen in Fußballfanszenen* beschrieben, wie Männlichkeiten, Weiblichkeiten sowie Homo- und Transfeindlichkeit in den Fanszenen auftreten. Eine weitere Veröffentlichung stellte 2019 unter dem Titel *Alles männlich? – Praxistipps für eine geschlechterreflektierende Fanarbeit* Methoden für eine eben solche vor. Die Auseinandersetzung mit Geschlechtern, Rollen, Zuschreibungen, Stereotypen und Vorurteilen findet u. a. in der Fortbildungsreihe der KoFaS „Kicks für alle – Fußball. Fanszenen. Geschlechtervielfalt.“ statt (KOS 2020, S. 43). In mehreren gemeinsamen Workshop-Phasen tauschen sich Fanprojektmitarbeiter*innen über geschlechtersensible Arbeit und ihre Erfahrungen damit aus. Mittels einer *Checkliste zu Geschlecht und Sexualität in der Fanarbeit* werden die Sozialarbeiter*innen auf drei verschiedenen Ebenen durch gezielte Aussagen auf geschlechterreflektierende Ansätze in der eigenen Arbeit aufmerksam gemacht. Dabei handelt es sich um Aussagen zur persönlichen Haltung, zu der Arbeit im Team und den Angeboten des Fanprojekts, wie „Ich habe mich in den vergangenen drei

Jahren mit Sexismus, Homo- und Transfeindlichkeit auseinandergesetzt", denen zugestimmt wird oder nicht (KoFaS 2019, S. 14). Die Fortbildungsreihe sensibilisiert für geschlechterreflektierende Arbeit in Fanprojekten, die Teilnehmenden entwickeln zudem bestehende Methoden weiter (KOS 2020, S. 45). Die Fanprojektmitarbeiter*innen können diese Ansätze und Werkzeuge nachfolgend an ihre Standorte anpassen und dort anwenden. Die Ergebnisse der Workshops werden festgehalten und für weiterführende Fort- und Ausbildungen der professionellen Fanarbeit genutzt. Diese themenbezogene Vernetzung geht auch über die Fanprojekte hinaus. Der Austausch und die gemeinsame Arbeit zu Geschlecht, gegen Sexismus und anderweitige Diskriminierung findet z. B. in Zusammenschlüssen wie F_in (Frauen im Netzwerk Fußball)[48] oder über Arbeitskreise weiblicher Mitarbeiterinnen der professionellen Fanarbeit statt (Hagel, Schrey 2022, S. 108).

Die Fanszenen und -gruppen grenzen sich über bestimmte Merkmale nach außen ab. Das geschieht auch über die Haltung zu nicht heterosexuellen oder cisgeschlechtlichen Lebensweisen und Modellen. Durch dieses Selbstverständnis und den eingeschränkten Zugang zur Gruppe entstehen „Wir"-Gefühle. „Die Anderen" werden ausgegrenzt und diskriminiert (KoFaS 2019, S. 24):

> „Fangruppen entscheiden sich gegen weibliche Mitglieder und begründen das mit dem ‚Störfaktor-Fan'. Frauen wird in diesem Zusammenhang unterstellt, sie seien nicht wehrhaft genug und würden die Gruppendynamik durcheinanderbringen" (Hagel, Schrey 2022, S. 104).

Fanprojekte können die Frage, wer diese Anderen sind und warum sie nicht zur Gruppe gehören können, aufgreifen und mit den Fans thematisieren. Fanszenen experimentieren, und das auch beim „Spielen mit und dem Testen von Geschlechternormen" (KoFaS 2019, S. 25). Die Reflexion der Situationen, in denen dieses Austesten stattfindet, kann Gelegenheiten bieten, die Auseinandersetzung mit Geschlecht und Geschlechternormen anzuregen. Dadurch entstehen „neue Räume für vielfältige Identitäten [...], vielfältige Geschlechterperformances und Teilhabe an Ressourcen" (Claus, Gießler u. a. 2022, S. 128). Fanprojekte beobachten die Fans und ihre Entwicklung. Sie nehmen Veränderungen wahr, die sie in einem vertrauten Rahmen ansprechen können. Damit zeigen sie ehrliches Interesse an den Fans und haben die Möglichkeit, die Adressat*innen auch bei intimen Themen – wie der Haltung zu Geschlecht und Sexualität – positiv zu begleiten. Das kann nur geschehen, wenn ein ausgeprägtes Vertrauensverhältnis zwischen Fans und Fanprojekt existiert und gelebt wird. Dieses Vertrauen macht

48 Vernetzung von Frauen aus Fanszenen, Wissenschaft, Fanarbeit u. v. m. aus dem In- und Ausland seit 2004.

es möglich, in Gesprächen in kleiner Runde auch heikle Themen anzusprechen und beispielsweise über Gefühle zu reden. Ob beim Essen, an der Theke, bei der Pause auf der Raststätte, überall können sich für die Fanprojektler*innen spontan Möglichkeiten ergeben, in Vier-Augen-Gesprächen mit den Fans auf Probleme, Unsicherheiten oder Ängste in Bezug auf Sexualität und Vielfalt einzugehen. Sozialarbeiter*innen sollten die sozialen Konventionen der Gruppe und die Wünsche der Fans respektieren und Äußerungen anhören, ohne sofort eine Wertung vorzunehmen. Ein Fan erzählt beispielsweise in einer ruhigen, vertrauten Situation, dass er homosexuell ist: Das dürfe aber niemand aus seiner Gruppe wissen, er werde ausgeschlossen, weil dies in der Gruppe nicht akzeptiert sei. Da er dazugehören wolle, unterdrücke er im Fußballkontext einen Teil seiner Identität. Er fühle sich damit nicht immer wohl, wolle es jedoch weiterhin so praktizieren. An dieser Stelle sollten die Fanprojektler*innen die Wünsche des Fans akzeptieren, ihn weiter begleiten und bei entsprechenden Möglichkeiten stärken. Um derart herausfordernde und bedrückende Situationen für Fans zu reduzieren bzw. Offenheit im Umgang mit Geschlecht und sexueller Orientierung zu ermöglichen, gilt es, den normativen Druck zu nehmen und einen sicheren Ort für die Fans zu schaffen.

Mitarbeiter*innen machen mit deutlichen Reaktionen auf diskriminierende Äußerungen oder Situationen stets klar, dass sie eine entschiedene Haltung gegen Diskriminierung einnehmen, diese in ihren Räumlichkeiten nicht dulden und bei entsprechenden Problemen auch Ansprechpartner*innen für Fans sein können. Das gibt den Besucher*innen des Fanprojekts mehr Sicherheit.

In ihren Räumlichkeiten können Fanprojekte Veranstaltungen anbieten, die sich mit Geschlecht, Sexualität, Rollen und Normen befassen. Sensible Themen können damit allgemein und für alle offen angesprochen werden, ohne dass sich jemand gezwungen fühlt, Stellung zu beziehen oder einen Beitrag zu leisten. Das offene und niederschwellige Angebot macht es möglich, bei Bedarf Unterstützung zu finden. Hierfür ist eine Vernetzung mit lokalen Beratungs- und Fachstellen hilfreich. Expert*innen können vorgestellt und in Veranstaltungen einbezogen werden. Aufklärung, Prävention, Kontakte und weitere Unterstützungsmöglichkeiten stehen hier im Vordergrund. Durch Externalisierung „wird eine nötige Distanz geschaffen, die es möglich macht, sich personenunabhängig diesem vielleicht schwierigen Thema anzunähern“ (Claus, Gießler u. a. 2022, S. 132 f.).

Antisexistische Jungenarbeit ist, im Gegensatz zur Mädchenarbeit, in den Konzepten und der Praxis der Fanarbeit noch nicht so stark ausgeprägt. In weiterführenden Fortbildungen, etwa von der KofaS, werden Methoden und Ideen zur Implementierung der Mädchen- und Jungenarbeit in der Fanarbeit vorgestellt und mit den Praktiker*innen besprochen. Hier geht es u. a. darum, allen

Fans Zeiten und Möglichkeiten zu geben, sich sowohl gemeinsam als auch in getrennten Räumen zu treffen, kreativ zu sein, Angebote wahrzunehmen, Fan zu sein. Dabei gilt stets das Prinzip: „Weibliche und männliche Fans sind gleichgestellt und gleichberechtigt" (NKSS 2012, S. 8). Die Soziale Arbeit begleitet den Prozess der Selbstfindung der jugendlichen Fans in ihrer sexuellen Orientierung, stellt Normen infrage und regt die individuelle und gemeinsame Auseinandersetzung damit an (Claus, Gießler u. a. 2016, S. 111). Die Angebote für Männer/Jungs oder Frauen/Mädchen müssen sich dabei nicht wesentlich in den Inhalten und Formen der Freizeitgestaltung unterscheiden. Aber es soll die Möglichkeit geschaffen werden, Personen gleichen Geschlechts/sexueller Orientierung sowie mit ähnlichen Anliegen oder Wünschen in einem geschützten Rahmen zu begegnen und sich mit ihnen dort auszutauschen. Die Fansozialarbeiter*innen geben den Fans durch geschlechtsspezifische Angebote – sei es beim Fußball, Tischtennis, Filmschauen, bei Ausflügen oder gemeinsamen Auswärtsfahrten – die Möglichkeit gemeinsamen Erlebens, wodurch Beziehungen hergestellt werden können. Sind diese Verbindungen geschaffen, bietet das den Fans Anknüpfungspunkte, sich gegenseitig zu unterstützen, zu stärken und in schwierigen, diskriminierenden oder bedrohlichen Situationen füreinander da zu sein. Fans können voneinander lernen (Claus, Gießler u. a. 2022, S. 116).

Die Thematisierung von sensiblen Bereichen wie Schwangerschaft, Verhütung oder Geschlechtskrankheiten und die Aufklärung darüber kann im vertrauten Rahmen der Fanprojekte stattfinden. Es gibt spezifische Themen, Probleme und auch Fragen von männlichen, weiblichen, homo- oder transsexuellen Fans, die einen eigenen, geschützten und vertrauensvollen Rahmen benötigen. Diese Räume können in gemeinsamen oder geschlechtsspezifischen Angeboten geschaffen werden, in denen Fanprojektmitarbeiter*innen die Möglichkeit haben, Geschlechterfragen, sexuelle Diskriminierung oder sexualisierte Gewalt zu thematisieren. Was ist Männlichkeit, was ist Weiblichkeit? Gibt es mehr als das? Was ist dann Fansein? Warum verhalten sich Personen irgendwie „typisch", und was bedeutet das überhaupt? Vorurteilsbehaftete Deutungen wie „Fußball ist und bleibt männlich", „Alle männlichen Fußballfans sehen Frauen in der Kurve nur als Freiwild" oder „Frauen können keine echten Fans sein, dafür sind sie zu weiblich" können bearbeitet und aufgelöst werden. Wichtig ist bei diesen Angeboten, dass sie nicht zu exklusiv sind, sonst können sie separierend wirken. Mädchenspezifische Angebote separieren, indem sie das weibliche Geschlecht in den Vordergrund stellen, was den Fans manchmal als zu feministisch erscheint, da es um das Fansein, nicht um das Frausein gehen soll (Selmer, Sülzle 2010, S. 158). Fanprojekte entscheiden hier nach den Bedarfen und Wünschen der Adressat*innen. Fans, egal welchen Geschlechts oder welcher sexuellen Orientierung, sollen sich gemeinsam im Stadion und außerhalb von diesem begegnen und respektieren. Angebote der Fanprojekte stehen für diese Vielfalt und Offenheit und bringen die Fans zusammen. Die Haltung der Fanprojekte und ihrer Mitarbeiter*innen „dient als Vorbild, Orientierung und Instrument in der alltäglichen Arbeit“ (Claus, Gießler u. a. 2016, S. 110). Antizipative Strukturen und eine auf Geschlechterfragen ausgerichtete Sensibilität fördern die Entwicklung geschlechtersensibler Angebote.

7.3 Arbeit gegen sexuelle Diskriminierung und sexualisierte Gewalt

Fanprojekte engagieren sich seit Beginn ihres Bestehens in allgemeiner Form gegen Diskriminierung und Gewalt. Mit unterschiedlichen Projekten und Angeboten machen sie in ihrer Arbeit mit den Fans und im Netzwerk auf unterschiedliche Formen von Diskriminierung aufmerksam, klären auf und leisten Präventionsarbeit. Die spezielle Arbeit gegen sexuelle Diskriminierung und sexualisierte Gewalt ist in den letzten Jahren bundesweit in den Fokus der Antidiskriminierungsarbeit gerückt und hat auch in die Fanprojektarbeit Eingang gefunden:

> „Sexualisierte Gewalt – von Grenzverletzungen über Belästigungen bis hin zum sexuellen Missbrauch – ist ein gesamtgesellschaftliches Problem. Damit ist der Männerfußball herausgefordert, sich mit diesem Thema zu befassen und präventiv sowie situativ handlungsfähig zu sein“ (Netzwerk gegen Sexismus und sexualisierte Gewalt 2019, S. 3).

Inhaltlich haben sich in den letzten Jahren verschiedene Netzwerke und Institutionen mit sexueller Diskriminierung und sexualisierter Gewalt auseinandergesetzt. Ein wichtiger Meilenstein war die Veröffentlichung des *Handlungskonzept(s) gegen sexualisierte Gewalt im Zuschauer*innensport Fußball* (www.fussball-gegen-sexismus.de, Zugriff am 8.4.2022). Es stellt eine „dynamische Vorlage dar, die aufgrund von Erfahrungswerten sowohl an einzelnen Standorten als auch bundesweit stetig weiterentwickelt […] wird“ (Netzwerk gegen Sexismus und sexualisierte Gewalt 2019, S. 4). Im Netzwerk gegen Sexismus und sexualisierte Gewalt haben sich Fans, Fanarbeit und Wissenschaft zusammengefunden und entwickeln, ausgehend von unterschiedlichen Konzepten, Projektvorstellungen, Vernetzungen und Veranstaltungen, eine Struktur, die den Themen Sexismus und sexualisierte Gewalt Raum gibt, außerdem diesbezügliche Möglichkeiten zum Austausch und eine kritische Öffentlichkeit. Die Beziehungen der Fanprojekte zu Verbänden, Politik und Sicherheitsakteuren werden genutzt, um das Thema zu platzieren und in Ordner*innen-Schulungen, Awareness-Konzepten oder anderen Fortbildungen für Akteure im Fußball zu verankern. Die dadurch geschaffene Aufmerksamkeit führt zu mehr Sensibilität und Aufklärung. Nur durch Vernetzung und Zusammenarbeit können Sexismus und sexualisierte Gewalt auch in der Fanszene und den Strukturen im Fußball wahrnehmbar und diskursfähig werden. Die Fanprojekte engagieren sich neben den anderen Teilnehmer*innen als Expert*innen, indem sie ihr lokales und bundesweites Netzwerk für die Veröffentlichung und Verbreitung der Materialien sowie von Erfahrungswerten zur Verfügung stellen. Gleichzeitig können die Ergebnisse und Workshops auch für die Fortbildung im eigenen Fanprojektnetzwerk eingesetzt werden. „Diese Zusammenschlüsse sowie Initiativen von nicht organisierten Fans müssen weiterhin unterstützt werden […]“ (Iffland 2022, S. 100).

Übungsfragen

- Auf was müssen Fanprojektmitarbeiter*innen im Umgang mit Sexismus, Homophobie und anderen Diskriminierungsformen besonders achten?
- Wie können Fanprojekte eine Auseinandersetzung mit Geschlechternormen und -vorstellungen innerhalb der Fanszenen anregen?

Literaturempfehlungen

KoFaS (Hrsg.) (2016). *Geschlechterverhältnisse in Fußballfanszenen.* Hannover: Eigenverlag der KoFaS.

Netzwerk gegen Sexismus und sexualisierte Gewalt im Fußball (Hrsg.) (2019). *Handlungskonzept gegen sexualisierte Gewalt im Zuschauer*innensport Fußball.* Freiburg: Eigenverlag des Netzwerks gegen Sexismus und sexualisierte Gewalt im Fußball.

8. Ausgewählte Themen der Fanprojektarbeit

In diesem Kapitel werden weitere praxisrelevante Themen näher betrachtet und detailliert beschrieben. Hierzu gehören politische Bildungsarbeit, Ansätze und Hemmnisse der Rechtsbesorgung und die Arbeit auf internationalem Terrain. Zu Letzterem hat Michael Gabriel dankenswerterweise eine Zuarbeit geleistet. Die Diversität der ausgewählten Themen macht deutlich, wie breit gefächert die Angebote und Arbeitsinhalte der Fanprojekte sind. Die hier beschriebenen Schwerpunkte sind in ihrer Bedeutung nicht gewichtet. Ihre Umsetzung vollzieht sich an den jeweiligen Standorten entsprechend den aktuellen Schwerpunktsetzungen, die sich immer an den Rahmenbedingungen, den Interessen der Adressat*innen und inhaltlichen Themensetzungen der örtlichen Fanprojekte orientieren.

8.1 Politische Bildung und Demokratiebildung

8.1.1 Politische Bildung als Auftrag und Bestandteil der Jugendhilfe

Jugendliche haben ein Recht auf demokratische Partizipation und Teilhabe. Politische Bildung ist im *16. Kinder- und Jugendbericht* als Auftrag an die Jugendarbeit und die Jugendsozialarbeit formuliert. Gesellschaftliche Entwicklungen wie eine zunehmende Spaltung der Gesellschaft, Desinteresse an demokratischen Willensbildungsprozessen oder eine Offenheit für rechte Ideologien wirken sich auf die Soziale Arbeit und ihre Adressat*innen aus. Öffentliche Diskurse über marginalisierte Gruppen – und unter diesen auch über Fußballfans – verstärken Ungleichwertigkeit. Die Soziale Arbeit ist somit per se politische Arbeit, weil sie sich entsprechend ihrem Professionsverständnis gegen Ungleichwertigkeit positioniert (DBSH 2014). Soziale Arbeit als Menschenrechtsprofession steht für Menschenrechte, eine pluralistische Gesellschaft und den Erhalt und die Weiterentwicklung von Demokratie.

8.1.2 Maßnahmen der Fanprojekte

Der politische Bildungsauftrag an die Fanprojektarbeit ist anspruchsvoll. Fanprojekte sollen demokratieförderndes Verhalten stärken, Radikalisierung entgegenwirken und die Selbstbildung von Jugendlichen anregen. Fanprojekte setzen diesen Auftrag vielfältig um. Konkrete politische Bildungsarbeit findet in gemeinsam mit Fans und Jugendlichen gestalteten Projekten statt, ebenso in kulturpolitischen Angeboten für die Adressat*innen wie Lesungen und Filmvorführungen. Historisch-politische Bildung ist ein zentrales Moment der Fanprojektarbeit. Über Biografiearbeit von Spieler*innen und Vereinsfunktionär*innen werden Positionierungen der Clubs in beiden deutschen Diktaturen bearbeitet. Verknüpft mit Stadtgeschichte bieten sich emotionale und regionale Bezugspunkte, über die außerschulische Bildung gelingen kann. Die Beschäftigung mit diesen Themen erleichtert den jugendlichen Fans ihre Identifikation mit den Clubs. Besondere Aufmerksamkeit erfahren Angebote für Jugendliche, die Fußballspiele mit Gedenkstättenfahrten verbinden und so junge Menschen in ihrer Lebenswelt abholen (siehe hierzu: Exkurs 6 in Kapitel 6). Die Erinnerungsarbeit bietet weitere Ansätze für pädagogische oder kulturelle Auseinandersetzungen, die auch über die Zeit des Nationalsozialismus hinausreichen, so etwa im Kontext interkultureller oder internationaler Jugendbegegnungen. Über die gemeinsame Lebenswelt Fußball können hier ein Austausch und Verständnis für die Lebenssituation des jeweils anderen geschaffen werden.

Gemeinsam mit lokalen Faninitiativen haben Fanprojekte mehrmals den Julius-Hirsch-Preis[49] für ihr Engagement für Vielfalt, gegen Diskriminierung, Antisemitismus und Rassismus erhalten. Politische Bildung findet aber auch über Angebote wie Fußballturniere mit menschenrechtsorientierten Mottos und gemeinsam ausgehandelten Regeln statt. Die Bereitschaft der Fans, sich gegen Rechtsextremismus und gruppenbezogene Menschenfeindlichkeit zu engagieren, ist an einen respektvollen Umgang mit ihren fankulturellen Kernbedürfnissen gekoppelt. Als besonderes Lernfeld für demokratische Prozesse begleiten Fanprojekte Dialog- und Beteiligungsformate mit den Clubs und ihren originären demokratischen Vereinsstrukturen. Fanprojekte unterstützen aktiv den hohen Organisationsgrad von Fans, ausgehend von der lokalen Ebene bis auf die Bundesebene. Es gibt die Fan- und Förderabteilungen der Vereine, die unabhängig organisierten Fanclubs, die Ultraszenen sowie eine große Vielfalt themenspezifischer Fanzusammenschlüsse. Mit Blick auf die Interessenlagen der Fans ist es wenig überraschend, dass Themen, die den Fans Teilhabe und Mitbestimmung ermöglichen, einen wichtigen Impuls für ihr Engagement darstellen. Über die Beratung, Begleitung und Reflexion eigenen Verhaltens im Verhältnis zu den

49 Der DFB zeichnet seit 2005 mit der Stiftung des Julius-Hirsch-Preises Akteur*innen aus dem Fußball aus, die sich für Vielfalt, gegen Diskriminierung, Antisemitismus und Rassismus einsetzten. Preisträger*innen waren u. a. das Fanprojekt Bochum 2018, der Fanladen St. Pauli 2016 und das Fanprojekt Halle 2015.

Praktiken der von Erwachsenen gelenkten Institutionen des Fußballs werden Gerechtigkeitsprinzipien eines demokratischen Staats wahrgenommen und gelernt. Die gesellschaftliche Mitte stärken, progressive Fankultur fördern und Fans als zivilgesellschaftliche Akteur*innen zu unterstützen, sind Aufgaben der politischen Bildung der Fanprojekte. Die Themenpalette hat sich während der letzten zehn Jahre deutlich erweitert. Es geht nicht mehr „nur" darum, Rassismus zu bekämpfen, sondern auch darum, Themen wie Frauenfeindlichkeit, Homophobie oder Antisemitismus an die Fankurven zu adressieren. Insbesondere unter den Bedingungen der Covid-19-Pandemie ist die Bearbeitung und der Umgang mit Verschwörungsideologien zu einem der aktuellen Schwerpunkte der politischen Bildungsarbeit in Fanprojekten geworden (KOS 2020a).

8.1.3 Die Bedeutung von Kooperationen

Die Zusammenarbeit mit Fans und lokalen Faninitiativen ist zentraler Bestandteil der Arbeit von Fanprojekten. Kooperationen mit den Clubs und Vereinen sind ebenso bedeutsam. Sie vollziehen sich auf verschiedenen Ebenen. Vereins- oder Fanmuseen bieten einerseits historisches Material und andererseits Raum für progressive Aneignung durch die Fans. Aktionen wie die Internationalen Wochen gegen Rassismus und die Initiative !Nie wieder, in deren Rahmen jährlich am 27. Januar der Opfer des Holocaust gedacht wird, sind zu wichtigen Bestandteilen der Arbeit geworden und haben die Kooperation zwischen dem Fußball und anderen Akteuren der Zivilgesellschaft intensiviert.

Unter den Bedingungen der Pandemie ist deutlich geworden, wie sehr sich Fanszenen als Akteure in der Zivilgesellschaft verstehen und in die Stadtgesellschaften wirken. In dieser Zeit war ihnen teilweise der Stadionbesuch verwehrt oder sie verweigerten ihn aus freien Stücken, weil sie die Rahmenbedingungen – Maskenpflicht, reduzierte Kontingente, keine Stehplätze – ablehnten. Gleichzeitig haben Fans, oftmals logistisch und organisatorisch unterstützt von den Fanprojekten, diejenigen in der Gesellschaft gestützt, die auf Hilfe angewiesen waren. Einkaufshilfen für Ältere wurden organisiert oder Wohnungslose mit Essen und anderen wichtigen Dingen versorgt (KOS 2020a). Auch während des russischen Invasionskriegs in der Ukraine waren Fans und Fanprojekte gemeinsam aktiv.

8.1.4 Grenzen und Reichweiten politischer Bildung

Politischer Bildung und Demokratiebildung in Fanszenen sind aber auch Grenzen gesetzt. Der Fußball weist unverändert ein System patriarchaler Strukturen auf. Noch immer gibt es Gespräche in Hinterzimmern, die dem Machterhalt nutzen. Insbesondere Ultragruppen eignen sich diese Machtmechanismen an, um ihre Interessen durchzusetzen. Demokratische Prozesse werden damit umgangen und führen zu Ausschlüssen und Elitenbildungen. Vereine sind hier in der Pflicht, nach demokratischen Werten zu handeln und entsprechende Beteiligungsformate in den Clubs zu stärken. Die Herausbildung klarer Haltungen der Vereine und Verbände muss über entsprechende Qualifizierungen der Funktionär*innen gestärkt werden.

Fanszenen sind bis heute Zielgruppen rechtsextremer Einflussnahme. Insbesondere tradierte Männlichkeitsvorstellungen laden ein, dort Akquise zu betreiben, wie dies die NPD[50] in den 1990er Jahren in den Fankurven praktiziert hat. Die männlich dominierte Szene- und die Gruppenorientierung von Fans bieten Anknüpfungspunkte für rechte Einflussnahmen. Während Ultragruppen sich derzeit vielfach demokratisch bis progressiv positionieren, sind die alten Eliten aus dem Umfeld der Hools nach wie vor aktiv und pflegen ihre Verbindungen in rechte Milieus sowie die Kampfsport- und Rockerszene. Die angesprochenen Machtmechanismen, die sich auch einige Ultragruppen angeeignet haben, fördern hegemoniale Strukturen und können dadurch wiederum Anknüpfungspunkte zum organisierten Rechtsextremismus sein. Standorte sowohl im Westen und Osten der Republik sehen sich derzeit massiven Einschüchterungsversuchen von Rechtsextremen ausgesetzt, die mittels Gewalt und Bedrohungen versuchen, demokratische Positionierungen zu unterbinden und Gruppen zu verdrängen. Wenn Vereine, Zivilgesellschaft, Fanszenen und Fanprojekte stark unter Druck geraten, muss es Aufgabe der demokratischen Exekutive sein, repressive Formen rechtsextremer Einflussnahme und Machtausübung mit rechtsstaatlichen Mitteln zu unterbinden.

50 Nationaldemokratische Partei Deutschlands.

8.2 Sozialarbeiter*innen in Fanprojekten und Rechtsbesorgung: Ansätze und Hemmnisse

8.2.1 Vertrauensschutz und fehlendes Zeugnisverweigerungsrecht

Soziale Arbeit mit Fußballfans ist, wie im Kapitel 4 dargelegt, richtigerweise dem Geltungsbereich der Jugendhilfe zugeordnet. § 65 SGB VIII begründet einen besonderen Vertrauensschutz in der persönlichen und erzieherischen Hilfe, formuliert einen besonderen Schutz von Sozialdaten und schränkt die Weitergabe der Daten unter Verweis auf § 203 Abs. 1 und Abs. 4 StGB[51] weitgehend ein. Mit dieser Regelung unterstreicht der Gesetzgeber die fachlich-methodische Notwendigkeit einer besonderen vertrauensvollen Personalbeziehung zwischen Fachkräften und Ratsuchenden.

Für Sozialdaten, die von Fachpersonal dienstlich erhoben wurden, gilt nach § 64 SGB VIII, dass sie ohnehin nur für den Zweck übermittelt werden dürfen, für den sie erhoben worden sind.

Entgegen der üblichen Praxis muss in solchen Fällen die Anfrage über die Datenschutzbeauftragten der Polizei erfolgen, die vorab dazu verpflichtet sind, die Angemessenheit der Anfrage zu überprüfen. Auskunftsberechtigt ist alleine der Leiter oder die Leiterin der angefragten Stelle (Schruth, Simon 2020, S. 53).

Eine Übermittlung von Sozialdaten an die Strafverfolgungsbehörden ist nach § 69 SGB X i. V. m. § 50 Abs. 3 SGB VIII dem Jugendamt nur dann möglich, wenn es nach fachlicher Erwägung zu dem Ergebnis kommt, dass die Einleitung eines Strafverfahrens dem Wohl des Jugendlichen oder des jungen Erwachsenen dienlicher ist als alle anderen Maßnahmen, die das Jugendhilferecht vorsieht.

Schließlich verweist bereits § 73 SGB X auf eine besondere Problematik Sozialer Arbeit: das bis auf Ausnahmetatbestände fehlende Zeugnisverweigerungsrecht. Die Anwendung dieser Rechtsnorm ist zulässig, wenn es sich um eine Straftat erheblicher Bedeutung handelt. Sozialarbeiter*innen können über eine richterliche Anordnung zum Zeug*innen gemacht werden. Im Wortsinne werden sie durch richterliche Anordnung dazu verpflichtet, die geforderten bzw. die verfügbaren Sozialdaten zu übermitteln.

Davon ausgenommen sind Beratungsberufe im Feld der Suchthilfe, der Schwangerschafts- und Konfliktberatung sowie sogenannte *Berufshelfer*[52] speziell

51 Alle Angaben zum SGB VIII beziehen sich auf die am 5. 10. 2021 geänderte Fassung.

52 Über das Recht dieser Personen (z. B. Verwaltungskräfte, Ausübende einer Hilfstätigkeit, Praktikant*innen oder Auszubildende), das Zeugnis zu verweigern, entscheiden die Berufsgeheimnisträger, für die sie tätig werden (§ 53a Abs. 1 Satz 2 StPO).

geschützter Professionen (Rechtsanwält*innen, Ärzte, Seelsorger*innen u. a.) (siehe hierzu § 53a Strafprozessordnung (StPO)). Was hier für die Übermittlung von Sozialdaten nochmals gesondert spezifiziert wurde, gilt in Strafverfahren durchgängig.

Die fach- und rechtspolitische Kontroverse um das fehlende Zeugnisverweigerungsrecht wird mittlerweile seit mehr als einem halben Jahrhundert ausgetragen. Bereits 1966 hat der renommierte Straf- und Verfassungsrechtler Karl Peters als Gutachter des 46. Deutschen Juristentags auf das schutzwerte Vertrauensverhältnis der Sozialarbeitenden verwiesen. Er wird im wenig später aufgelegten Verhandlungsprotokoll mit kritischen Einwänden gegen ein auf wenige Berufsgruppen reduziertes Zeugnisverweigerungsrecht wie folgt zitiert:

> „Schutzwerte Vertrauensverhältnisse gibt es auch sonst noch. Als Beispiel sei auf die Tätigkeit der Sozialarbeiter hingewiesen. Die soziale Hilfe, sei sie wirtschaftlicher, pädagogischer, seelischer oder sonst betreuender Art, lässt sich in geeigneter Form nur dann erbringen, wenn zwischen dem Sozialarbeiter und dem Betreuten ein offenes persönliches Verhältnis entsteht. […] Wenn der Helfer später alles dem Gericht offenbaren muss, so wird die Vertrauensgrundlage nicht nur im Einzelfall, sondern generell zerstört" (Peters 1966, S. 123).

Das Zeugnisverweigerungsrecht ist nicht deckungsgleich mit der Schweigepflicht nach § 203 Strafgesetzbuch (StGB). Es ist im § 53 StPO geregelt und entbindet Ärzte, Rechtsanwälte, Geistliche, Steuerberater*innen und andere ausdrücklich genannte Berufsgruppen von der Pflicht, über das, was sie im Rahmen ihrer Berufstätigkeit Kenntnis erlangt haben, Aussagen als Zeuge vorzunehmen. Sozial- und Erziehungsberufe werden abgesehen von den in § 53 Abs. 1 genannten Ausnahmen nicht genannt. Dies sind Berater*innen oder Beauftragte von Schwangerschaftskonflikt- und Drogenberatungsstellen. Aus diesem Umstand könnten alltagspraktisch skurrile Gegebenheiten resultieren. So unterliegt eine auf die Drogenszene ausgerichtete Streetwork dem Zeugnisverweigerungsrecht nach § 53 Abs. 1 Nr. 3b StPO. Für die im selben Gemeinwesen tätigen Kolleg*innen, die Streetwork im Feld der Jugendhilfe praktizieren, gelangt das Zeugnisverweigerungsrecht jedoch nicht in Anwendung.

Die im ergänzenden § 53a StPO vorgenommene Einbeziehung der sogenannten *Berufshelfer* umfasst alle, die im Umfeld geschützter Berufsgruppen tätig sind, also auch Bürokräfte, Expert*innen der Datenverarbeitung, aber auch Aushilfskräfte und Praktikant*innen.

Manchmal wird fälschlicherweise argumentiert, die Schweigepflicht nach § 203 StGB komme dem Zeugnisverweigerungsrecht recht nahe. Der § 203 StGB schützt nicht die risiko- und störungsfreie Berufsausübung in der Sozialen Arbeit. Sie dient allein dem Zweck, die Persönlichkeitsrechte des Gegenübers zu schützen.

In seltenen Fällen kann die Offenbarung von Wissen zur Pflicht werden, nämlich dann, wenn nach einer angemessenen Güterabwägung auf die Konstellation des § 323c StGB zu reagieren ist, um den Sachverhalt unterlassener Hilfeleistung nicht eintreten zu lassen. Beispiele hierfür sind die glaubwürdige Suizidandrohung eines/einer Klient*in oder der glaubwürdig geschilderte geplante Einsatz von gefährlichen Waffen in einem Revancheakt gegen eine verfeindete Gruppe.

Nur am Rande sei erwähnt, dass Sozialarbeiter*innen im Unterschied zum Strafrecht im Zivilprozessrecht ein Zeugnisverweigerungsrecht haben (§ 393 Abs. 1 Nr. 6 ZPO i. V. m. § 203 StGB). Mitarbeiter*innen öffentlicher und kirchlicher Träger dürfen allerdings vor Gericht nur dann aussagen, wenn ihnen von ihrem/ihrer Dienstvorgesetzten eine Aussagegenehmigung gegeben wurde. Für andere freie Träger der Jugendhilfe gilt dies, wenn dessen Fachkräfte im Auftrag des öffentlichen Trägers tätig werden.

Das ist für Fanprojekte ein wichtiger Gesichtspunkt. Um diesbezüglich Nachweis führen zu können, ist darauf zu achten, dass das *derivative* (sich im Auftrag des öffentlichen Trägers vollziehende) Tätigwerden dokumentiert ist, etwa durch Beschlüsse des Jugendhilfeausschusses, ein Fanprojekt einzurichten bzw. mit dem kommunalen Anteil zu fördern, oder die förmliche Anerkennung des Projektträgers als Träger der öffentlichen Jugendhilfe nach § 75 SGB VIII.

Aber: Letztendlich sind Sozialarbeiter*innen ohne Zeugnisverweigerungsrecht nicht frei vor der Erzwingung ihrer Aussage. Das Gericht ist berechtigt, die vom Träger vorgetragenen Gründe für die Nichterteilung der Aussagegenehmigung zu überprüfen. Kommt das Gericht zum Ergebnis, dass die vorgebrachte Gefährdung der Erfüllung öffentlicher Aufgaben nicht oder nur in geringem Maße zutreffend ist, kann es sich über die Aussageverweigerung des Arbeitgebers hinwegsetzen. Gegen die Mitarbeiter*innen sind die bekannten Mittel zur Erzwingung einer Zeugenaussage anwendbar.

Merke:

§ 163 Abs. 3 StPO besagt: „Zeugen sind verpflichtet, auf Ladung vor Ermittlungspersonen der Staatsanwaltschaft zu erscheinen und zur Sache auszusagen, sofern der Ladung ein Auftrag der Staatsanwaltschaft zugrunde liegt.“ Sofern der Polizei ein nachweisbarer Auftrag der Staatsanwaltschaft vorliegt, sind Zeug*innen – im Unterschied zu früher – verpflichtet, auch einer polizeilichen Ladung nachzukommen (Schruth, Simon 2020, S. 58). Weiterhin gilt: Einer polizeilichen Vorladung oder dem Versuch einer Zeugeneinvernahme ohne staatsanwaltschaftliche Beauftragung muss nicht Folge geleistet werden.

Die aus dem fehlenden Zeugnisverweigerungsrecht resultierenden Problemstellungen tangieren häufiger Sozialarbeiter*innen, deren Tätigkeit sich nahe möglicher Tatorte und in einer häufigeren Begegnung mit sich im Einsatz befindlichen Polizeikräften gestaltet. In besonderer Weise trifft dies für das kleine Arbeitsfeld der Fanprojekte zu, die sich der Sozialen Arbeit mit Fußballfans verschrieben haben. Zu deren spezifischer Problematik wurde ein umfassendes Rechtsgutachten erstellt (Schruth, Simon 2018, 2020), dem auch das Beispiel entnommen wurde, welches im nachfolgenden Exkurs gekürzt dargestellt wird.

Exkurs 7: Erschwernisse aufgrund fehlenden Zeugnisverweigerungsrechts in der Arbeit von Fanprojekten

Im hier genannten Fall ging es um die Identifizierung eines Verdächtigen anhand vorliegender Lichtbilder. Die Person war möglicherweise während eines Auswärtsspiels bei einem norddeutschen Drittligisten auffällig geworden. Ein Sozialarbeiter des Fanprojektes der Gastmannschaft wurde von der zuständigen norddeutschen Staatsanwaltschaft allein deshalb als Zeuge geladen, weil ein mitreisender *szenekundiger Beamter* (SKB) den Hinweis gegeben hatte, er, der Sozialarbeiter, könne die verdächtigte Person möglicherweise identifizieren.

Der Sozialarbeiter verweigerte die Identifikation und machte darüber hinaus folgende Einlassungen:

a) die zu identifizierende Person sei ihrerseits bereits mehrere Male selbst als Zeuge geladen gewesen und somit bekannt;
b) ferner sei sie vom SKB schon mehrfach in anderen Tatzusammenhängen angezeigt worden, diesem somit bekannt.

Die Vermutung, die Sache sei nun schlüssig erledigt, erwies sich als Irrtum. Am Vortag der Gerichtsverhandlung in einer anderen Angelegenheit erhielt der Sozialarbeiter die Ladung zur Hauptverhandlung in dieser Sache (Schruth, Simon 2018, S. 49).

Über dieses Beispiel wird ein Bezug zu § 68 Abs. 1 SGB X hergestellt, der es erlaubt, der Polizei zur Erfüllung ihrer Aufgaben Namen und Anschrift eines Verdächtigen zu übermitteln, sofern schutzwürdige Interessen des Betroffenen dem nicht entgegenstehen. Alltagspraktisch kann davon ausgegangen werden, dass die Ermittlungsbehörden häufig über diese Daten verfügen. Ein *Nachfragen* bei den Beschäftigten der Fanprojekte ist oftmals von dem Interesse geleitet, weitere Informationen zu erhalten. Wenngleich nicht sonderlich dramatisch, erfordert bereits eine derart gelagerte Kommunikation die Entwicklung eines taktischen Verhaltens, von dem der soziale Beruf bewahrt werden müsste. Gravierendere

Eingriffe stellen polizeiliche und staatsanwaltschaftliche Vorladungen von Fanprojektmitarbeiter*innen dar, die sich allein aus der relativen Nähe der Professionellen zu ihren Zielgruppen ergeben. Durch diese werden die Kolleg*innen immer wieder in unzumutbare Situationen gebracht, obwohl ein derartiges Vorgehen oftmals nicht mit der Schwere der Vergehen im Einklang steht. Derartige Erfahrungen bergen neben straf- und dienstrechtlichen Belangen auch Belastungen der Privatsphäre in sich:

> „Die rechtlich kritische Entscheidung zu treffen, eine Aussage zu verweigern, um das professionelle Verhältnis zu bestimmten Adressat*innen nicht zu verlieren, hat erheblichen Einfluss auf das persönliche Lebensumfeld der Fachkräfte" (Beć 2021, S. 284).

Selbst dann, wenn der Anstellungsträger seinen Mitarbeiter*innen umfassende Unterstützung und Rechtsschutz garantiert, sind diese Unsicherheiten und psychischen Belastungen ausgesetzt, die ihrerseits wieder Auswirkungen auf die alltägliche Berufsausübung haben können.

Wird eine Zeugenaussage in weiterer Zuspitzung des Verfahrens erzwungen, werden oftmals mühsam erworbene Zugänge zu expressiver Klientel verschüttet, wird die oftmals langwierige Anbahnung von Vertrauensbeziehungen konterkariert.

Gelegentlich gewählte Strategien, sich aus Situationen zurückzunehmen, in denen (jugendliche) Fußballfans Themen mit (möglicher) strafrechtlicher Relevanz anschneiden, mögen situativ geboten sein, sind auf Dauer aber skurril. Und wo dies nur vorgegeben, aber nicht praktiziert wird, besteht die Gefahr der nachträglichen Sanktionierung einer falschen uneidlichen Aussage nach § 153 StGB.

Das Beharren auf einer Zeugenaussage von Mitarbeiter*innen von Fanprojekten mag im Einzelfall geboten sein. In der Regel erschwert es ihnen die Berufsausübung, bringt sie in Konflikte mit berufsethischen Prinzipien und übersieht den Sachverhalt, dass ein unbelastetes Weiterbestehen einer vertrauensvollen Zusammenarbeit mit ihrer Zielgruppe in vielfältiger Weise deliktreduzierende Wirkungen entfalten kann.

Exkurs 8: Bündnis für ein Zeugnisverweigerungsrecht in der Sozialen Arbeit

Praktiker*innen und Berufsverbände sehen seit Jahrzehnten die Notwendigkeit der Einführung eines Zeugnisverweigerungsrechts für Sozialarbeiter*innen. Dessen Fehlen erweist sich insbesondere in jenen Arbeitsfeldern als problematisch, in denen die Adressat*innen vermehrt dem Verdacht ausgesetzt sind, Ordnungswidrigkeiten oder Straftaten zu begehen. Probleme gibt es auch in Arbeitszusammenhängen, in denen Sozialarbeiter*innen regelmäßig im Kontakt mit den Strafverfolgungsbehörden stehen. Schon in den Kommentierungen zum SGB VIII wird unterstrichen, dass das fehlende Zeugnisverweigerungsrecht ein Rudiment aus Zeiten sei, „in der das Jugendamt noch als ‚Helfer des Gerichts' angesehen wurde". Ein aktuelles Rechtsgutachten unterstreicht die Dringlichkeit des Anliegens.

Vor dem Hintergrund einer immer schwieriger werdenden Lage im Arbeitsfeld riefen Praktiker*innen der Fanprojektarbeit bereits 2014 eine Arbeitsgruppe ins Leben, die um Vertreter*innen aus der Wissenschaft, der Trägerlandschaft sowie Praktiker*innen aus angrenzenden Bereichen der aufsuchenden Arbeit bzw. der Arbeit mit sogenannter schwieriger bzw. gefährdeter Klientel erweitert wurde. Diese Arbeitsgruppe begann mit der analytischen Betrachtung des praktischen, berufspolitischen und juristischen Umfelds der Fanprojekte und im Weiteren auch der Sozialen Arbeit mit auffälligen Jugendkulturen.

In einem weiteren Schritt gründeten mehrere Berufsverbände in Frankfurt am Main 2020 ein arbeitsfeldübergreifendes Bündnis für ein Zeugnisverweigerungsrecht in der Sozialen Arbeit. (Weitere Informationen: www.zeugnis-verweigern.de.)

8.2.2 Begleitung in Stadionverbotsverfahren

Stadionverbote (SV) gelten seit vielen Jahren als präventive Mittel für Vereine und Verbände, Fans, die Grenzen überschritten haben, aus den Stadien zu entfernen und somit an der Begehung neuer Grenzüberschreitungen zu hindern. Sie sind ein Instrument, das „nicht auf dem Strafrecht, sondern auf dem Zivilrecht, genauer gesagt dem Hausrecht des Stadioneigentümers, basiert" (Gabler 2012, S. 150). Stadionverbote sind in den *Richtlinien zur einheitlichen Behandlung von Stadionverboten* des DFB[53] geregelt. Darin haben sich der DFB und die Lizenzvereine gegenseitig verpflichtet, bundesweite Stadionverbote zu bearbeiten. In der Regel leitet die Polizei ein Ermittlungsverfahren gegen einen Fußballfan ein, wenn es am Spieltag zu einem strafrechtlichen Fehlverhalten des Fußballfans gekommen ist. Die Polizei übermittelt dem zuständigen Verein, dass ein Ermittlungsverfahren eingeleitet worden ist. Der Verein in Person des/der *Stadionverbotsbeauftragten,* der namentlich offiziell beim DFB hinterlegt ist, muss nun den Sachverhalt mit dem Ziel prüfen, bei dem betroffenen Fußballfan „zukünftiges sicherheitsbeeinträchtigendes Verhalten zu vermeiden" (DFB 2014, S. 143). Mit dem zeitlich begrenzten Ausschluss aus dem Stadion und dem Fußballerlebnis wollen Vereine und Fußballverbände präventiv auf Fans einwirken. Sie hoffen,

53 www.dfb.de/fileadmin/_dfbdam/123175-Richtlinien_zur_einheitlichen_Behandling_von_Stadionverboten_ab_01_12_16.pdf (Zugriff am 6.5.2022).

dass dadurch ein Umdenken bei den Betroffenen einsetzt und diese ihr Handeln im Stadion überdenken und positiv entwickeln.

Schon seit der Einführung der Stadionverbote stehen die Fanprojekte diesem Instrument kritisch gegenüber. Das Stadionverbot ist für Fußballfans ein immenser Eingriff in ihre private Lebenswelt. Sie dürfen Fußballspiele für einen langen Zeitraum weder örtlich noch bundesweit besuchen und sind damit auch aus Teilen des Alltagsgeschehens ihrer Peergroup ausgeschlossen. Für viele ist die „Fußballfamilie“ ein Familienersatz. Das Stadionverbot hindert sie daran, mit ihren Freund*innen Zeit zu verbringen und die Spiele ihres Lieblingsvereins zu besuchen. Je länger ein Stadionverbot ausgesprochen wird, desto schwieriger wird es für die Betroffenen, den Kontakt zu ihrer Gruppe zu halten. Meistens empfinden Fußballfans das Stadionverbot als zweite (neben dem Strafverfahren) ungerechte Bestrafung. Der Ausschluss aus dem Stadion und das damit verbundene Fernbleiben von Gruppen- und Cliquenaktivitäten werden von den Betroffenen nicht als Prävention empfunden.

Um dieses Instrument der Vereine und Verbände trotzdem in einem pädagogischen und verhältnismäßigen Rahmen zu halten, engagieren sich Vertreter*innen der Fanprojekte seit 2012 in einer „Expertenrunde Stadionverbote“ des DFB, um die Stadionverbotsrichtlinien, deren Empfehlungen und die Umsetzung konstruktiv-kritisch zu bewerten, zu begleiten und auf Änderungsnotwendigkeiten hinzuweisen. Die BAG Fanprojekte ist durch eine Person vertreten und hat den Aushandlungsprozess unter Einbeziehung pädagogischer Bewertungen und der Sicht der Fans maßgeblich mitgeprägt. Der DFB veröffentlichte 2014 neue Richtlinien. Aus dieser Arbeitsgruppe entstand 2018 die „Expertengruppe zum Thema Stadionverbote beim DFB“, der weiterhin ein/eine Kolleg*in als Vertreter*in der Fanprojekte angehört. Die Expert*innengruppe trifft sich dreimal im Jahr, um die Regelungen zu überprüfen sowie eventuell anzupassen und bietet regelmäßig Fortbildungen zum Thema Stadionverbote für die Stadionverbotsbeauftragten der Vereine an.

Bei der konkreten Umsetzung der Stadionverbotsrichtlinien kommt es in erster Linie auf die Standorte und die diesbezüglich getroffenen Entscheidungen an. In den Stadionverbotsrichtlinien wird klar vorgegeben, wie Abläufe aussehen sollten und welche Strukturen dafür geschaffen werden müssen. Bei den Vereinen muss neben den bereits erwähnten Stadionverbotsbeauftragten auch eine Stadionverbotskommission bestehen. In diese soll auch die Sicht der Fanbeauftragten und der sozialpädagogischen Fanprojekte eingebracht und in die Entscheidung über Stadionverbote und/oder Bewährungsmodelle einbezogen werden.

Es gibt Stadionverbote mit örtlicher und überörtlicher Gültigkeit (Dissinger 2011, S. 24). In den Richtlinien sind im § 4 Abs. 3, 4 und 5 alle strafrechtlich relevanten Fälle für ein Stadionverbot aufgeführt. Die Aufzählung reicht von Straftaten unter Anwendung von Gewalt gegen Leib und Leben, Nötigung, Verstößen gegen das Sprengstoffgesetz (Einsatz von Pyrotechnik), Landfriedensbruch, Raub und Diebstahlsdelikten bis hin zu Handlungen, die gegen die Menschenwürde in Bezug auf Rasse, Hautfarbe, Sprache, Religion, Geschlecht oder Herkunft verstoßen. Auch Straftaten, die im Ausland passieren (Länderspiele, internationale Spiele) können auf Antrag des DFB zu einem Stadionverbot führen (DFB 2014, S. 146 f.).

Jeder Person, die von einem Stadionverbotsverfahren betroffen ist, muss die Möglichkeit eingeräumt werden, sich zum vorgeworfenen Sachverhalt zu äußern. Es besteht ein Recht auf Anhörung (Gabler 2012, S. 149). Bei der Bewertung der Sachverhalte sollte die Person unabhängig von der Tat beurteilt werden.

Um die Fans auf ihre Anhörung vorzubereiten bzw. den Ablauf eines Stadionverbotsverfahrens zu besprechen, können Fanprojekte begleitende Angebote machen. Sie sind mancherorts beratendes Mitglied in den Kommissionen der Vereine. Falls die Fans dies wünschen, begleiten Mitarbeiter*innen der Fanprojekte sie zur Anhörung. In dieser können Fanprojekte dem Stadionverbotsbeauftragen eine Einschätzung über die persönlichen Verhältnisse des delinquenten Fans vortragen und eine Sozialprognose abgeben. Sie begleiten die Fans von der Einleitung des Ermittlungsverfahrens durch die Polizei über das strafrechtliche Gerichtsverfahren bis zur Entscheidung über das Stadionverbot. Auch bei der Verkürzung oder Aufhebung des Stadionverbots sind sie für die Fans Ansprechpartner. Stadionverbote können zur Bewährung ausgesprochen oder ausgesetzt werden. Das ermöglicht den Fanprojekten, in Zusammenarbeit mit dem Verein und den Fans Szenarien zu entwickeln, die ein Bewährungsmodell infrage kommen lassen. Die bestehenden Beziehungen und Kontakte in die Fanszene sind bei der Auf- und Bearbeitung des Stadionverbotsprozesses hilfreich. In den Gesprächen können die Fanprojektmitarbeiter*innen das Verhalten der Betroffenen mit diesen reflektieren und zu einer positiven Entwicklung beitragen. Über den Zeitraum des bestehenden Stadionverbots hinweg bleiben sie weiterhin Ansprechpartner*innen für die Adressat*innen.

Stadionverbotsverfahren, die aufgrund von Ereignissen auf Anreisewegen zustande kommen, bearbeitet der DFB selbst. In diesen Fällen besteht die Schwierigkeit, einen Bezug zu den Betroffenen herzustellen und mögliche alternative Modelle zu entwickeln. Gerade hier wäre es besonders wichtig, Fansozialarbeiter*innen aus dem betreffenden Standort zur Begleitung der Fans hinzuzuziehen und eine aktive Stadionverbotskommission beim DFB einzurichten.

An der Umsetzung der Stadionverbotsrichtlinien durch Vereine und Verbände gibt es viel Kritik. Sie wird als Paralleljustiz wahrgenommen, da Stadionverbotsverfahren eingeleitet werden, obwohl das laufende Strafverfahren noch nicht abgeschlossen ist. Damit werden Stadionverbote ohne das Vorliegen eines rechtskräftigen Urteils ausgesprochen, wodurch eine Vorverurteilung durch Vereine und Verbände gegenüber den Betroffenen vorgenommen wird. Andererseits ist es leider Realität, dass die Polizei und der DFB in anderen Verfahren die gesetzten Fristen nicht einhalten und es oft zu Stadionverbotsanträgen kommt, wenn der Vorfall schon lange zurückliegt. Der intendierte präventive Charakter dieser Maßnahme geht definitiv verloren.

Die Stadionverbotsverfügungen werden nie auf einen Konsens der beteiligten Akteure treffen. Die Aufgabe der Fanprojekte besteht darin, unabhängig von den jeweiligen Positionierungen der Beteiligten die Betroffenen zu unterstützen, den Prozess und die Umsetzung kritisch zu begleiten und ihre Erfahrungen und Fachkenntnisse am Standort selbst oder auf überörtlicher Ebene einzubringen[54].

8.2.3 Fananwält*innen und Fanhilfen

Fanprojekte unterstützen die Fans auch in rechtlichen Angelegenheiten, etwa in Strafverfahren. Die Mitarbeiter*innen können rechtliche Beratung nur anbieten, wenn sie eine juristische Aus- oder Weiterbildung haben. Aus diesem Grund arbeiten Fanprojekte an ihren Standorten seit einigen Jahren regelmäßig mit Anwält*innen zusammen. Aus diesen ist im Lauf der Zeit ein Kreis entstanden, der sich ausführlich und regelmäßig mit Belangen von Fußballfans auseinandersetzt und Fans und Fanprojekte rechtlich vertritt und berät. Durch die langfristige Zusammenarbeit entwickelte sich ein Vertrauensverhältnis zwischen den Beteiligten. Die Jurist*innen haben ihrerseits ein Verständnis für die Fans, die Fankultur und die speziellen Sachverhalte entwickelt, die eine rechtliche Begleitung oder Beratung notwendig machen. Dieses Fachwissen über Fußballfans, fußballspezifische Anliegen und die Beziehung zu den Fanprojekten am Standort macht die Fananwält*innen zu wichtigen Netzwerkpartner*innen der professionellen Fanarbeit. An manchen Standorten sind sie auch an den Spieltagen vor Ort und begleiten die Fanszene. Somit haben die Fußballfans in kritischen Situationen neben den Fanprojekten weitere Anlaufstellen.

Einige Fananwält*innen haben sich inzwischen bundesweit zur „Arbeitsgemeinschaft Fananwälte“ (AG Fananwälte) zusammengeschlossen. Die Arbeitsgemeinschaft veröffentlicht Kommentare und Stellungnahmen zu aktuellen fanpolitischen und rechtlichen Themen und unterzieht diese einer gleichermaßen

54 Die „Arbeitsgemeinschaft Stadionverbote/Repression“, die aus Mitarbeiter*innen der Fanprojekte besteht, bietet jährliche Fortbildungen für die Fanprojekte innerhalb der Koordinationsstelle Fanprojekte (KOS) an.

konstruktiven wie kritischen Bewertung. Zugleich stellt sie eine fachkompetente Ansprechpartnerin für die Medien dar und beteiligt „sich an der öffentlichen Diskussion, um dem oft einseitigen Bild des Fans als Sicherheitsrisiko entgegen zu wirken“ (www.fananwaelte.de, Zugriff am 6.5.2022).

Fußballfans haben sich in den letzten Jahren an vielen Orten organisatorisch weiterentwickelt. Auch überregional haben sie Verbünde geschaffen, die ihre Interessen nach außen vertreten können. Eine besondere Form der Selbstorganisation sind die *Fanhilfen,* die sich ebenfalls im Bereich der Rechtsberatung und der Rechtshilfe bewegen. Immer wieder geraten Fußballfans in Konflikte mit Ordnungsbehörden, Sicherheitsakteuren und anderen Institutionen, die gelegentlich weitreichende Folgen für die Fans und ihr Privatleben nach sich ziehen. Ohne vor Ort darüber aufgeklärt zu werden, was nachfolgend geschieht, kommt es zur Aufnahme der Personalien, zur Ingewahrsamnahme, zu Anzeigen, Platzverweisen[55] und anderen Maßnahmen. Die deutschlandweit etablierte Arbeit der Fanhilfen erhöht die Handlungssicherheit und verbessert die Vertretung der Faninteressen. Die Fanhilfen befassen sich mit rechtlichen Themen, polizeipräventiven Maßnahmen und Polizeitaktiken, stellen Kontakte zu Rechtsanwält*innen sowie Beratungsstellen her und analysieren die eigenen rechtlichen Möglichkeiten in fußballtypischen Prozessen. „An zahlreichen Standorten sind in den vergangenen Jahren Fanhilfen entstanden, um Fußballfans bei juristischen Auseinandersetzungen zu unterstützen und Anti-Repressionsarbeit zu leisten“ (Dachverband der Fanhilfen e.V. 2021). Die Fanhilfen sind am Spieltag und unter der Woche Ansprechpartnerinnen für alle Fans und leisten präventiv Aufklärungsarbeit, indem sie auf Rechte und Pflichten von Fans gegenüber der Polizei, anderen Sicherheitsakteuren oder während polizeilicher Maßnahmen hinweisen. Flyer, themenspezifische Veranstaltungen und Pressearbeit sind Mittel ihrer Öffentlichkeitsarbeit.

Fanprojekte unterstützen diese Arbeit der Fanhilfen, stellen Veranstaltungsräume oder ihre Infrastruktur zur Verfügung und stellen Kontakte zu externen Berater*innen und Fachstellen her. Die Zusammenarbeit mit Fananwält*innen, dem Fanprojekt und anderen Netzwerkpartnern machen die ehrenamtlich tätigen Fanhilfevertreter*innen zu einer anerkannten Institution im Netzwerk.

Seit Mai 2021 gibt es einen bundesweiten Dachverband der Fanhilfen e.V. Neben der unmittelbaren Unterstützung einzelner Fans beteiligen sich Fanhilfen auch an rechtspolitischen Debatten. In Diskussionen um die Kennzeichnungspflicht von Polizeibeamten, Stadionverbote, den Umgang mit der Datei „Gewalttäter Sport“ oder bei geplanten Änderungen in Polizeigesetzen der Länder po-

55 Kriminalpräventive Maßnahmen der Polizei, die u.a. an Spieltagen angewendet werden.

sitioniert sich der Dachverband öffentlich und vertritt bundesweit die Anliegen der Fans und der Fanhilfen. Mit ihrer Öffentlichkeitsarbeit machen sie auf die Gefahren durch Einschränkungen von Fanrechten aufmerksam und treten für Faninteressen ein (Dachverband Fanhilfen e. V. 2021).

8.3 Arbeit auf internationalem Terrain

Von Michael Gabriel

Männerfußball als weltweit verbreiteter Publikumssport stellt einen geeigneten Rahmen für pädagogische, kulturelle und bildungspolitische Maßnahmen und Initiativen auf internationalem Terrain dar. Eine prägende Erfahrung in der langjährigen pädagogischen Arbeit mit jugendlichen Fußballfans ist die, dass sich die weltweit geteilte Faszination für den Fußballsport hervorragend eignet, junge Menschen unterschiedlicher Herkunft in einen sportlichen und kulturellen Austausch zu bringen.

Auf Clubebene bieten die von der Union of European Football Associations (UEFA) organisierten Europapokalwettbewerbe wie die Champions League oder die Europa League vielen Fans regelmäßig die Möglichkeit, ihre Mannschaften zu Gastspielen in europäische Länder zu begleiten. Die Zahl der Fans erreicht hierbei zuweilen den fünfstelligen Bereich. Ähnlich sieht es bei Welt- und Europameisterschaften der Männer aus, wenn in der Regel mehrere Tausend Fußballfans der deutschen Nationalmannschaft beispielsweise nach Brasilien (2014), Frankreich (2016) oder Russland (2018) hinterherreisen und in Teilen während des gesamten Turniers im Gastgeberland verweilen.

Schließlich gibt es auf fankultureller Ebene oftmals langjährige und stabile Fanfreundschaften mit Fans von Vereinen aus anderen europäischen Ländern, die weitere pädagogische Initiativen ermöglichen.

Da sich im Frauenfußball bisher noch keine vergleichbare Fankultur entwickelt hat, beziehen sich die folgenden Beispiele auf Erfahrungen der Fanarbeit im Männerfußball. Prinzipiell bietet die Organisation des Frauenfußballs strukturell die gleichen Chancen.

8.3.1 Fanbetreuung bei internationalen Turnieren

Mittlerweile gehören Fanbotschaften und ein Konzept zur Fanbetreuung zu den Standards bei internationalen Turnieren. Die UEFA als ausrichtender Fußballverband hat diese Erwartungen in ihren Bewerbungsunterlagen festgeschrieben und der Europarat hat 2016 für den öffentlichen Sektor die Bedürfnisse und Interessen der Fans durch ein einbeziehendes Abkommen (CETS No. 218) formal beschlossen. Zu dieser positiven Entwicklung in Europa hat die Soziale Arbeit mit Fußballfans in Deutschland maßgeblich beigetragen.

Der Startschuss für die Fanbetreuung bei internationalen Turnieren fiel vor der Europameisterschaft 1988, die in Deutschland ausgetragen wurde. Zu dieser Zeit hatten die ersten Fanprojekte bereits Erfahrungen in der Fanarbeit gesammelt. Vor allem der durch die Gewaltdebatte beeinflusste, vorurteilsbehaftete Diskurs rund um die Fankultur war aufgefallen und darin insbesondere die Dominanz sicherheitspolitischer Akteure. Das daraus folgende Primat repressiver Lösungsansätze, so die ersten praktischen Einsichten, die sich mit wissenschaftlichen Erkenntnissen deckten (Dunning, Murphy u. a. 1988; Pilz 1988), verengte den Blick auf die Fußballfankultur und wurde der Vielschichtigkeit des Phänomens nicht gerecht. Als der DFB im Vorfeld der Europameisterschaften 1988 gefragt wurde, was er für die erwarteten Fußballfans der qualifizierten Länder bei der Europameisterschaft tun werde, antwortete seinerzeit ein hochrangiger Funktionär des Verbandes sinngemäß, dass sich die Polizei schon um die Fans kümmern werde. Diese Aussage nahmen die Fanprojekte zum Anlass für die Kampagne „Kultur statt Knüppel“, um die Bedürfnisse der reisenden Fußballfans aus den teilnehmenden Mannschaften zielgruppengerecht aufzugreifen. Unter anderem wurden Zeltplätze als preiswerte Übernachtungsmöglichkeiten angeboten sowie Fanfreundschaftsspiele und Fanbegegnungen organisiert.

Nachdem einige Streetworker*innen der Fanprojekte die Fußballfans aus Deutschland bei der Weltmeisterschaft in Italien 1990 begleitet hatten, organisierte die BAG der Fanprojekte mit Unterstützung des DFB 1992 anlässlich der Europameisterschaft in Schweden erstmals eine stationäre Anlaufstelle (Fankontaktbüro) für die reisenden Fans aus Deutschland, sozusagen die erste *Fanbotschaft.* Parallel hierzu gab es Bemühungen, Fans möglichst umfassend mit aktuellen und gesicherten Informationen zu versorgen, wie beispielsweise mit einem zu jedem Spiel erscheinenden Fanzine oder einer Internetseite. Fans sollen damit als elementarer Bestandteil dieser Turniere angesprochen, eingebunden und als Gäste willkommen geheißen werden, um zur Verhaltenssicherheit auf allen Ebenen beizutragen. Ziel ist, eine gastfreundliche und entspannte Atmosphäre zu schaffen, die zu einem erhöhten Sicherheitsgefühl der Besucher*innen beiträgt. Angebote zur Förderung von Diversität und Vielfalt, des interkulturellen Austauschs sowie zur kulturell-historischen Bildung sind regelmäßig in die Programme zur Fanbetreuung integriert.

Ein Höhepunkt der Arbeit in der internationalen Fanbetreuung war das von der Koordinationsstelle Fanprojekte bei der Deutschen Sportjugend (KOS) verantwortete und in enger Kooperation mit dem Organisationskomitee der Weltmeisterschaft 2006 umgesetzte Fan- und Besucher*innenbetreuungsprogramm zu diesem Turnier mit Fanbotschaften in allen zwölf Austragungsstädten, dem ein nicht unerheblicher Anteil am „Sommermärchen" zugesprochen werden kann. Die Fanbetreuung in Deutschland ist im Vergleich zu nahezu allen anderen Ländern von einem engen und vertrauensvollen Verhältnis zum DFB geprägt. Dieser finanziert kontinuierlich seit 1992 nicht nur in großen Teilen die Programme, die in gemeinsamer Verantwortung umgesetzt werden, sondern beteiligt sich durch die Fanbeauftragten des Verbandes auch an der praktischen Gestaltung.

Interessanterweise hat sich dieser international orientierte Arbeitsansatz parallel zur Entwicklung in Deutschland auch in England vollzogen. Dort war es die nationale Fanorganisation Football Supporters' Association, die den Bedarf von unabhängigen Unterstützungssystemen für die Fußballfans wahrnahm und schließlich mit den *Fans' Embassies* zu einem mit der deutschen Entwicklung deckungsgleichen Ergebnis gekommen ist. Aus der deutsch-englischen Kooperation im Vorfeld der Europameisterschaft 1996 in England entstand schließlich der Impuls für eine gezielte Zusammenarbeit auf internationaler Ebene[56]. Mittlerweile koordiniert die daraus erwachsene, 2008 gegründete unabhängige und demokratisch organisierte europäische Fanorganisation Football Supporters Europe (FSE) – unterstützt und gefördert durch die UEFA – ein wachsendes Netzwerk von Fanbotschaften aus mehr als 20 europäischen Ländern. Diese institutionell unabhängige Anbindung abseits der Fußballverbände und der staatlichen Behörden ist gleichermaßen erfolgreich und kritisch, da der auf vielen Ebenen praktizierte stereotype Umgang der Fußballverbände und der öffentlichen Behörden mit Fußballfans nicht nur in Deutschland zu großer Distanz und Misstrauen aufseiten der Fans geführt hat. Daher kann das Konzept der Fanbotschaften seine Wirkung nur entfalten, wenn die Organisation und die Verantwortung bei Akteuren liegen, die unabhängig von den Fußballverbänden und staatlichen Institutionen arbeiten. Ohne ein Grundvertrauen der Fans funktioniert dieser spezielle konzeptionelle Zugang nicht.

8.3.2 Fanbetreuung bei Spielen im Ausland

Die Arbeit der Fanbotschaften bei internationalen Turnieren der Nationalmannschaften unterscheidet sich von der Fanbetreuung bei internationalen Spielen der jeweiligen Bezugsvereine im Ausland. Bei Spielen der Nationalmannschaft ist die

56 Die Entwicklung dieses spezifischen Arbeitsansatzes der Fanbetreuung bei den Weltmeisterschaften im Männerfußball kann anhand der Schriftenreihe der KOS (KOSMOS 1–10) gut nachvollzogen werden.

Zusammensetzung der Zuschauer*innen eher zufällig, deshalb ist die Arbeitsweise der Fanbotschaften in erster Linie informationsbasiert und serviceorientiert.

Bei Spielen der jeweiligen Vereinsmannschaften in den europäischen Pokalwettbewerben übernimmt das jeweilige lokale Fanprojekt die Beziehungsarbeit mit der gewohnten jugendlichen Bezugsgruppe, jedoch in einem besonderen Umfeld mit ganz spezifischen Herausforderungen. Diese Europapokalspiele werden in Fanbiografien emotional stark aufgeladen, weil sie für Vereine und Fans sportliche Höhepunkte darstellen. Zu dieser außergewöhnlichen und spannungsgeladenen Atmosphäre tritt hinzu, dass Fans aufgrund der fremden Umgebung eine Reihe von Unsicherheiten empfinden: Wie finde ich mich sprachlich zurecht und wie orientiere ich mich in der fremden Stadt? Wie treten die Polizei und die Fans des gegnerischen Vereins auf?

Einzelne Fanprojekte haben die besonderen Gegebenheiten rund um diese Spiele gezielt genutzt, um Fans beider Vereine miteinander in Kontakt zu bringen. Die jungen Fans teilen eine Leidenschaft, sie sind entsprechend neugierig und interessiert daran, die gegnerischen Vereine und deren Fans kennenzulernen. Das Fanprojekt Bremen hat beispielsweise schon frühzeitig seinen „Ostkurvensaal" im Weserstadion zur Verfügung gestellt, um Fans der gegnerischen Vereine einzuladen. So konnten die Fans vor den Spielen niedrigschwellig und in zwangloser Atmosphäre miteinander in Austausch kommen. Andere Fanprojekte haben Spiele in europäischen Wettbewerben genutzt, um jugendkulturelle Fanbegegnungen bei Hin- und Rückspielen zu organisieren und Programmpunkte zu ergänzen, z. B. Fanfreundschaftsspiele, Diskussionsrunden oder Stadt- und Stadionführungen.

Die Umsetzung von Programmen dieser Art ist mit besonderen Herausforderungen verbunden. Das ist zu großen Teilen den Unberechenbarkeiten des sportlichen Wettbewerbs geschuldet sowie den damit verbundenen zeitlichen und organisatorischen Rahmenbedingungen. Wenn eine Mannschaft sich sportlich für die nächste Runde qualifiziert, bleiben in der Regel nur zwei oder drei Wochen, um eine mögliche Partnergruppe bei den Fans der gegnerischen Mannschaft ausfindig zu machen, ein Programm auf die Beine zu stellen, die Reise zu planen und die Logistik zu organisieren. Dennoch bieten europäische Wettbewerbe grundsätzlich gute Gelegenheiten für Kooperationen in der Fanarbeit. Mit Blick auf die zunehmenden innereuropäischen Konflikte kommt internationalen Begegnungen von jungen Menschen eine erhöhte Bedeutung zu. Vor diesem Hintergrund wäre zu befürworten, wenn es zu einer Intensivierung der pädagogischen Zusammenarbeit im europäischen Fußballfankontext käme und die Strukturen in Deutschland, die in der Lage sind, Programme dieser Art umzusetzen, in dieser Hinsicht gezielt gefördert würden.

8.3.3 Internationale Jugendbegegnungen

Schon in den Anfangsjahren der Sozialen Arbeit mit Fußballfans wurde die international geteilte Fußballbegeisterung junger Fans für pädagogische Interventionen mit der Zielsetzung genutzt, voneinander zu lernen und die Werte einer offenen Gesellschaft mit Leben zu füllen. Beispielsweise wurden schon in den 1980er Jahren gemeinsame fankulturelle Ausdrucksformen wie Fanzines zum Anlass genommen, um deren Gestalter*innen aus England und Deutschland zum Austausch zusammenzubringen.

Daneben haben sich thematisch ausgerichtete Begegnungen als zielführend erwiesen, z. B. mit Fangruppen aus verschiedenen Ländern, zu Themen wie Antisemitismus, jugendkulturellen Ausdrucksformen wie Graffitikunst oder auch zur Förderung der individuellen Sprachkompetenz. Als exemplarisches Beispiel seien hier an dieser Stelle die deutsch-israelischen Jugendbegegnungen des Fanprojekts in Bremen genannt, aus denen sich eine Fanfreundschaft zwischen den Fans von Maccabi Tel Aviv und des SV Werder Bremen entwickelte, die bis heute Bestand hat. In Zusammenarbeit mit dem deutsch-französischen Jugendwerk wurden in Verbindung mit der Weltmeisterschaft 1998 und der Europameisterschaft 2016, die jeweils in Frankreich stattfanden, Jugendbegegnungen organisiert, in deren Verlauf über die Fußballkultur historisch-politische Zusammenhänge vermittelt wurden. Alle Erfahrungen auf diesem Gebiet unterstreichen die großen Chancen, die in konzeptionell gut vorbereiteten internationalen Jugendaustauschen mit jugendlichen Fußballfans liegen. Die geteilte Begeisterung für den Fußballsport und die Fankultur überwindet nicht nur potenziell vorhandene Rivalitäten, sondern bietet eine gute Basis, gesellschaftlich relevante Themen über Ländergrenzen hinweg zu bearbeiten.

Auch Fachkräfteaustausche begleiten die Arbeit der Fanprojekte seit den Anfangstagen. Zu Beginn der 1990er Jahre stand das deutsch-niederländische Verhältnis im Mittelpunkt. Die besonders brisante sportliche Rivalität zwischen diesen beiden Ländern war augenfällig, wissenschaftliche Untersuchungen belegen einen historischen Zusammenhang mit den Erfahrungen des Zweiten Weltkriegs. Aus damaligen gemeinsamen Tagungen mit den Fachkräften aus den Niederlanden entstand die Publikation *Wij halen onze fietsen terug*[57] – *Vom Prozess*

---

57 Der Titel geht auf einen Spruch zurück, den niederländische Fans häufig bei deutsch-niederländischen Fußballspielen skandierten oder auf Banner druckten: „Wij halen onze fietsen terug“ (Wir holen unsere Fahrräder zurück“). Dies geschieht in Anspielung darauf, dass während des Zweiten Weltkriegs in den besetzten Niederlanden zahlreiche Fahrräder für die Wehrmacht requiriert wurden.

einer nachbarschaftlichen Annäherung der KOS (1995), die diese Suchbewegung dokumentiert.

Besondere Aufmerksamkeit verdient die Kooperation der KOS mit den Organisationen Fankurve Ost und der dAch gGmbh, über die Seminare mit Fachkräften aus Deutschland, Belarus, Russland und der Ukraine organisiert wurden. Wie gut sich die verbindende Kraft der gemeinsamen Leidenschaft Fußball und der Fankultur zum gemeinsamen professionellen Austausch eignet, belegen die Erfahrungen dieser langjährigen Kooperation. Trotz der tiefen Konflikte auf politischer Ebene zwischen den beteiligten Ländern gelang es in jedem einzelnen Fall, eine produktive und vertrauensvolle Atmosphäre zu gewährleisten, die Fachkräfte über das Thema Fußballkultur in Austausch zu bringen und lokale Projekte und Kooperationen zu initiieren.

Exkurs 9: „Refugees Welcome! – Aktiv ankommen in Münster“ – Integration und Teilhabe in der Fanprojektarbeit

Seit 2017 stellt die nordrhein-westfälische Landesregierung einzelnen Fanprojektstandorten Projektmittel über die Fachstelle der Landesarbeitsgemeinschaft (LAG) der NRW-Fanprojekte zur Integration von jugendlichen Geflüchteten zur Verfügung. In der Hauptsache geht es darum, Möglichkeiten der (interkulturellen) Begegnung und des Austausches mit gleichaltrigen Jugendlichen zu schaffen. Wir als sozialpädagogisches Fanprojekt, das im Bereich Sport bzw. Fußball angesiedelt ist, haben in den vergangenen Projektphasen von Juli 2017 bis Dezember 2021 bei der Integration von Jugendlichen durch freizeit- und sportpädagogische Maßnahmen viele Erfahrungen sammeln können. Mit unserem Projekt „Refugees Welcome! – Aktiv ankommen in Münster“ versuchen wir als Einrichtung der Jugendhilfe und des Sports in Münster, Gelegenheiten zum Kennenlernen, Entdecken sowie zur Begegnung und sportlichen Betätigung zu bieten, um die gesamtgesellschaftliche Aufgabe der Integration und Teilhabe nachhaltig mitzugestalten – und nicht zuletzt, um einzelne Jugendliche oder Jugendgruppen und Cliquen zu stabilisieren.

Das Projekt umfasst wöchentlich stattfindende sport- und freizeitpädagogische Angebote mit bis zu 20 zugewanderten und anderen Münsteraner Jugendlichen. Diese Angebote werden von einem hauptamtlichen Mitarbeiter sowie einer studentischen Aushilfe konzeptionell geplant und umgesetzt. Neben einem Kickangebot, das in zwei Gruppen (12 bis 15 Jahre und 16 bis 18 Jahre) mit je 20 Teilnehmenden durchgeführt wird, gibt es ferner bildungspolitische und das Empowerment fördernde Interventionen. Diese sind von den sonstigen Aktivitäten des sozialpädagogischen Fanprojektes klar getrennt, die eher an Spieltagen oder auch abseits davon mit aktiven Fans des SC Preußen Münster stattfinden.

Münster ist für seine Fahrradfreundlichkeit und Integrationsbereitschaft weit über die Stadtgrenzen hinaus bekannt. Zu einer Erkundungs- und Kennenlerntour werden den Teilnehmenden des Projektes Leihräder zur Verfügung gestellt. Ziel ist es, dass die ganze Gruppe im Umgang mit der *Leeze* (Fahrrad) sicherer wird, alle relevanten Stadtteile und insbesondere die historisch und für Münster bedeutsamen Orte kennenlernt. Münster hat eine lange, interessante Geschichte, die für die Identität der Münsteraner*innen eine große Rolle spielt. Auf diesem Weg soll das Zugehörigkeitsgefühl zur Stadtgesellschaft gefördert werden, damit auch die Zugewanderten sich als Münsteraner*innen fühlen können. Ein weiteres Ziel ist, die Verständigung innerhalb der Gruppe zu fördern. Sie soll zusammenwachsen und der/dem Einzelnen Halt und Zugehörigkeit vermitteln. Werte wie Toleranz, Integration und Solidarität sollen auch die pädagogische Arbeit innerhalb des Projektes „Refugees Welcome! – Aktiv ankommen in Münster" bestimmen und aktiv gelebt und erfahren werden. Ein nicht unwesentlicher Bestandteil des Projektes ist die Entwicklung und Förderung von Schlüsselkompetenzen, wie die Verbesserung der Motivation und der Selbstreflexion, aber auch die Vermittlung lebenspraktischer Fertigkeiten, um den Alltag zu strukturieren und die Nutzung öffentlicher Verkehrsmittel zu erlernen.

Eine neue Komponente des Projektes stellt die Zusammenarbeit mit Integrationsklassen und Schulen dar. In Kooperation mit unserem Lernort Preußenstadion ist es möglich, Workshops zu den Themen Demokratie und Teilhabe, Integration und Wertevermittlung, Diskriminierung sowie zum Umgang mit sozialen Medien anzubieten und auf Gefahren wie Fake News, Hate Speech und Cybermobbing hinzuweisen. Damit soll Radikalisierungsprozessen kritisch-reflektiert begegnet werden.

Edo Schmidt, Fanprojekt FANport Münster

Übungsfragen

- Was unterscheidet im Gestaltungsbereich Sozialer Arbeit das Zeugnisverweigerungsrecht von der Schweigepflicht?
- Überlegen Sie, wie ein Angebot der politischen Bildung gemeinsam mit Adressat*innen entwickelt werden kann.
- Wie können Jugendliche über die Auseinandersetzung mit Nation(alteams) und Migration in einen Diskurs über eine plurale Gesellschaft gelangen?

Literaturempfehlungen

Gabler, J. (2012). *Die Ultras. Fußballfans und Fußballkulturen in Deutschland* (5., erweiterte und aktualisierte Auflage). Köln: PapyRossa Verlag.

Koordinationsstelle Fanprojekte (Hrsg.) (1997–2019). *KOSMOS Schriftenreihe 1–10.* Frankfurt am Main: im Eigenverlag der Koordinationsstelle Fanprojekte. Alle Titel können als elektronische Version bezogen werden: www.kos-fanprojekte.de/fileadmin/user_upload/materialen/KOSMOS.

Schruth, P., Simon, T. (2020). *Strafprozessualer Reformbedarf des Zeugnisverweigerungsrechts in der Sozialen Arbeit – am Beispiel der Fußballfanprojekte* (2., kommentierte Neuauflage). Frankfurt am Main: Eigenverlag der Koordinationsstelle Fanprojekte. Das Gutachten ist auch erhältlich über kos.fanprojekte@dsj.de oder als Download unter: https://www.zeugnis-verweigern.de/wp-content/uploads/2021/05/KOS-rechtsgutachten-202102-screen.pdf.

www.dachverband-fanhilfen.de.

9. Prävention und Sicherheit

Im Zuge der politisch gewollten Ausweitung der Maßnahmen zur Erweiterung der Inneren Sicherheit ist die Präventionsarbeit zu einem elementaren Bestandteil dieses Feldes geworden. Sicherheitsaspekte des Fußballgeschehens gehören zum Aufgabenfeld der Inneren Sicherheit und damit auch die in diesem Feld praktizierte Prävention. In diesem Zusammenhang muss auf die Unterschiede in den institutionell verwendeten Präventionsbegriffen des Netzwerks Fußball hingewiesen werden. Die Begriffsdefinitionen und die praktische Bedeutung der Sozialen Arbeit und der Polizei unterscheiden sich an vielen Punkten. Die Unterschiede in der Fanarbeit und der präventivpolizeilichen Arbeit werden nachfolgend beschrieben.

An wen richtet sich die Prävention und mit welchen Zielen? Arbeitsaufträge und Strategien der beteiligten Akteure müssen im Rahmen der Zusammenarbeit transparent gemacht werden, um ein gegenseitiges Verständnis zu erreichen.

9.1 Prävention im Fußball

Die Kriminalprävention der Polizei und der Länder dient der Vorbeugung von Straftaten und soll der Bevölkerung ein Gefühl von Sicherheit vermitteln. Es geht um die „Abwehr und Beherrschbarkeit von Risiken oder Bedrohungen der Gesellschaft und des Einzelnen“ (Gerschel 2015, S. 14). Mit verschiedenen präventiven Programmen und Projekten werden speziell auf lokaler Ebene Rahmenbedingungen geschaffen, welche die Straffälligkeit von Menschen erschweren und die Städte sicherer machen sollen. Besonders Jugendliche stehen im Fokus der Präventionsarbeit der Behörden. „Immer mehr, immer jünger, immer brutaler. Immer schlimmer, diese Jugend!“ (Farin 2013, S. 42). Das ist der häufig öffentlich vermittelte und von den Behörden teilweise verstärkte Eindruck von Jugendlichen und jungen Erwachsenen.

Durch die kommunale Zusammenarbeit verschiedener Akteure (z. B. Jugendamt, Polizei, Jugendzentren und Schulen) entstehen lokale Netzwerke, welche die Zusammenarbeit und Kommunikation bei der Entwicklung und Umsetzung von Maßnahmen der Prävention erleichtern sollen. Als Beispiele können neben anderen Gremien Präventionsräte[58] genannt werden. Diese beschäftigen sich auf

58 Präventionsräte sind Gremien zur Vernetzung und Kooperation unterschiedlicher Ak-

der kommunalen Ebene mit Herausforderungen, Möglichkeiten und Grenzen der Präventionsarbeit in ihrem Einzugsgebiet. Die Ressourcen der einzelnen Akteure und Institutionen werden zusammengeführt und bilden damit den Trend der jeweiligen kommunalen Kriminalprävention ab. Gemeinsame Konzepte und Programme werden erarbeitet und fließen in die jeweiligen Arbeitsfelder der Netzwerkpartner ein.

Der Sicherheitsgedanke spielt besonders an Brennpunkten oder in Bereichen, an denen das öffentliche und politische Interesse groß ist, eine tragende Rolle. Beim Ereignis Fußball ist das der Fall und entsprechend ausgeprägt zeigt sich der Wunsch, bei Spielen der Bundes- und Regionalligen Sicherheit zu gewährleisten.

Die Anzahl der Stadionbesucher*innen ist seit Jahren auf einem sehr hohen Niveau und das mediale Interesse am Fußball und all seinen Begleiterscheinungen ist nach wie vor ungebrochen[59]. Fernsehen, Internetportale, Printmedien u. v. m. berichten am und um das Wochenende herum mit hohen Einschaltquoten und Auflagen von den Ereignissen der Spieltage. Die Medien verbreiten Meldungen über Randale und Gewalt rund um die Fußballspiele und Stadien schnell und mit hoher Reichweite. Ein Teil der Fußballfans wird inzwischen nicht mehr der wünschenswert schönen Kulisse im Stadion zugeordnet, sondern als potenzielle Gefährder*innen gesehen. Auch die Sicherheitsverantwortlichen stellen diese Sichtweise immer mehr in den Mittelpunkt. Sicherheitsfragen sind zu einem zentralen Punkt der Spieltagsplanung und -gestaltung geworden. „Mit dem Verweis auf die drohende Gefahr kann dadurch in alle Richtungen Druck ausgeübt werden" (Dissinger 2011, S. 69). Aktive Fans und Ultras, die inzwischen das Bild der Stadien und der Kurven prägen, erfahren aufgrund ihres dominanten Auftretens und des Einsatzes verbotener Elemente wie z. B. Pyrotechnik besondere Aufmerksamkeit (Bott 2016, S. 52).

Fragen der Sicherheit beschäftigen in der Spieltagsplanung inzwischen nicht mehr nur die Sicherheitsexpert*innen, sondern alle am Netzwerk beteiligten Institutionen wie Vereine, Polizei, Stadt und andere Akteure, da ein „gemeinsames Handeln erforderlich ist, um die Sicherheit bei Sportveranstaltungen zu verbessern" (NASS 2012, S. 3). Ein sicheres Fußballerlebnis[60] wird zum Leitgedanken. Fanprojekte und Fanbeauftragte stellen in diesem Zusammenhang einen wichtigen Teil der Prävention der Fußballverbände DFB und DFL dar. Damit sind auch sie daran beteiligt, Sicherheit bei Fußballspielen herzustellen, aber mit grund-

teure in der Kriminalprävention (www.wiesbaden.de/leben-in-wiesbaden/gesellschaft/engagement/wir-ueber-uns.php).

59 Bezugnehmend auf den Normalspielbetrieb der Ligen vor der Covid-19-Pandemie.

60 2010 veröffentlichte die DFL ein Papier zum „sicheren Stadionerlebnis", in dem auch die professionelle Fanarbeit und deren Ausbau zur „Verbesserung der öffentlichen Kriminalprävention" aufgezählt wird (www.media.dfl.de, Zugriff am 3. 3. 2022).

sätzlich unterschiedlichen Aufträgen und Vorstellungen als andere Netzwerkpartner wie die Polizei (Scherr 2018, S. 44). Der jeweilige Finanzierungsanteil der Fußballverbände an den Fanprojekten und die in den Lizenzierungsauflagen für die Fußballvereine festgehaltene Bedingung, Fanbeauftragte einzusetzen, bilden den konkreten Präventionsanteil der Verbände ab.

Prävention spielt in den Diskussionen um die Sicherheit in den Stadien eine wichtige Rolle. Im Zuge dessen werden auch die Fanprojekte immer häufiger in die Gespräche um die öffentliche Sicherheit bei Fußballspielen eingebunden und mit weitergehenden Forderungen aus dem Netzwerk konfrontiert. Die Mitarbeiter*innen der Fanprojekte sollen durch ihre pädagogische Einflussnahme Fans daran hindern, Grenzen zu überschreiten, sie dazu auffordern, sich an die Vorgaben der Sicherheitsverantwortlichen zu halten sowie sich den Anweisungen auf An- und Abreisewegen zu fügen. Darüber hinaus wird verlangt, dass sie straffälliges Verhalten verurteilen und sanktionieren. Solche Anforderungen und Erwartungen an die Fanprojekte gehen oftmals an den eigentlichen pädagogischen Möglichkeiten und Aufträgen der Mitarbeiter*innen vorbei bzw. ignorieren diese. Im Netzwerk fehlt häufig das Wissen über die Arbeitsfelder der verschiedenen beteiligten Institutionen (Pilz 2013, S. 98). Darüber, welche Rolle und Funktion professionelle Fanarbeit bei der Herstellung von Sicherheit bei Fußballspielen einnehmen soll, gehen die Ansichten auseinander. Die Aufträge und beruflich wirkenden Rahmungen, in denen sich die Netzwerkpartner befinden, und die gegenseitig vermittelten Erwartungen stimmen nicht immer überein und verlangen Aufklärung über das Rollenverständnis der Mitarbeiter*innen von Fanprojekten. „Ein Verständnis des Auftrags der Fanprojekte als Jugendarbeit impliziert eine Abgrenzung gegen eine spezialpräventive Aufgabenzuweisung" (ebenda, S. 52). Die Soziale Arbeit hat die Interessen der Klient*innen im Blick, während die Polizei ihr staatliches Gewaltmonopol ausführt (ebenda, S. 97).

9.1.1 Präventionsarbeit der Fanprojekte

Grundsätzlich gilt, dass „Fanprojekte [dürfen] nicht als Teil der Sicherheitsarchitektur instrumentalisiert werden" dürfen (Goll, Ranau 2012, S. 18). Fanprojekte arbeiten in ihrem Bereich pädagogisch, was in ihrer konkreten Prävention einen Erziehungsprozess und die Schaffung eines guten Umfelds für die Adressat*innen bedeutet (ebenda, S. 5). Sie bieten den Fans eine Anlaufstelle und versuchen mit ihren Angeboten, wie der Begleitung an den Spieltagen oder Hilfe und Beratung, die jugendlichen Fußballfans in ihrer Entwicklung zu fördern. Fanprojekte sind „in der Lage, jungen Menschen bei der Bewältigung ihrer Schwierigkeiten zu helfen und sie vor abweichendem Verhalten zu bewahren" (NKSS 2012, S. 7).

In den in Kapitel 6 beschriebenen Angeboten schaffen sie Räume, in denen die Adressat*innen ihrer Leidenschaft und ihrem Hobby, dem Fansein, nachgehen können und gleichzeitig Unterstützung bei verschiedenen Problemen erhalten. Damit leisten die Fanprojekte einen „Beitrag zu einer gelungenen Persönlichkeitsentwicklung und der gesellschaftlichen Integration junger Menschen“ (Goll, Ranau 2012, S. 5). Gewaltprävention spielt in diesen Zusammenhängen ebenfalls eine Rolle, allerdings keine so vorrangige, wie gelegentlich an anderer Stelle behauptet wird. Spezielle Angebote zur Gewaltprävention oder die Vermittlung von Adressat*innen an verschiedene Programme, die gewaltpräventiv arbeiten (beispielsweise bei Auflagen in Strafverfahren o. Ä.), sind Teil der langjährigen Präventionsarbeit der Fanprojekte. Diese bewegen sich in einem Spannungsfeld, „in dem die Frage nach Sicherheit und Gewalt als soziales Problem konstitutiv ist, gleichwohl die Fansozialarbeit mit ihren theoretischen Ansätzen eigene Schwerpunkte setzt“ (Albus 2020, S. 89).

Diese pädagogische Präventionsarbeit der Fanprojekte findet neben den Spieltagen auch unter der Woche in den eigenen Räumlichkeiten oder an anderen Treffpunkten statt. Die über einen langen Zeitraum gewachsene Beziehungsarbeit der Sozialarbeiter*innen mit den Fans kann langfristige präventive Wirkungen entfalten. Im Gegensatz hierzu ist die kurzfristige Intervention Aufgabe anderer Institutionen wie dem Ordnungsdienst, der Polizei o. a. (KOS 2018, S. 97). Fanprojekte können über die Entwicklung vertrauensgeprägter Beziehungen zu den Fans Prozesse begleiten und positiv beeinflussen. Daraus ergibt sich, dass eine ressourcenorientierte Arbeit der Fanprojekte „neben der Eröffnung neuer Perspektiven auch dazu führen kann, dass gewalttätige Verhaltensweisen bearbeitet und pädagogisch strukturiert werden können“ (Neuscheler 2016, S. 99). Gleichzeitig entwickeln die Sozialarbeiter*innen eine Sensibilität für verschiedene Situationen am Spieltag, an denen sie frühzeitig deeskalierend und vermittelnd zwischen den verschiedenen Gruppen arbeiten können, die am Spieltag aufeinandertreffen. „Herstellen und Moderation der Kommunikation zwischen den am Fußball beteiligten Parteien“ (Hanselmann 2016, S. 131) ist eine wesentliche präventive Aufgabe der Fanprojekte. Deren Mitarbeiter*innen vermitteln auch zwischen den Interessen der Fans und denen anderer Institutionen wie Vereinen, Polizei und Ordnungsdienst. Im Dialog mit diesen Akteuren geben Fanprojekte die Erwartungen und Interessen der Fans weiter und versuchen, die Kommunikation zwischen den verschiedenen Akteuren wiederherzustellen bzw. zu verbessern (Gerschel 2015, S. 72). Kritische Zuspitzungen am Spieltag können aufgelöst werden, ohne dass es zu einer Eskalation kommen muss. Durch frühzeitigen persönlichen Austausch zwischen Ordnungsdienst, Polizei, Verein und Fanprojekt können auf Anreisewegen oder am Stadioneinlass Konflikte um die Zulassung von Fanutensilien, Polizeibegleitung oder Personenkontrollen und weitergehende Probleme vermieden werden. Die Fanprojekte machen den Fans vorab Informationen über geplante Maßnahmen, Vorgaben und Handlungsbereiche der Sicherheitsakteure oder der Vereine zugänglich. „Maßnahmen zur Gewaltprävention und Deeskalation setzen voraus, dass die Konfliktparteien die Spielregeln des Gegenübers kennen (Pilz 2013, S. 98).

Fans müssen darüber informiert werden, was auf sie zukommt und welche Konsequenzen bestimmte Verhaltensweisen nach sich ziehen können. Durch die gezielte direkte Kontaktaufnahme zu bekannten Personen aus der Fanszene, die Multiplikator*innen in den verschiedenen Gruppen sind, kann auf gewaltfördernde gruppendynamische Prozesse deeskalierend und beruhigend eingewirkt werden.

9.1.2 Präventionsarbeit der Polizei im Fußball

Im Unterschied zu den Präventionsansätzen der Fanprojekte besteht die präventive Tätigkeit der Polizei vorrangig aus der Absicherung des jeweiligen Spieltags. „Fans gelten als Sicherheitsrisiko und die Polizei soll Sicherheit herstellen (Goll, Ranau 2012, S. 8). Die Kriminalprävention soll Kriminalität vorbeugen, vermindern oder ihre Folgen für die Gesellschaft geringhalten (Mensching 2005, S. 18). Potenziellen Straftäter*innen soll von vornherein keine Möglichkeit gegeben werden, Straftaten zu begehen. Alle Maßnahmen werden im Vorfeld der Spiele getroffen und damit oftmals „im Prinzip der Vorverurteilung durchgeführt" (Lauter, Schmidt 2022, S. 268). Ziel ist es, strukturelle Veränderungen zu schaffen, die kriminelles Verhalten verhindern, potenzielle Täter*innen durch Strafandrohung abschrecken und beispielsweise durch Resozialisierung die Rückfallquote zu verringern (Krevert 2006, S. 165 f.). Szenekundige Beamt*innen[61] der Landes- und Bundespolizei sind in deren Präventionsarbeit beim Fußball ein wesentlicher Bestandteil. Mit der Sammlung von Informationen über Fußballfans im Vorfeld des Spiels, wie beispielsweise über das Anreiseverhalten, Rivalität der Fanszenen oder Kategorisierung[62] von Fans, wird eine Gesamteinschätzung der Spielbegeg-

61 SKBs sind „die szenekundigen Beamten*innen der Landespolizei, die aus Polizeisicht präventiv versuchen, insbesondere Ultras und Hooligans zu beobachten und ggf. anzusprechen. Sie begleiten Heim- und Auswärtsspiele und leisten direkte Aufklärungsarbeit bei Straftaten im Zusammenhang mit Fußballspielen. Ihre Erkenntnisse werden von den jeweiligen Landesinformationsstellen gesammelt und ausgewertet und anschließend der Zentralen Informationsstelle Sporteinsätze (ZIS) zur Verfügung gestellt" (www.kos-fanprojekte.de 2021, Zugriff am 1. 3. 2022).

62 Entsprechend der Systematisierung der Zentralen Informationsstelle Sporteinsätze (ZIS) in der Verbunddatei „Gewalttäter Sport".

nung erstellt, welche die Einstufung der Spielbegegnung durch die Polizei und die damit verbundenen polizeipräventiven Maßnahmen am Spieltag bestimmt. „Präventive polizeiliche Maßnahmen sind ein geeignetes Mittel, um bereits im Vorfeld von Fußballbegegnungen Gefahren durch gewaltsuchende Personen zu reduzieren“ (NASS 2012, S. 32). Betretungsverbote oder Gefährderansprachen[63] sollen potenzielle Straftäter*innen davon abhalten, sich dem Stadion zu nähern bzw. sie darauf hinweisen, dass sie unter besonderer Beobachtung der Sicherheitskräfte stehen. „Bereichsbetretungsverbote, Beförderungsverbote im öffentlichen Nahverkehr und Stadionverbote“ (Lauter, Schmidt 2022, S. 264) werden gezielt bei von der Polizei ausgewählten Personen angewendet. Die Auswahl der Personen obliegt der Polizei und ihren Einschätzungen. Am Spieltag selbst werden Absperrgitter, Fantrennung oder Konfliktmanager*innen eingesetzt, um ein sicheres Stadionerlebnis zu gewährleisten. Kommt es trotz der getroffenen Maßnahmen zu abweichendem, gewalttätigem Verhalten, werden bis dato angewandte Mittel häufig als zu mild bezeichnet (etwa von der Politik, der Öffentlichkeit und den Medien) und eine Verschärfung gefordert (ebenda, S. 267).

Die polizeipräventiven Maßnahmen setzen den Fans Grenzen und schränken sie erheblich in ihrer Bewegungsfreiheit und in ihrem Handlungsspielraum ein. Ihnen wird „die Möglichkeit genommen, ihren Lebensraum nach eigenen Vorstellungen zu gestalten und zu nutzen“ (Dissinger 2011, S. 66). Besonders vorgegebene Anreisewege bei Auswärtsspielen sowie abgesperrte Bereiche im und um das Stadion oder Einschränkungen bei der Mitführung von Fanutensilien geben den Fußballfans einen von der Polizei definierten Bewegungs- und Handlungsradius vor. Bewegen sie sich über diese Grenzen hinaus, werden sie aus Sicht der Polizei zu einem Sicherheitsrisiko. Die Beamt*innen wenden dann ihrerseits weitere, nunmehr repressive Maßnahmen an, um ihre Vorgaben durchzusetzen. Über solche Maßnahmen entstehen Feindbilder, Dialog wird abgelehnt (Lauter, Schmidt 2022, S. 266). Während für die Fanprojekte „die Potenziale der Fankultur handlungsleitend sind, ist die Polizei an ihre gesetzlichen Aufträge zur Gefahrenabwehr und zur Strafverfolgung gebunden und hat somit in erster Linie die Risiken der Fankultur im Blick“ (Gerschel, Hanselmann 2016, S. 111). Welche Wirkungen diese präventiven Maßnahmen der Polizei haben, ist nicht klar. Bis heute existiert keine Erhebung oder Evaluation zur Wirkung präventiver polizeilicher Mittel (Lauter, Schmidt 2022, S. 267).

---

63 Rechtfertigen Tatsachen die Annahme, dass eine Person in einem überschaubaren Zeitraum die öffentliche Sicherheit stören wird, kann die Polizei diese Person über die geltende Rechtslage informieren und ihr mitteilen, welche Maßnahmen die Polizei im Fall einer bevorstehenden oder erfolgten Störung ergreifen wird. Zu diesem Zweck kann die Polizei die Person ansprechen (Gefährderansprache) oder anschreiben (Gefährderanschreiben) (www.landesrechtbw.de, Zugriff am 1. 3. 2022).

9.2 Prävention im Netzwerk Fußball

Fanprojekte sind auch mittels der im Netzwerk existenten kommunikativen Beziehungen präventiv tätig. Sie bewegen sich ständig in einem herausfordernden Spannungsfeld der verschiedenen Akteursinteressen (Dissinger 2011, S. 71). Die Diskurse in verschiedenen Gremien und Dienstbesprechungen sollen die Arbeit der Institutionen erklären, nachvollziehbar und damit verständlicher machen. Ziel ist es, einen „professionellen Umgang mit der Polizei zu entwickeln und die Akzeptanz von Fanprojekten bei der Institution Polizei zu erhöhen“ (Goll, Ranau 2012, S. 12). Diese Akzeptanz ist notwendig, um in kritischen Situationen oder bei Problemen bestehende Kommunikationsstrukturen nutzen und Ansprechpartner*innen identifizieren zu können. Nur wenn die Rollen und Aufgaben klar definiert sind, kann ein angemessener Umgang miteinander gefunden werden (ebenda, S. 3). Spieltage, besondere Situationen und neue Herausforderungen werden thematisiert und reflektiert. In der Aufarbeitung soll Gelungenes festgehalten und Lösungen für bestehende oder künftige Probleme gefunden werden. Die entsprechenden Erörterungen finden meist anlässlich der Sicherheitsbesprechungen für die Spieltage statt, in denen Rückblick und Vorausschau miteinander verbunden werden. Diese unter der Woche stattfindenden Treffen „dienen dem Erkenntnisaustausch, der gemeinsamen Risikobewertung und Lagebeurteilung, der Abstimmung des Sicherheitskonzepts sowie notwendiger Maßnahmen und der Zusammenarbeit“ (NASS 20212, S. 28) und werden von den Fußballvereinen initiiert und organisiert.

Des Weiteren gibt es auch andere, anlassunabhängige Gesprächsrunden, die an manchen Standorten bzw. Bundesländern praktiziert werden. Als Beispiele sind hier die *Stadionallianzen*[64] in Baden-Württemberg oder *Regionalkonferenzen*[65] zu nennen. Die Stadionallianzen gehen auf eine Initiative des baden-württembergischen Innenministeriums und der DFL zurück. Vertreter*innen der Städte, des Vereins, der Fanprojekte und der Polizei kommen in turnusmäßigen, spieltagsunabhängigen Runden zusammen und reflektieren bzw. erweitern oder verbessern bei Bedarf die bestehenden Strukturen am Standort. Dabei geht es vor allem um eine funktionierende Kommunikations- und Informationsstruktur für die beteiligten Akteure. Begleitet werden die Stadionallianzen von jährlich abgehaltenen landesweiten Treffen aller relevanten Standorte unter Beteiligung

---

64 Siehe „Fragen und Antworten zu Stadionallianzen“ unter: www.dfl.de/de/aktuelles/fragen-und-antworten-zu-stadionallianzen/ (Zugriff am 9.5.2022).

65 Siehe „Fragen und Antworten zu den Regionalkonferenzen von DFL und DFB“ unter: www.dfl.de/de/fans/fragen-und-antworten-zu-den-regionalkonferenzen-von-dfl-und-dfb/ (Zugriff am 9.5.2022).

von DFL, KoFaS, baden-württembergischem Innenministerium und der Koordinationsstelle Fanprojekte bei der Deutschen Sportjugend (KOS). Auf den alle zwei Jahre stattfindenden Regionalkonferenzen der Verbände DFL und DFB kommen Vertreter*innen der beiden Fußballverbände, der Vereine, der professionellen Fanarbeit und der Polizei in einer zweitägigen Konferenz zusammen. In Vorträgen und Workshops werden Themen rund um Fußball, Fans, Spieltag und die damit zusammenhängenden Problemlagen diskutiert. Ziel der beiden aufgeführten Beispiele ist, das gegenseitige Verständnis unter den Netzwerkpartnern zu verbessern und damit die Kommunikation unter den Akteuren auszubauen. Prävention bedeutet in diesem Zusammenhang, spieltagsunabhängig gemeinsame Strukturen zu entwickeln und zu fördern, die den Dialog und Austausch am Spieltag erleichtern und damit evtl. schwierige Situationen einfacher lösbar machen. Inwieweit diese präventive Kommunikationsarbeit gelingt, ist von der Bereitschaft aller Netzwerkpartner abhängig, einen ehrlichen, transparenten und selbstkritischen Dialog zu führen.

9.3 Grenzen der Prävention

> „Die Verschiedenartigkeit der beiden Institutionen setzt deutliche Grenzen. Das Gesetz und das Polizeirecht bestimmen die Arbeit der Polizei und setzen Grenzen. Auch die Anzahl der Einsatzkräfte, die Finanzierung und der öffentliche Druck lassen die Präventionsarbeit der Polizei nur in einem gewissen Rahmen zu. Bei den Fanprojekten liegen die Grenzen an anderer Stelle. Hier sind es die hierarchischen Strukturen der Polizei, die fehlende Anerkennung, aber auch die finanziellen Mittel, die die Präventionsarbeit einschränken“ (Gerschel 2015, S. 74).

Die präventiven Wirkungen kommunikativer Prozesse enden da, wo eine oder mehrere Seiten die Kommunikation verweigern. Sprechen Entscheider*innen der Polizei und anderer Sicherheitsakteure nicht mit der professionellen Fanarbeit, wird deren Präventionsleistung stark eingeschränkt. Werden Entscheidungen oder Maßnahmen getroffen, die am fachlichen Wissen und der Einschätzung der Fanarbeit vorbeigehen, kann sich die vermittelnde Prävention der Fanprojektler*innen in der konkreten Situation nicht entfalten. Neben den hierarchischen Strukturen der Polizei und der Sicherheitskräfte setzen aber auch die Fußballfans Grenzen für die Präventionsarbeit. Dies geschieht sowohl gegenüber den Fanprojekten als auch der Polizei. Fans bestimmen in erheblichem Umfang eigenständig, wie verbindlich der Austausch mit den verschiedenen Beteiligten ist. Auch die Wirksamkeit der Fanprojekte ist von der Dialogbereitschaft der Fußballfans gegenüber den Mitarbeiter*innen abhängig. „Die präventive Funktion von Fanprojekten ist da eingeschränkt, wo Vertrauen, Verständnis und Akzeptanz fehlen" (Gerschel, Hanselmann 2016, S. 142).

Für Polizei und Sicherheitsdienste ist die Grenze der Dialogmöglichkeiten noch früher gesetzt, denn es kommt nur selten zu konstruktiver Kommunikation zwischen ihnen und den Fans. Insbesondere zwischen Fans und Polizei besteht ein eher von Feindseligkeit und Misstrauen geprägtes Verhältnis, das die Kommunikation so gut wie unmöglich macht. Dialog und Kooperation werden maßgeblich von der Fansicht auf die Polizei, den unterschiedlichen Erwartungen aneinander und den Erfahrungen miteinander erschwert (Pilz 2013, S. 97). Damit sind Polizeibeamt*innen in ihren Versuchen, mit den Fans zu kommunizieren, stark eingeschränkt. Dies macht die Vermittlung von Informationen oder Einsatzstrategien fast unmöglich, was eine Übermittlung über Dritte, d. h. vor allem die professionelle Fanarbeit, notwendig macht. Um dies zu gewährleisten, muss der Sicherheitsapparat „transparent, verlässlich, kommunikativ, differenziert und konsequent" arbeiten (NKSS 2012, S. 6). Nur dann können Fanprojekte an notwendige Informationen gelangen und diese an die Fans weitergeben.

Übungsfragen

- Worin unterscheiden sich die Präventionsstrategien der Fanprojekte und der Polizei?
- Welche Rolle spielt Transparenz in der Präventionsarbeit des Netzwerks Fußball?

Literaturempfehlungen

Der Paritätische Sachsen-Anhalt (Hrsg.) (2016). *Chancen und Grenzen der Präventionsarbeit mit Fußballfans.* Magdeburg: im Eigenverlag des Paritätischen Sachsen-Anhalt.

Moldenhauer, S., Gehrmann, M. (2019). Konfliktdynamiken bei Fußballspielen. In *Sozial Extra* 43 (1), S. 23–26.

10. Arbeitsbedingungen

Grundlegend bei der Ausstattung der Fanprojekte ist deren langfristige finanzielle Absicherung. Ist die Finanzierung geregelt, müssen für die Soziale Arbeit mit Fußballfans verschiedene Arbeits- und Rahmenbedingungen erfüllt sein, damit die Mitarbeiter*innen ihre Tätigkeit angemessen ausüben können.

10.1 Personal

Fanprojekte sind vorrangig für Jugendliche und junge heranwachsende Fans im Alter von 14 bis 27 Jahren zuständig. Anfragen und Anliegen älterer Fans werden selbstverständlich trotzdem in die generationenübergreifende Arbeit eingeschlossen (siehe: Kapitel 3). Fanprojekte sind für Fußballfans da. „Die Heterogenität und individuelle Zusammensetzung [...] umfasst deutlich mehr Adressat*innen, auch über die genannten Altersgruppen hinaus“ (BAG Fanprojekte 2020). Stadien haben Kapazitäten von 1 000 bis ca. 80 000 Zuschauer*innen. Einen Personalschlüssel kann man bei diesen Zahlen nicht ausmachen, denn nicht alle Fans haben an jedem Spieltag ein Anliegen an das Fanprojekt und seine Mitarbeiter*innen. Die Gruppen, die intensiv und jeden Spieltag begleitet werden, haben eine Größe von 50 bis mehr als 200 Personen. Die aktiven Fanszenen sind an jedem Standort unterschiedlich umfangreich. Pro Woche findet mindestens ein Spiel statt, in der Regel wechseln sich Heim- und Auswärtsspiel alle zwei Wochen ab. Weitere Spiele im DFB-Pokal, Landespokal und andere nationale und internationale Spiele kommen hinzu. Bei allen Spielen ist das Fanprojekt nach Möglichkeit mit zwei Personen vertreten. Zusätzlich zu den Wettbewerben findet unter der Woche und am Wochenende die Arbeit in den eigenen Räumlichkeiten sowie in den lokalen und überörtlichen Netzwerken statt. Dies geschieht häufig in Form von thematischen Angeboten und Projekten. Der beschriebene Aufwand würde eine zweistellige Anzahl an Mitarbeiter*innen sinnvoll erscheinen lassen. In der Realität ist es aber so, dass Fanprojekte von zwei bis drei Mitarbeiter*innen besetzt sind. Laut dem Nationalen Konzept Sport und Sicherheit (NKSS) sollen in den Fanprojekten „drei für die besonderen Anforderungen der Tätigkeit geeignete Vollzeitkräfte sowie eine Verwaltungsfachkraft“ (NASS 2012, S. 9) beschäftigt sein. Aktuell ist dies nur bei wenigen Fanprojekten der Fall. Die Erfüllung der im NKSS formulierten Vorgabe muss aber das Ziel sein, damit die vielfältigen Aufgaben und Herausforderungen der professionellen Fanarbeit angemessen erledigt werden können. Fanprojektarbeit funktioniert nur langfristig und somit müssen auch die Personalstellen langfristig und sicher angelegt sein. Verträge sollten (nach einer Probezeit) eine Laufzeit von wenigsten drei Jahren haben. Die Rahmenbedingungen der Träger oder Trägervereine müssen so gestaltet sein, dass in den Arbeitsverträgen keine wiederkehrende Befristung vorgesehen ist. Fanarbeit ist Beziehungsarbeit und lebt von Kontinuität und Verlässlichkeit. Die Zusammensetzung der Teams ist ein Erfolgsgarant für die Arbeit im Fanprojekt. Während eine Stelle durch Sozialpädagog*innen, Sozialarbeiter*innen oder Mitarbeiter*innen mit vergleichbarer Qualifikation besetzt sein sollte, bietet die Fanprojektarbeit vielfältige Möglichkeiten für Quereinsteiger*innen, die Interesse an dem Arbeitsfeld haben. In den Fanprojekten arbeiten Menschen mit vielfältigen Qualifikationen und Ressourcen sehr erfolgreich zusammen.

10.2 Flexibilität

Fanprojektmitarbeiter*innen müssen in ihrer Planung und Gestaltung flexibel auf Bedarfe der Fans und des Netzwerks reagieren können. Eine große Herausforderung ist dabei, die recht kurzfristigen Spieltagseinteilungen im Team vorzunehmen und an den Rest der Wochenplanung anzupassen. Auch Termine im Netzwerk (lokal oder überregional) können sehr kurzfristig und nach aktuellen Bedarfen entstehen. Für die flexible Planung ist es wichtig, dass die Sozialarbeiter*innen ohne erhöhten Aufwand Dienstreisen beantragen und machen können. Bei eigenen Trägervereinen ist das weniger kompliziert als bei einer öffentlichen Trägerschaft der Fanprojekte. Die Verwaltungswege sollten einfach und kurz sein. Ferner bedarf es flexibler Arbeitszeitregelungen. Die Fanprojekte begleiten die Fans auf den Reisen zu möglichst allen Spielen der Bezugsmannschaft. Reisewege nehmen häufiger mal mehr als 15 Stunden in Anspruch, hinzu kommt noch die Zeit am und im Stadion. Arbeitszeiten am Wochenende, in den Abend- und Nachtstunden und Überstunden müssen klar und vorab mit den Verantwortlichen geklärt, entlohnt und genehmigt sein. Aktuell existieren noch verschiedene Arbeitszeitmodelle. Ziel könnte es in den nächsten Jahren sein, vergleichbare Arbeitszeitregelungen zu schaffen. Auch für Fortbildungen, Netzwerktreffen oder Gremiensitzungen, die oftmals mit Übernachtung und Reisewegen verbunden sind, ist eine angemessene finanzielle und arbeitszeitbezogene Lösung wichtig.

Fanprojekte sollten mobil sein. Ein eigenes Fahrzeug, eine Bahncard oder Nahverkehrstickets sollten den Mitarbeiter*innen immer zur Verfügung stehen, um die erforderlichen Dienstreisen unternehmen zu können. Gerade für Gruppenangebote wie U-18-Fahrten oder Gedenkstättenfahrten ist die Verfügbarkeit eines Fahrzeugs oder der leichte Zugang zu einer Fahrzeugflotte notwendig. Der

Anforderung, ein hohes Maß an Flexibilität aufbringen zu müssen, steht ein hohes Maß an freien Gestaltungsmöglichkeiten gegenüber.

10.3 Räumlichkeiten

Fanarbeit findet neben den Spieltagen auch unter der Woche in offenen Treffs, Einzelberatungen, Lesungen, Vorträgen, Filmvorführungen. Diskussionsrunden u. v. m. statt. Um diese Angebote umsetzen zu können, brauchen die Fanprojekte geeignete Räumlichkeiten mit Büros, Veranstaltungsräumen, sanitären Anlagen und, wenn möglich, einer Küche für die Versorgung. Das Raumangebot ist eine Konstante in der Arbeit und schafft einen vertrauten Anlaufpunkt für die Fans. Hier treffen sie die Fanprojektmitarbeiter*innen an und haben die Gelegenheit, ihre Anliegen vorzubringen und Beziehungen zu vertiefen. Die regelmäßige Nutzung der Räume und das vertrauensvolle Miteinander lässt das Fanprojekt zu einem anerkannten Treffpunkt und Rückzugsort für Fans werden. Die Räumlichkeiten können gemeinsam gestaltet werden. Die Fans entwickeln einen Bezug zu den Räumlichkeiten, in denen sie sich wohlfühlen und ihr Fansein ausleben können.

Notwendig ist eine Grundausstattung an Technik und Bürobedarf. Computer, Beamer, Musikanlage, Diensthandys, Schreibtische und anderes sollten den Fanprojekten für ihre alltägliche Büroarbeit und die Umsetzung der Fanangebote zur Verfügung stehen (NKSS 2012, S. 9).

10.4 Qualitätssiegel

Die Wirksamkeit und Qualität Sozialer Arbeit zu überprüfen, ist generell schwierig. Trotzdem muss es Wege geben, mindestens die Rahmenbedingungen und Voraussetzungen gelingender Sozialer Arbeit in den Blick zu nehmen und zu überprüfen. Mit dem Qualitätssiegel wurde „2010 ein Zertifizierungsprozess eingeleitet, der die Handlungssicherheit der Fanprojekte und die Arbeit vor Ort stärken soll" (BAG Fanprojekte 2020). Gemeinsame Standards für die Fanarbeit werden in Anlehnung an die Vorgaben des NKSS identifiziert, aufgenommen und weiterentwickelt. Das Qualitätssiegel überprüft die Arbeit der Fanprojekte mit folgenden

> „Zielsetzungen:
> 1. Einheitliche und überprüfbare Standards,
> 2. Verbesserung der strukturellen Rahmenbedingungen,

3. Erhöhung der Handlungssicherheit,
4. Transparenz,
5. Regelmäßige Evaluation der Tätigkeit“
(www.fanprojekte.de, Zugriff am 16. 1. 2022).

Die Arbeitsgruppe (AG) Qualitätssicherung entstand aus einer Arbeitsgruppe des Beirats der Koordinationsstelle Fanprojekte und entwickelte in Zusammenarbeit verschiedener Institutionen das Konzept zum Qualitätssiegel. Folgende Institutionen sind Mitglied der AG:

- AGJF (AG der Obersten Landesjugend- und Familienbehörden)[66],
- BAG (Bundesarbeitsgemeinschaft der Fanprojekte),
- DFB (Deutscher Fußball-Bund),
- DFL (Deutsche Fußball Liga),
- dsj (Deutsche Sportjugend),
- KOS (Koordinationsstelle Fanprojekte bei der Deutschen Sportjugend),
- für die Wissenschaft: Prof. Dr. Gunter A. Pilz (ebenda, Zugriff am 17. 1. 2022).

Die AG trifft sich mehrmals im Jahr und berät anhand der Berichte zu den Überprüfungen am Standort über die Vergabe der Qualitätssiegel.

Im Prozess der Siegelvergabe werden die Rahmenbedingungen und die Arbeit der Fanprojekte in einem Dreijahresrhythmus von einem unabhängigen Institut[67] überprüft und ausgewertet. Die Expert*innen der AG Qualitätssicherung haben einen Gesprächsleitfaden entwickelt, mit dem die Arbeitsbedingungen, Konzepte, Arbeitsgestaltung und Wirkung im Netzwerk evaluiert werden. Die KOS leitet die AG Qualitätssicherung geschäftsführend und bereitet die Evaluations- und Vergabepraxis vor. Die von einem externen Institut durchgeführten Befragungen des Fanprojekts, des Trägers und des lokalen Netzwerkes werden von der AG Qualitätssicherung ausgewertet. Sie entscheidet, an welchen Stellen evtl. Nachbearbeitungsbedarf für die jeweiligen Standorte besteht und ob und für welchen Zeitpunkt die Vergabe des Qualitätssiegels für das jeweilige Fanprojekt empfohlen werden kann. Bei Bedarf stellt sie Nachfragen, macht Verbesserungsvorschläge und weist auf notwendige Überarbeitungen oder offene Punkte hin. Gleichzeitig steht sie den Fanprojekten und ihren Trägern auch zur Unterstützung und fachlichen Beratung zur Verfügung. Wenn alle Bedingungen ausrei-

66 Vormals: AGJ.
67 Die CEval GmbH übernimmt die Vorbereitung, Durchführung und Nachbereitung der Befragung an den Standorten (CEval GmbH 2020, S. 2).

chend erfüllt sind und die AG Qualitätssicherung zu einem übereinstimmenden Ergebnis gekommen ist, wird das Qualitätssiegel an das Fanprojekt vergeben.

Diese Vorgehensweise dient der Qualitätssicherung und Überprüfung der Fansozialarbeit. Damit kann die langfristige fachliche Arbeit der Mitarbeiter*innen gewährleistet und auch nach außen dokumentiert werden.

10.5 Träger

Jedes örtliche Fanprojekt hat einen Träger. Die Träger der öffentlichen und freien Jugendhilfe stellen den Fanprojekten die notwendigen Rahmenbedingungen zur Erbringung der Leistungen zur Verfügung, statten sie mit einer Infrastruktur aus und kommunizieren mit dem lokalen (politischen) Netzwerk. Die sachgerechte Verwendung der Fördermittel und deren Dokumentation sind zentrale Aufgaben. Die Träger haben die Fach- und Dienstaufsicht über die Fanprojekte und sind sowohl inhaltlich als auch finanziell für diese verantwortlich. Wie in anderen Bereichen der Jugendhilfe üblich, ist die Trägerlandschaft der Fanprojekte vielfältig. Große Wohlfahrtsverbände, kommunale Träger und eingetragene Trägervereine spiegeln das Pluralitätsprinzip der Jugendhilfe wider. Im Rahmen der Bewerbung zur Einrichtung eines Fanprojektstandortes werden mögliche Träger zur Einreichung eines schriftlichen Konzeptes aufgefordert.

Während sich die politische Netzwerkarbeit der Träger bislang auf die örtliche Ebene beschränkt hat, werden aktuell Bemühungen sichtbar, die Anliegen der Träger in Richtung DFB und DFL sowie weiterer Geldgeber zu bündeln. Die Konstituierung einer Trägervertretung war die Folge länger anhaltender Unklarheiten bezüglich der Finanzierung von Fanprojekten unterhalb der beiden ersten Ligen (siehe umfangreich: Kapitel 4). Die Trägervertretung der Fanprojekte bündelt die Interessen der Anstellungsträger. Sie erlangte in den vergangenen Jahren zunehmende Relevanz. Seit 2022 sendet sie ein Mitglied in den Beirat der KOS.

10.6 Qualifizierung

Die stetige Weiterbildung der Fanprojektmitarbeiter*innen zu gewährleisten, obliegt der Pflicht des Trägers. Als Fort- und Weiterbildungen können sowohl trägerinterne als auch externe Fortbildungen in Anspruch genommen werden. Die Ausrichtung der Arbeit verlangt unterschiedliche Qualifikationen. Je nach Schwerpunktsetzung sind zusätzliche Kenntnisse notwendig: Beratung, Erlebnispädagogik, Streetwork, Ausstiegsarbeit, Suchtarbeit u.a.m. In Orientierung an der Berufserfahrung und der zugrunde liegenden Ausbildung sind passende Qualifizierungen anzustreben.

Über den durch das NKSS vorgegebenen Qualitätssicherungsprozess wird auch das Niveau der erworbenen Qualifikationen überprüft. Fort- und Weiterbildungen, die sich an das spezifische Arbeitsfeld der Fanprojekte richten, werden von der KOS gemeinsam mit Partnern aus der BAG Fanprojekte, der Landesarbeitsgemeinschaft der Fanprojekte NRW (LAG NRW) und AWO-Passgenau konzipiert und umgesetzt (www.kos-fanprojekte.de, Zugriff am 7. 4. 2022). Im Rahmen der BAG-Jahrestagungen kann zwischen thematischen Inputs, praxisrelevanten Workshops und fachlichem Austausch gewählt werden. Die Bundeskonferenz der Koordinationsstelle Fanprojekte bietet Weiterbildung in Form von Inputs und Diskussionsrunden an, die sich in der Regel auf aktuelle gesellschaftspolitische Themen beziehen. Für Berufsanfänger*innen hat sich ein Workshop-Format etabliert, das erste Einblicke in das Arbeitsfeld vermittelt: der Neueinsteiger*innenworkshop. Die BAG Fanprojekte unterstützt den fachlichen und informellen Austausch mit eigenen Angeboten. Gerade im Zuge eines zunehmenden Fachkräftemangels sind die Bindungskräfte, die durch solche Formate entstehen, nicht zu unterschätzen. Über die aus den lokalen Netzwerken und dem Beirat erwachsenden Beziehungen zur (Sozialarbeits-)Wissenschaft entsteht die Möglichkeit, dass Fanprojektmitarbeiter*innen an Hochschulen auf das Arbeitsfeld der Fanprojekte aufmerksam machen können. In der Qualifikation von Praktikant*innen und Sozialarbeiter*innen im Anerkennungsjahr liegt die Chance, künftige Kolleg*innen auszubilden.

10.7 Beirat

Der Beirat der Fanprojekte ist für eine konstruktive und kritische Begleitung der Fanprojektarbeit von großer Bedeutung. Die Einrichtung eines Beirates ist verpflichtend und wird über das Qualitätssiegel abgefragt. Der Beirat sollte möglichst zweimal jährlich, mindestens einmal jährlich tagen und darüber hinaus zu einer verbindlichen Kommunikation zwischen den für das Fanprojekt relevanten Institutionen beitragen. Die Ausrichtung, Einladung und Kommunikation mit den Beiratsmitgliedern obliegt dem Träger. Er hat auch den Vorsitz des Beirates inne.

> „Der Beirat ist trotz seiner eher formalen Strukturen ein unterstützendes Gremium, das dem Fanprojekt ggf. auch in Konfliktsituationen zur Seite steht und vermitteln kann. Ein gut funktionierender Beirat ermöglicht es, den Mitgliedern auch jenseits aufgeregter öffentlicher Diskussionen einen kontinuierlichen Ein-

blick in die Lebenswelt junger Fußballfans zu geben und zu einem größeren Verständnis für die Arbeit beizutragen" (KOS, BAG, LAG 2020, S. 12).

Der Beirat sollte sich aus Personen zusammensetzen, die über die alltägliche Arbeit hinaus Impulse setzen können. Vertreten sein sollten: Kommune, Bezugsvereine, Jugendhilfe, Polizei sowie Vertreter*innen der Fans und der Wissenschaft.

Übungsaufgaben

- Planen Sie eine zweistündige Beiratssitzung und überlegen Sie, wie Sie die Beiratsmitglieder aktiv einbinden können.
- Überlegen Sie, welche Ausbildungen, Qualifikationen und übergeordneten Kompetenzen für die Fanprojektarbeit relevant sein könnten.

Literaturempfehlungen

Ceval GmbH (Hrsg.) (2020). *Datenerhebung zur Vergabe des Qualitätssiegels „Fanprojekt nach dem Nationalen Konzept Sport und Sicherheit". Abschlussbericht.* Saarbrücken (www.kos-fanprojekte.de/index.php?id=166, Zugriff am 9.5.2022).

KOS, LAG, BAG (Hrsg.) (2020). *Was ist was? Die wichtigsten Begriffe aus dem Arbeitsfeld der sozialpädagogischen Fanprojekte.* Frankfurt am Main (www.kos-fanprojekte.de/index.php?id=126, Zugriff am 9.5.2022).

11. Netzwerkarbeit und Kooperationen der Fanprojekte

Netzwerkarbeit ist für die Fanprojekte ein weiterer elementarer Bestandteil ihres Arbeitsalltags. Sie bewegen sich sowohl lokal als auch bundesweit in verschiedenen Netzwerken und pflegen einen intensiven Austausch mit den darin agierenden Akteuren. Hierzu gehören: Fans, Sicherheitsinstitutionen, Fußball, Sozialarbeit, Jugendhilfe, Politik, Zivilgesellschaft u. v. m. Eine vollständige Auflistung der Kooperationspartner ist aufgrund der Fülle und unterschiedlichen Situation an den Fanprojektstandorten hier nicht möglich. Nachfolgend werden ausgewählte Kooperationen dargestellt.

11.1 Kooperationen auf der örtlichen Ebene

An den Fanprojektstandorten selbst besteht ein Netzwerk, das besonders für die Spieltage und alles, was darum organisiert und strukturiert werden muss, zuständig ist. Dieses Netzwerk setzt sich u. a. aus dem Fanprojekt, dem Bezugsverein, der Stadt, dem Ordnungsamt, der Polizei und dem Sicherheitsdienst des Stadions zusammen. In regelmäßigen Abständen findet zwischen den Beteiligten, die für die Organisation, Durchführung und Nachbereitung der Spieltage zuständig sind, ein Austausch statt. Relevant sind hier vor allem die vorab stattfindenden Sicherheitsgespräche[68] an den Austragungsorten der jeweiligen Spiele, in denen Maßnahmen, Umsetzungen und Einschätzungen diskutiert werden. Fanprojekte können an dieser Stelle ihre professionelle Einschätzung der Herausforderungen des Spieltags benennen und mandatierte Wünsche, Anliegen oder Anträge der Fans in die Spieltagsorganisation einbringen. Gleiches gilt für die *Kurvengespräche*[69], die am Spieltag kurz vor oder während des Spiels stattfinden. Dort werden tagesaktuelle Angelegenheiten mit den Zuständigen der Netzwerkpartner, die im und am Stadion im Einsatz sind, besprochen. Dieses Vorgehen kann den weiteren Verlauf des Spieltages positiv beeinflussen. In Situationen, in denen unterschiedliche Erwartungen und Haltungen deutlich werden, können

---

68 Regelmäßiger Austausch am Standort zwischen den am Spieltag beteiligten Akteuren vor dem nächsten Heimspiel.

69 *Kurvengespräch* ist der am häufigsten verwendete Begriff für diese Form des Zusammenkommens am Spieltag. Es gibt auch andere Bezeichnungen.

die Fanprojektler*innen auf die im Netzwerk bestehenden Kommunikationsstrukturen zurückgreifen. Dem Fanprojekt kommen eine organisierende und eine moderierende Rolle zu. Die Mitarbeiter*innen initiieren den Austausch und stellen sicher, dass dieser auch in kritischen Momenten stattfindet.

An dieser Stelle ist zu erwähnen, dass den Mitarbeiter*innen nicht an allen Standorten die Teilnahme an den Sicherheits- oder Kurvengesprächen möglich ist. Gründe hierfür liegen in der Zusammensetzung des Netzwerks oder in den Vorgaben des Trägers eines Fanprojektes. In manchen Fällen spielen auch Erfahrungen und Haltungen mit bzw. gegenüber verschiedenen Partnern eine Rolle bei der Entscheidung, ob Vertreter*innen des Fanprojekts an den Gesprächen teilnehmen.

11.1.1 Zusammenarbeit mit dem Bezugsverein

Der Bezugsverein ist ein wichtiger Partner im lokalen Netzwerk. Er ist Ausgangspunkt und Bindeglied der Beziehung zwischen Fans und Fanprojekt. Die Rückbindung der Fans an den Verein ist eines der Ziele der Fanprojekte. Mit den Verantwortlichen des Fußballvereins besteht auch diesbezüglich eine enge Zusammenarbeit. Auf der Arbeitsebene begegnen sich meist die Fanbeauftragten bzw. die Fanabteilung der Vereine und die Fanprojektmitarbeiter*innen. Insbesondere die Vor- und Nachbereitung sowie die Arbeit an den Spieltagen führt die verschiedenen Zuständigen für Fanangelegenheiten zusammen. Über die Fanbeauftragten werden die Interessen des Vereins direkt an die Fans und – umgekehrt – die der Fans an den Verein weitergegeben. Eine enge Zusammenarbeit der Fanprojekte mit der Fanbetreuung der Vereine ist von großem Vorteil für die Spieltagsbegleitung. Beim Einlass und während des Spiels können Fragen geklärt und kritische Situationen entschärft werden.

Auch bundesweit sind Fanprojekte und Fanbeauftragte in verschiedenen Gremien vernetzt und haben darüber hinaus einen gemeinsamen Arbeitskreis Fanarbeit gegründet. Dort wurde eine Handreichung zur Zusammenarbeit der Partner verfasst[70]. Sie dient der Orientierung und bildet die optimale Form der Zusammenarbeit zwischen den Fanbeauftragten des Vereins und dem örtlichen Fanprojekt ab.

Ein wichtiges gemeinsames Gremium ist die Stadionverbotskommission. In einem vertrauensgeprägten und kooperativen Umgang sollte hier die Thematik der Stadionverbote besprochen und reflektiert werden. Fanprojekte begleiten die

70 www.kos-fanprojekte.de/fileadmin/user_upload/materialien/Richtlinien-DFB-DFL/Brosch%C3%BCre_Arbeitskreis_Fanarbeit_2020.pdf (Zugriff am 9. 5. 2022).

Fans in diesem Prozess und stehen dem Verein beratend zur Seite. Sie bringen die pädagogischen und fanspezifischen Komponenten in die Diskussion eines Stadionverbotsverfahrens ein. Auf diese Weise soll gewährleistet werden, dass die Stadionverbote angemessen und verhältnismäßig ausgestaltet werden. Obwohl dies nicht immer und überall gelingt, bleibt es ein wichtiges Ziel der Zusammenarbeit zwischen Fanprojekt und Verein.

Auch die Arbeit mit anderen Vereinsverantwortlichen bzw. der Dialog zwischen diesen und den Fans ist Teil der Fanprojektarbeit. Der Austausch über Fan- und Vereinsinteressen findet im Idealfall in regelmäßigen Treffen statt. Diese Form der Kommunikation zwischen Verein und Fanszene wurde vor einigen Jahren institutionalisiert und in den Lizenzanforderungen als *Club-Fan-Dialog* für die Vereine der DFL (1. und 2. Bundesliga) verankert (www.dfl.de, Zugriff am 30.12.2021)[71]. Hiermit soll ein regelmäßiger institutionalisierter Austausch zwischen Vereinen, Fans und Fanarbeit entwickelt werden, in dem alle Fragen, Kritikpunkte, Wünsche und Themen diskutiert und bearbeitet werden können. Die Adressat*innen werden bei der Entwicklung kontinuierlicher und belastbarer Kommunikationswege zum Verein unterstützt und befähigt, diese eigenständig einzufordern und fortzuführen. Auch in diesem Zusammenhang gilt das Prinzip der Hilfe zur Selbsthilfe.

11.1.2 Polizei

Die Polizei gehört ebenfalls zum Netzwerk der Fanprojekte. Die Mitarbeiter*innen der Fanprojekte übernehmen vor, während und nach den Spielen oftmals die direkte Kommunikation mit der Polizei. Das ist insbesondere dann der Fall, wenn sich schwierige Situationen abzeichnen oder Maßnahmen geplant sind, über welche die Fans informiert werden sollen. Fanprojektler*innen vermitteln damit zwischen zwei Akteuren, die häufig keinen direkten Kontakt zueinander haben oder einen solchen nicht haben wollen.

Soziale Arbeit und Polizei haben unterschiedliche Aufträge und eine durch ihren jeweiligen Beruf geprägte Sicht auf Fans, Fußball und Spieltage. Das Aufeinandertreffen von Sozialer Arbeit und Polizeiarbeit kann zu Konflikten führen (siehe hierzu auch: Kapitel 9). Aus diesem Grund ist es erstrebenswert, dass beide Institutionen in verschiedenen Gremien bzw. Gesprächsrunden auf lokaler Ebene einen regelmäßigen, spieltagsunabhängigen Austausch pflegen und versuchen, das gegenseitige Verständnis für die im Kontext des Fußballs verschiedenartigen

71 Der DFB arbeitet an einem ähnlichen Modell für die 3. Liga.

Arbeitsaufträge weiterzuentwickeln. Die besondere Herausforderung für die Fanprojekte besteht darin, die Interessen der Fans und deren Sicht auf die Polizei und andere Sicherheitskräfte in reflektierter Form einzubringen. Eine hohe Sensibilität gegenüber den Fans und den Netzwerkpartnern ist eine besondere Anforderung an die Fanprojektmitarbeiter*innen. Die Interessen und Wünsche der Fans, auch Kritik und Widerstände, müssen gelegentlich in emotional aufgeheizten Situationen an die Polizei übermittelt werden. Langjährige Erfahrung und die Entwicklung einer diesbezüglichen Sensibilität erhöhen die Handlungssicherheit professioneller Fanarbeit.

Exkurs 10: Anmerkungen zum Spannungsverhältnis zwischen Sozialer Arbeit und Polizei

Aufgrund des sensiblen Verhältnisses zwischen Fanprojektmitarbeiter*innen und Fans muss reflektiert und in transparenter Weise mit dem traditionellen Spannungsverhältnis zwischen Sozialarbeit und Polizei umgegangen werden, das insbesondere auf drei Entwicklungslinien zurückzuführen ist:

- Polizei und Sozialarbeit wenden sich oftmals denselben Ziel- und Problemgruppen zu: Jugendlichen im öffentlichen Raum, Straftäter*innen aller Altersgruppen, Wohnungslosen, Strichern, Prostituierten, Drogengebraucher*innen, Fußballfans und politisch motivierten Jugendszenen aus dem linken und rechten Spektrum. Hinzu kommen einzelfallbezogene Interventionen, die vom Umgang mit psychisch Kranken bis zum Krisenmanagement in familialen Kontexten reichen.
- Auch wenn sich Sozialarbeit und Polizei unverändert durch ihren unterschiedlichen Arbeitsauftrag und die unterschiedliche Rechtsposition definieren – das entscheidende Moment ist hierbei der Strafverfolgungsauftrag polizeilicher Arbeit –, haben sich aufgrund veränderter methodischer Herangehensweisen in den letzten Jahren immer mehr Berührungspunkte ergeben. Vor allem im Umgang mit Jugendlichen hat die Polizei stärker auf präventive Ansätze gesetzt. Das hat in einigen Orten zu Projekten geführt, die entweder als polizeiliche Ausgründung oder sogar unter polizeilicher Regie sozialpädagogische Konturen aufweisen.
- Noch entscheidender als die strategischen und methodischen Veränderungen im beruflichen Handeln von Sozialarbeit und Polizei sind die zunehmenden Kontrollinteressen, welche aus den gewachsenen Sicherheitsbedürfnissen vieler Bürger*innen resultieren. Schon immer agieren Sozialarbeit und Polizei als die „rechte und die linke Hand des Staates“ (Pierre Bourdieu), als die „harten“ und die „weichen Kontrolleure“. Steigende Kriminalitätsfurcht, ständige Horrorszenarien über Ausländerkriminalität, steigende Kinder- und Jugendkriminalität

und eine Zunahme der Gewaltdelikte führen dazu, dass auch in Deutschland seit nunmehr 30 Jahren unter dem Stichwort *Community Policing* über neue Strategien kommunaler Regulation nachgedacht wird. Diese bringen öfter denn je Polizei und Sozialarbeit an Runde Tische oder in kriminalpräventive (Bei-) Räte, deren Sprachregelungen allerdings vorwiegend ordnungspolitisch gefärbt sind. Schleichend hat sich der Präventionsbedarf in der öffentlichen Debatte zunehmend von der Kriminalität zur Ordnung verlagert. Das Gewaltmonopol der Polizei wird um ein *Sicherheitsmonopol* erweitert. Soziale Arbeit, die sich insbesondere in ihren jugend- und szeneorientierten Ansätzen traditionell einem *parteilichen Ansatz* verpflichtet sieht, läuft Gefahr, dem öffentlichen Druck nachgeben und die Rolle des „weichen Kontrolleurs" übernehmen zu müssen.

11.1.3 Weitere lokale Netzwerkpartner*innen

Auch die Vertreter*innen der Politik auf kommunaler, Länder- und Bundesebene sind ständige Netzwerkpartner. Auf lokaler Ebene werden in Ausschüssen wie beispielsweise dem ÖASS (Örtlicher Ausschuss Sport und Sicherheit) grundlegende Entscheidungen für Großveranstaltungen der Kommune und damit auch für Fußballspiele getroffen. Fanprojektmitarbeiter*innen leisten mit ihrer Erfahrung, ihrem Wissen und ihren Einschätzungen wichtige Beiträge in den lokalen Diskussionen und Aushandlungsprozessen.

Das Netzwerk der Fanprojekte reicht über die Akteure hinaus, die im direkten Zusammenhang mit dem Fußball stehen. Die Fanprojekte stehen mit anderen Vertreter*innen der Sozialen Arbeit in der Stadt, der Region und beim eigenen Träger im Austausch. Mit Kolleg*innen aus anderen Fachbereichen der kommunalen Jugendarbeit werden spezifische Anforderungen an die Soziale Arbeit angesprochen und kollegial beraten. Das Netzwerk erweist sich auch als hilfreich, wenn spezielle Problemlagen auftreten oder Unterstützungsanfragen aus anderen Feldern der Sozialen Arbeit eingehen. Die Einbindung in das fachliche Netzwerk fördert auch die Weiterentwicklung und Außendarstellung der Fanarbeit.

Die Sozialarbeiter*innen der Fanprojekte nutzen zudem die Möglichkeit, sich regelmäßig mit örtlichen Beratungs- und Fachstellen auszutauschen. Bei der lebensweltorientierten Begleitung der Fans kommen sie auch mit Sucht, Depression, Gewalterfahrungen oder familiären Problemen in Kontakt. Fanprojekte müssen einzelfallbezogen klären, wie weit ihre eigenen Kompetenzen reichen und ab welchem Zeitpunkt weitere Fachdienste hinzugezogen werden sollten. Eine am Standort bestehende Vernetzung mit Suchtberatungsstellen, Familienhilfen, Rechts- und Opferhilfen u. v. m. ist sinnvoll. Nutzen die Fans diese Vermittlungsangebote, hört die Begleitung durch die Fanprojekte allerdings nicht zwangsläufig auf. Die Mitarbeiter*innen unterstützen die Zielgruppe auch weiterhin und begleiten sie bei Bedarf zu Fach- und Beratungsstellen.

Unabhängig von der Einzelfallhilfe werden die Kontakte zu Beratungsstellen auch für die Veranstaltung von Diskussionsrunden, Vorträgen und Ausstellungen genutzt. Themen wie Rassismus, Spielsucht oder Depression können über externe Fachleute in einem geschützten Rahmen aufgegriffen werden, was gelegentlich auch weitergehende interne Diskussionen innerhalb der Fanszenen auszulösen vermag. Darauf aufbauend können bei Bedarf weitere Veranstaltungen mit den Fans und den Fachstellen geplant und umgesetzt werden. Impulse für entsprechende Themenstellungen kommen sowohl von den Fanprojekten als auch den Fans.

11.2 Bundesweit angelegte Kooperationen

Die Kolleg*innen der Fanprojekte sind auch auf Bundesebene miteinander vernetzt. Zudem schalten sie sich regelmäßig mit ihrer Expertise in bundesweite Debatten über Fans, (fan-)politische Entwicklungen und Sicherheitsfragen ein. Dabei versuchen sie auch, die Sicht der jugendlichen und jüngeren erwachsenen Fußballfans zu verdeutlichen. Die wichtigsten der auf Bundesebene angesiedelten Netzwerkpartner werden nachfolgend beschrieben.

11.2.1 Bundesarbeitsgemeinschaft der Fanprojekte (BAG Fanprojekte)

Die Fanprojektmitarbeiter*innen sind bundesweit in der Bundesarbeitsgemeinschaft der Fanprojekte (BAG Fanprojekte) organisiert. Alle Fanprojekte, die nach dem Nationalen Konzept Sport und Sicherheit (NKSS) arbeiten, gehören diesem Verbund an: „Sie ist sowohl ein Zusammenschluss als auch eine Interessensvertretung aller Fanprojekte“ (BAG Fanprojekte 2019). Die BAG Fanprojekte ist in vier Regionalverbünde unterteilt, die sich mehrmals im Jahr treffen.

2012 wurde die BAG Fanprojekte e.V. gegründet, in der alle Fanprojekte in Vertretung ihrer Träger Mitglieder sind. Sie wird durch zwei Bundessprecher*innen vertreten, die von den Mitgliedern gewählt werden. Die Regionalverbünde haben jeweils eigene Verbundsprecher*innen, die mit den Bundessprecher*innen den Geschäftsführenden Arbeitskreis bilden, der wiederum die BAG Fanprojekte und ihre Interessen nach außen vertritt.

In dieser Dachorganisation dominiert der fachliche und kollegiale Austausch zu spezifischen Themen der Fanarbeit, der auf lokaler Ebene oftmals nur in begrenztem Maße möglich ist. Die Fanarbeit ist für die örtlichen Akteure der Sozial- und Jugendarbeit häufig zu speziell.

Innerhalb der BAG Fanprojekte existieren thematisch ausgerichtete Arbeitsgruppen (AGs) und Arbeitskreise (AKs), die sich mit Themen wie Öffentlichkeitsarbeit, Fanfinale (jährliches bundesweites Fußballturnier für jugendliche Besucher*innen aller Fanprojekte), Frauen in der Fanarbeit, Stadionverbote u. v. m. befassen. Die BAG Fanprojekte entwickelt auch Expertisen und ist in externen AGs und AKs der Fußballverbände, des NASS und dem Beirat der Koordinationsstelle Fanprojekte (KOS) vertreten.

Die BAG Fanprojekte ist somit im Diskussionsprozess im Netzwerk Fußball auf allen Ebenen beteiligt. Durch die Teilnahme an den unterschiedlichen Gremien wird ein Verständnis für die Fans und Fanarbeit geschaffen und ihre Rolle im Netzwerk gestärkt.

11.2.2 Der Nationale Ausschuss Sport und Sicherheit (NASS)

Der Nationale Ausschuss Sport und Sicherheit (NASS) bündelt den Austausch der Netzwerkpartner auf Bundesebene und wird als höchstes politisches Gremium rund um Sicherheit und Prävention im Fußball wahrgenommen. Neben dem Bundesministerium des Innern (BMI), dem Bundesministerium für Familie, Senioren, Frauen und Jugend (BMFSFJ), der Innenministerkonferenz, der Sportministerkonferenz, der Jugend- und Familienministerkonferenz, dem Deutschen Städtetag und dem DFB sind weitere Behörden, Verbände und Organisationen vertreten. Der NASS tagt einmal jährlich, schreibt das NKSS (siehe umfangreich: Kapitel 4) fort und gewährleistet eine regelmäßige Kommunikation zwischen allen Beteiligten. In den Sitzungen werden die Erkenntnisse der zurückliegenden Spielzeit ausgewertet, diskutiert und im Hinblick auf ihre Auswirkungen hinsichtlich der Stabilität der Netzwerke des NKSS besprochen. Die Sitzungen dienen darüber hinaus dem weiteren Informations- und Erfahrungsaustausch sowie der Meinungsbildung der Behörden, Verbände und Organisationen. Die KOS und ihr Träger, die Deutsche Sportjugend im Deutschen Olympischen Sportbund (dsj im DOSB) sind seit der Gründung des NASS festes Mitglied. Die BAG Fanprojekte hat den Status eines Fachberaters. Weitere Fachberater sind die DFL, die Zentrale Informationsstelle Sporteinsätze (ZIS), die Deutsche Bahn AG und die Bundespolizei. Da Reisewege der Fußballfans und Formen baulicher Prävention auch Themen des NASS sind, gehören ihm die Verkehrsministerkonferenz, der Verband deutscher Verkehrsunternehmen und die Bauministerkonferenz an (www.nkss.de, Zugriff am 7. 5. 2022).

11.2.3 Fußballverbände

Die Fußballverbände der Profi- und Amateurligen sind sowohl lokal als auch auf Landes- und Bundesebene wichtige Netzwerkpartner der Fanprojektarbeit. Über die anteilige Finanzierung der Fanprojekte durch Fußballverbände konstituiert sich ein regelmäßiger Austausch zwischen den Beteiligten. Mittlerweile gelten die Fanprojekte als Expert*innen in Sachen Fußballkultur, Fans und Fankultur und werden deshalb vom DFB und der DFL oftmals in die diesbezüglichen inhaltlichen Diskussionen einbezogen. In einigen Gremien der beiden Verbände sind Vertreter*innen der Fanprojekte ständige Mitglieder (AG Stadionverbote, AG Fankulturen, AK Fanarbeit und andere). Beispielsweise erstellten Fanprojekte und Fanbeauftragte im Arbeitskreis Fanarbeit ein Leitbild[72] für eine gute und konstruktive Zusammenarbeit. In regelmäßigen Treffen wurden die Vorteile, Kooperationen, Probleme und Erfahrungen der Zusammenarbeit diskutiert und nachfolgend ein gegenseitiges Verständnis für die verschiedenen Rollen und Herangehensweisen entwickelt. Fanprojekte agieren auch hier wieder als Vermittler*innen, dieses Mal zwischen Fans und den Verbänden.

11.2.4 Koordinationsstelle Fanprojekte bei der Deutschen Sportjugend (KOS)

Die Koordinationsstelle Fanprojekte (KOS) wurde 1993 eingerichtet, um die Soziale Arbeit mit Fußballfans inhaltlich zu begleiten, zu unterstützen und neue Fanprojekte einzurichten. Die KOS wird aus Mitteln des BMFSFJ, des DFB und der DFL gefördert. Träger ist die Deutsche Sportjugend (dsj) im DOSB. Aktuell arbeiten 71 Fanprojekte bundesweit nach dem NKSS und den vorgesehenen sozialpädagogischen Standards. Die Aufgaben der KOS haben mit dem Anwachsen der Fanprojektlandschaft und der Ausdifferenzierung der Arbeit der Fanprojekte während der letzten 30 Jahren stetig zugenommen. Wie dargestellt, verantwortet die KOS den Prozess der Qualitätssicherung der Fanprojekte nach dem NKSS geschäftsführend und ist sowohl inhaltlich über die AG Qualitätssicherung als auch organisatorisch in die Evaluations- und Vergabepraxis des Qualitätssiegels eingebunden. Die KOS berät lokal und auf Bundesebene Institutionen des Fußballs, der Politik, der Medien, der Wissenschaft, die Fans und weitere Akteure der Zivilgesellschaft und wird als wichtige Schnittstelle zur Fanarbeit und zur Fankultur wahrgenommen. Künftig wird die KOS die Geschäftsführung des

72 www.kos-fanprojekte.de/fileadmin/user_upload/materialien/Richtlinien-DFB-DFL/Brosch%C3%BCre_Arbeitskreis_Fanarbeit_2020.pdf (Zugriff am 10.5.2022).

Lenkungskreises zur Absicherung der Fanprojekte nach dem NKSS übernehmen. Sie nimmt regelmäßig an den Sitzungen der Beiräte der Fanprojekte teil und ist im engen Austausch mit den Fanprojektstandorten, den Trägern und den lokalen Netzwerkakteuren. Die KOS handelt systemisch im Sinne des NKSS und fokussiert auf die Stabilität der Fanprojekte. Aus den Bedarfen der Fanprojektarbeit leiten sich die weiteren Aufgaben der KOS ab. Neben der politischen Netzwerkarbeit besteht ein wesentlicher Bestandteil ihrer Arbeit in den Qualifizierungen der Fanprojektkolleg*innen in Form von Fort- und Weiterbildungen. Dies geschieht in enger Abstimmung mit der BAG Fanprojekte, der Landesarbeitsgemeinschaft der Fanprojekte NRW (LAG NRW) und weiteren Akteuren wie AWO-Passgenau[73].

An einigen Hochschulstandorten konnten ein Wissenschafts-Praxis-Transfer und eine Mitwirkung in der Lehre etabliert werden. Über Publikationen, eine eigene Schriftenreihe und Tagungen wie die Bundeskonferenz der Fanprojekte wird ein weiterer Wissenstransfer angeregt und Öffentlichkeit für die Arbeit der Fanprojekte hergestellt. Bereits Erwähnung fand die Betreuung der Fans der deutschen Fußballnationalmannschaft bei internationalen Turnieren, die in Kooperation mit dem DFB umgesetzt und finanziert wird. Durchgängig besteht eine vertrauensvolle Zusammenarbeit mit den Fanprojekten. Diese zeigt sich auch in regelmäßigen Gesprächsrunden zwischen Vertreter*innen der BAG Fanprojekte und der KOS.

11.2.5 Landesarbeitsgemeinschaft der Fanprojekte NRW (LAG NRW)

Die Landesarbeitsgemeinschaft der Fanprojekte NRW (LAG NRW) ist ein eingetragener Verein, der von Vertreter*innen des größten regionalen Netzwerks der Fanprojekte in Nordrhein-Westfalen gegründet wurde. Aktuell arbeiten in NRW 16 Fanprojektstandorte nach sozialpädagogischen Standards auf Grundlage des SGB VIII (§§ 11, 13) und des NKSS. Bundesweit einmalig ist der hier erfolgte Zusammenschluss der Fanprojektstandorte eines Bundeslandes, die zugleich auch dem Westverbund der BAG Fanprojekte angehören. Die LAG NRW unterhält in Bochum eine Fachstelle zur Förderung des Netzwerkes der sozialpädagogischen Fanprojekte in NRW. Die Fachstelle organisiert in Kooperation mit den Fanprojektstandorten NRW zielgruppenspezifische Angebote für jugendliche Fußballfans, bündelt diese und setzt sie u. a. um. Sie organisiert regelmäßig ein Sommerferiencamp (Fancamp) für Adressat*innen der Fanprojektarbeit sowie die Fußballkulturtage in NRW. Zudem vermittelt und berät die

73 Zusammenschluss der Fanprojekte, die sich in Trägerschaft der Arbeiterwohlfahrt (AWO) befinden.

Fachstelle landesweit zur Sozialen Arbeit mit Fußballfans und kooperiert vertrauensvoll mit der BAG Fanprojekte und der KOS sowie weiteren Akteuren der Jugendhilfe und der Wissenschaft auf Landesebene in NRW. Die Fachstelle wird aus Landesmitteln des Kinder- und Jugendförderplans finanziert. Aktuell betreibt die LAG NRW zwei zusätzliche Projekte in Kooperation mit Hochschulen und Praxispartnern: eine Meldestelle für Diskriminierung im Fußball in NRW (MeDiF NRW) und eine psychosoziale Onlineberatung für Fußballfans (SUB-Fan). Zusätzlich koordiniert sie die historisch-politischen Bildungsangebote im Bereich der sozialraumorientierten Erinnerungsarbeit in NRW.

11.2.6 Lernort Stadion

Der Lernort Stadion e. V. umfasst aktuell 23 Standorte, an denen außerschulische politische Bildung mit Kindern und Jugendlichen stattfindet:

> „Mit Hilfe ihrer Faszination für den Profifußball wollen wir vor allem sozial benachteiligte Jugendliche darin unterstützen, aktiv an der Gesellschaft teilhaben zu können und ein Bewusstsein für demokratische Werte zu entwickeln. Wir setzen dabei auf die Stärken und individuellen Fähigkeiten der Jugendlichen und fördern eine kritische Auseinandersetzung mit eigenen Positionen, Gesellschaft und Politik“ (www.lernort-stadion.de, Zugriff am 30. 12. 2021).

Die Lernorte entstehen an den Standorten häufig in Kooperation mit den örtlichen Fanprojekten, die sie auch organisieren. Auf Initiative von Vereinen, Fanprojekten oder Fans werden Konzepte der Standorte für die Umsetzung eines Lernortes erstellt und Gelder für diese beantragt. Hauptförderer der Lernorte ist die DFL Stiftung. In den meisten Fällen ist der Lernort über den Träger direkt an das ansässige Fanprojekt und dessen Personal angebunden. Durch die Arbeit in den Lernorten können unter der Woche für Schulklassen und andere Gruppen verschiedene Bildungsangebote zu Themen wie Nachhaltigkeit, Zivilcourage und Demokratieförderung (Lernort Stadion e. V. 2021, S. 4) angeboten werden.

11.2.7 Fanorganisationen

Fußballfans haben sich bundes- und europaweit in verschiedenen Fanorganisationen zusammengeschlossen, um ihre Interessen sichtbar zu machen und zu vertreten. Diese Fanorganisationen gehören ebenfalls zum Netzwerk der Fanprojekte. Unsere Kurve, das Netzwerk Frauen im Fußball (F_in), Zukunft Profifußball, Profans, Fanszene Deutschland, das Bündnis aktiver Fußballfans (BAFF), Football Supporters Europe (FSE) und der Dachverband Fanhilfe e. V. sind Fanorganisationen, mit denen die Fanprojekte in regelmäßigem Austausch stehen und zusammenarbeiten. In überregionalen Gremien wie der AG Fankulturen, dem AK Club-Fan-Dialog o. Ä. kommen die Vertreter*innen der professionellen Fanarbeit und der Fans regelmäßig zusammen und arbeiten gemeinsam an fanpolitischen Themen. Wenn Fans ihre eigene Stimme nutzen und nutzen können, gilt es für die Mitarbeiter*innen der Fanprojekte in erster Linie, die Fans artikulationsfähig zu machen, zu moderieren oder zwischen widerstreitenden Interessenslagen zu vermitteln. In Zusammenhängen, in denen noch kein institutionalisierter Dialog zwischen den organisierten Fans und den Fußballverbänden, der Politik oder anderen Netzwerkpartnern besteht, versuchen die Fanprojekte Kommunikationswege zu eröffnen und Gesprächsgelegenheiten zu schaffen. Oft handelt es sich um akute Probleme oder Ereignisse, die einen schnellen und unkomplizierten Austausch zwischen den Fanvertretungen und anderen Akteuren erforderlich machen. Die Fanprojekte sind in der Lage, ihre Netzwerke zu nutzen, um notwendige Gespräche in Gang zu bringen.

Fanorganisationen und Fanprojekte arbeiten an manchen Standorten auch in der Antidiskriminierungsarbeit, bei Aktionen gegen Sexismus und sexualisierte Gewalt, bei antirassistischen Projekten und bei der Organisation rechtlicher Hilfen für Fußballfans zusammen. Dies geschieht etwa in gemeinsamen Veranstaltungen, Workshops oder anderen Angeboten.

11.2.8 Zivilgesellschaftliche Organisationen und Netzwerke[74]

Zivilgesellschaftliche Organisationen und Netzwerke bündeln kollektives Handeln für Demokratie und Gerechtigkeit. Fanprojekte sind als Akteure der Sozialen Arbeit Teil der Zivilgesellschaft. Dies gilt auch für Fußballfaninitiativen. Deutlich wurde dies in eindrucksvoller Weise bei Solidaritätsbekundungen und der Unterstützung für Schutzbedürftige und Hilfesuchende während der Covid-19-Pandemie und im Invasionskrieg Russlands gegen die Ukraine. In diesem Zusammenhang ist die langjährige Partnerschaft mit dAch – Projekt für die Offene Gesellschaft hervorzuheben. Gemeinsam mit dem Projekt Fankurve Ost wurden über Jahre Beziehungen zu zivilgesellschaftlichen Akteur*innen aus Belarus, Russland und der Ukraine aufgebaut. In Kooperation mit der KOS haben einzelne Fanprojekte regelmäßig am Austausch über Fragen einer freien und offenen

74 Die hier dargestellten zivilgesellschaftlichen Kooperationen umfassen wichtige Beispiele und erheben keinen Anspruch auf Vollständigkeit.

Gesellschaft teilgenommen und ihre Erfahrungen eingebracht. In Informationsveranstaltungen der Fanprojekte konnten Fans sich über das zivilgesellschaftliche Engagement von Fans und Ultras in Belarus, Russland und der Ukraine informieren.

Im Rahmen der Erinnerungsarbeit ist das Bündnis „!Nie Wieder“ entstanden, das u. a. von Fanprojekten, Fans und Vereinen getragen wird. Gemeinsam werden Veranstaltungen rund um den Erinnerungstag an den Holocaust im deutschen Fußball geplant und umgesetzt. Fanprojekt und Vereine nutzen u. a. die Internationalen Wochen gegen Rassismus, um gezielt antirassistische Angebote zu platzieren.

Weitere wichtige zivilgesellschaftliche Partner beim Bemühen um die Förderung bzw. Aufrechterhaltung einer pluralen Gesellschaft sind Akteure wie die BAG mit KickIn! (siehe umfangreich: Kapitel 3) und auch die Arbeitsgemeinschaft Fananwälte, die ihrerseits öffentliche Stellungnahmen zu strittigen Formen der Strafverfolgung von Fußballfans abgibt.

In jüngster Zeit haben Fanprojekte eine wichtige Angelegenheit der Sozialen Arbeit aufgegriffen: Sie sind eine treibende Kraft für die Durchsetzung eines Zeugnisverweigerungsrechts und aktive Gestalter*innen im Bündnis für ein Zeugnisverweigerungsrecht in der Sozialen Arbeit (siehe umfangreich: Kapitel 8.2.1).

Übungsfragen

- Zu welchen Gelegenheiten begegnet das Fanprojekt den Netzwerkpartnern im Arbeitsalltag?
- Wie und wo können Fanprojekte eigene Themen und die der Fans auf Bundesebene platzieren?

Literaturempfehlungen

Bundesarbeitsgemeinschaft der Fanprojekte: www.bag-fanprojekte.de/ (Zugriff am 9. 5. 2022).
DFL AG Fankulturen: www.dfl.de/de/fans/ag-fankulturen/ (Zugriff am 9. 5. 2022).
Unsere Kurve: www.unserekurve.de/blog/ (Zugriff am 9. 5. 2022).

12. Ein Blick über die Landesgrenzen

Von Michael Gabriel

Mit dem 1993 verabschiedeten Nationalen Konzept Sport und Sicherheit (NKSS) und dem darin integrierten Grundlagenkonzept für eine unabhängige Soziale Arbeit mit Fußballfans wurde erstmals auf höchster politischer Ebene ein Beschluss zur tiefgreifenden Konfliktsystematik im Fußball gefasst: Der bisherigen Regulierungspraxis wurde ein neuartiger, auf Kommunikation und Partizipation beruhender Ansatz hinzugefügt, der auch die Fans als ernst zu nehmende Partner*innen konstruktiv einbezieht.

In dem von einflussreichen Interessengruppen dominierten Fußball, der längst Teil einer globalen Unterhaltungsindustrie geworden ist, die von den vermarktungsgetriebenen Vereinen, den Institutionen der Inneren Sicherheit sowie einem ausgeprägten medialen Verwertungsinteresse geprägt ist, wurden und werden die Bedürfnisse der jugendlich dominierten Fanszenen in der Regel nicht angemessen beachtet. Dies hat, nicht nur in Deutschland, schwere Konflikte zwischen Vereinen und Fußballverbänden auf der einen und Fans auf der anderen Seite entstehen lassen, die häufig an Auseinandersetzungen sichtbar werden, die im Zusammenhang mit der fortschreitenden Kommerzialisierung des Fußballs auftreten. Auch das Verhältnis zwischen staatlichen Behörden – hier sind insbesondere die Institutionen der Inneren Sicherheit zu nennen – und den jugendlichen Fußballfans ist nahezu überall von Spannungen geprägt. Diese Konfliktlagen verhindern, dass politische Entscheidungsträger*innen sich den Anliegen und Bedürfnissen von Fans als Bürger*innen angemessen zuwenden. Die Gefahr von medial aufbereiteten Konflikten rund um die Fankultur ist allgegenwärtig. Bewerben sich Länder um die Austragung von Welt- oder Europameisterschaften, öffnen sich jedoch hin und wieder Diskurs- und Gestaltungsmöglichkeiten für eine unabhängige Fanarbeit. In der Schweiz und in Polen konnte dies genutzt werden, um eine nationale pädagogische Fanarbeit aufzubauen. In den meisten anderen Ländern (Österreich, Niederlande, Belgien, Ungarn, Frankreich oder Tschechien) scheiterten diesbezügliche Bemühungen.

12.1 Fanarbeit in der Schweiz

Der Startschuss für eine landesweite sozioprofessionelle Fanarbeit in der Schweiz fiel im Jahr 2005 mit der Gründung des nationalen Dachverbands Fanarbeit

Schweiz (FaCH). Bereits 1998 hatten Diskussionen und konzeptionelle Vorarbeiten begonnen und zwischenzeitlich zur Gründung von ersten lokalen Fanprojekten in Basel und Zürich geführt. Auch die Fanbetreuung im Rahmen der Europameisterschaft 2008 verlief erfolgreich. Anlässlich eines Runden Tisches zur Bekämpfung von Gewalt im Umfeld von Sportveranstaltungen wurde schließlich 2010 ein Rahmenkonzept[75] für eine sozioprofessionelle Fanarbeit auf nationaler Ebene erarbeitet, das seither als Grundlage für die Neugründung pädagogischer Einrichtungen dient. In Abgrenzung zur in Deutschland verwendeten Bezeichnung Fanprojekt, dem semantisch eine zeitliche Begrenzung innewohnt – was als Widerspruch zur langfristigen Zielsetzung der Arbeit bewertet wurde –, heißen die Einrichtungen in der Schweiz *Fanarbeit.*

Die Finanzierung der Fanarbeitsfachstellen speist sich aus Mitteln der jeweiligen Bezugsvereine sowie aus Beiträgen von Städten und Kantonen. Die einzelnen Fanarbeitseinrichtungen sind als unabhängige Trägervereine mit ehrenamtlichem Vorstand organisiert und werden von einem Fachbeirat begleitet.

Mit Verabschiedung des Rahmenkonzepts im Jahr 2010 wurde auch die Dachorganisation FaCH in die Umsetzung integriert und mit Finanzmitteln ausgestattet. Sie soll u. a. die Einrichtung neuer Fanarbeitsstellen koordinieren, die fachliche Weiterentwicklung des Konzepts gewährleisten sowie Fort- und Weiterbildungskonzepte entwickeln und in die Praxis überführen. Schließlich ist FaCh auch verantwortlich für die Organisation und Umsetzung von Fanbetreuungsmaßnahmen für reisende Schweizer Fußballfans bei internationalen Turnieren. Mit Ende des Jahres 2021 wurde die Förderung seitens der Schweizer Fußballliga und des Schweizer Fußballverbands eingestellt, was zur Folge hatte, dass die Fanarbeit Schweiz bis auf Weiteres ihren Betrieb einstellen musste.

Die Methodik der Fanarbeit Schweiz ist der deutschen sehr verwandt. Im Kern steht der Aufbau einer vertrauensvollen Beziehung zu den Jugendlichen, die über eine aufsuchende Teilnahme an der Lebenswelt der Fußballfans erreicht werden soll. Hierauf bauen Angebote u. a. der soziokulturellen Animation, der Einzelfallberatung oder der pädagogischen Gruppenarbeit auf. Sozioprofessionelle Fanarbeiter*innen erfüllen verschiedene Funktionen. Je nach Sachlage setzen sie sich anwaltschaftlich für Fananliegen ein, fördern den Dialog und die Vernetzung der verschiedenen Akteure rund um den Fußball mit den Fans, betreiben Informations- und Öffentlichkeitsarbeit und können bei akuten Krisensituationen als Vermittlungspersonen intervenieren.

Die Fanarbeit in der Schweiz zeichnet sich durch einige Besonderheiten aus. Anders als in Deutschland, wo Fußball unumstritten die beliebteste und

---

75 www.fanarbeit.ch (Zugriff am 7. 4. 2022).

zuschauer*innenstärkste Sportart ist, teilt sich der Sport in der Schweiz diesen Status mit dem Eishockey und dem Skisport. Deshalb finden konzeptionelle Versatzstücke aus der Fanarbeit auch an manchen Standorten des professionellen Eishockeys Anwendung.

Bis 2022 existierten sechs Standorte der sozioprofessionellen Fanarbeit in der Schweiz, in Basel, Bern, Luzern, St. Gallen und zwei in Zürich (Grashoppers Club und FC Zürich). An diesen Standorten sind die Zuschauer*innenzahlen und damit die Fanszenen entsprechend groß. In den Einrichtungen arbeiteten zwischen zwei und drei Fachkräfte der Sozialen Arbeit. Zum Zeitpunkt der Erstellung dieses Bandes ruhte die Arbeit an allen Standorten.

Aufgrund der im Vergleich zu Deutschland insgesamt geringeren Zuschauer*innenzahlen hat die Fanarbeit Schweiz an weiteren Standorten im Fußball und Eishockey abgestufte Modelle implementiert, mit denen auf örtlicher Ebene Prävention und Dialog gestärkt werden sollen. In diesen Fällen wurden keine unabhängigen Trägervereine für sozioprofessionelle Fanarbeit gegründet, sondern Runde Tische mit allen relevanten Akteuren initiiert. Ein Kernteam aus Vertreter*innen der Stadt, des Vereins und der Polizei trifft sich vier Mal jährlich zu einem formellen Austausch. Ein weiteres Format bindet auch die Fans ein. Zweimal im Jahr werden diese zum Runden Tisch geladen.

Ein weiter abgestuftes Modell sieht eine noch losere, aber dennoch formalisierte und institutionalisierte Zusammenarbeit aller Beteiligten vor, in der die clubbezogenen Fanverantwortlichen und die in einem Dachverband oder Fanrat organisierte Fanszene die wichtigsten Akteure sind. Diese stehen in einem geregelten Dialog mit dem Club, der Polizei und den städtischen Verantwortlichen. Über das formalisierte Dialogformat ist es möglich, Mitglied beim Dachverband Fanarbeit Schweiz zu werden und bei Netzwerktreffen und anderen Anlässen mit einer Delegation vertreten zu sein.

Exkurs 11: Impulse für die Entstehung von fanbezogener Pädagogik im Ausland

In manchen Momenten sind es die Aktivitäten einzelner Personen, die – gekoppelt mit zufälligen Begebenheiten – nachhaltige Veränderungen auslösen können. Dies gilt auch für die Entstehung der außerschulischen pädagogischen Fanarbeit in Polen. Ein Zufall brachte Dr. Dariusz Lapinski mit der Arbeit der Fanprojekte in Deutschland in Verbindung. Lapinski, Sozialwissenschaftler, Fan von Widzew Łódź und seinerzeit Dozent an der Europa-Universität Viadrina in Frankfurt an der Oder, betrat 2007 vor einem Fußballspiel des Drittligisten Babelsberg 03 auf der Suche nach einem Getränk zufällig den Fanladen des Fanprojekts. Der Laden war sehr gut – auch mit Fans des Gastvereins – gefüllt, die Atmosphäre angenehm. Insbesondere der Umstand, dass Fans beider Vereine anwesend waren, beeindruckte Lapinski nachhaltig, da das in Polen aufgrund der tiefen Rivalitäten unter polnischen

Fans, die von einer langen Gewalttradition geprägt sind, undenkbar ist. Er kam mit einem Mitarbeiter des Fanprojekts ins Gespräch und erfuhr von der konzeptionell begründeten Herangehensweise des Fanprojekts in Babelsberg und dem Netzwerk vergleichbarer Institutionen in Deutschland. Die Kollegen verwiesen ihn an die Koordinationsstelle Fanprojekte (KOS) nach Frankfurt, wo er Informationen über die Arbeit der Fanprojekte auf Basis des NKSS erhielt. Damit begann mit Blick auf die bevorstehende Europameisterschaft 2012 in Polen und der Ukraine eine bemerkenswerte Kooperation. Lapinski hospitierte mehrere Wochen bei der KOS und lernte die Arbeit der lokalen Fanprojekte kennen. Zugleich stellte ihn die KOS auf unterschiedlichen Ebenen als Experten für die polnische Fankultur vor, z. B. beim Europarat oder beim europäischen Netzwerk der Fanbotschaften. Darauf aufbauend präsentierte Lapinski, der sich die Unterstützung wichtiger polnischer Fanszenen organisiert hatte, mithilfe der KOS, des polnischen Sportministeriums und des polnischen Fußballverbands ein Konzept für die Organisation der Fanbetreuung bei der Europameisterschaft in Polen 2012. Dieser Vorschlag fiel, obwohl vorgestellt durch eine – allerdings sehr überzeugende – Einzelperson, auf fruchtbaren Boden, da die Erwartungen der UEFA an die polnischen Behörden aufgrund der Erfahrungen bei den Turnieren seit 2004 sehr konkret waren und es in Polen diesbezüglich eine Leerstelle gab. Lapinski erhielt schließlich den offiziellen Auftrag, die Fanbetreuung während der Europameisterschaften zu organisieren. Er willigte aber nur unter der Bedingung ein, dass das Engagement der polnischen Behörden für die Interessen von Fußballfans nicht auf dieses Turnier beschränkt bleiben dürfe, sondern die Fans in Polen langfristig eingebunden und unterstützt werden sollten. Nur auf dieser Grundlage konnte er die ersten Fanszenen überzeugen, ihn bei der Fanbetreuung während der Europameisterschaft an den vier polnischen Austragungsorten zu unterstützen. Er wollte, dass im polnischen Fußball ein Modellprojekt erprobt wurde, das sich an deutschen Fanprojekten orientierte und darüber hinaus für die langfristige Unterstützung von Fußballfans konzipiert war. Dem stimmten das Sportministerium sowie der polnische Fußballverband schließlich zu. 2010 konnten die ersten polnischen Fanprojekte in Danzig, Breslau, Gdynia und Warschau gegründet werden. Der Rest ist eine erfreuliche Erfolgsgeschichte.

Im Vorfeld der Europameisterschaft 2008, die in Österreich und der Schweiz ausgetragen wurde, war es der Schweizer David Zimmermann, der viele Jahre im Fanprojekt Nürnberg als Sozialarbeiter tätig war. Nach seiner Rückkehr übertrug er die konzeptionellen Erfahrungen aus Deutschland auf die Gegebenheiten in der Schweiz. Viele Jahre warb er auf politischer und sportverbandlicher Ebene für dieses Konzept. Schließlich konnte im Vorfeld der Europameisterschaft 2008 die pädagogische Arbeit mit Fußballfans in der Alpenrepublik etabliert werden.

12.2 Fanarbeit in Polen

Ohne Berücksichtigung der spezifischen Rahmenbedingungen der polnischen Gesellschaft und des Volkssports Fußball sowie der damit zusammenhängenden Gegebenheiten in den Beziehungen in und zwischen den lokalen Fanszenen wäre der Aufbau einer pädagogischen Fanarbeit in Polen zum Scheitern verurteilt gewesen. Durch den politischen Transformationsprozess nach dem Ende des Kalten Krieges und der damit einhergehenden Unsicherheit staatlicher Institutionen – zwischen 1989 und 1997 hatte Polen acht verschiedene Premierminister – waren Regellosigkeit und ein damit verbundenes hohes Level an Gewalt charakteristisch für die polnische Fankultur. Fans kämpften untereinander oder gegen die Polizei. Es gab keine Perspektive, welche die von jungen Menschen geformte Subkultur der Fußballfans in ihren sozialen Dimensionen differenziert wahrgenommen hätte. Gesellschaftliche Reaktionen waren daher ausschließlich repressiv und ausgrenzend, und dementsprechend verhärteten sich die Konfliktlinien. Erst durch den allmählichen Wandel, der zu wirtschaftlichem Aufschwung und einer Stabilisierung demokratischer Strukturen geführt hat, waren die Voraussetzungen gegeben, um die jugendlichen Fans als sozialen Faktor innerhalb ihrer lokalen Verflechtungen anzusprechen.

Dies soll das pädagogische Programm Kibice Razem (Fans vereint) gewährleisten, welches mit Modellprojekten in Danzig (2010), Breslau (2010), Gdynia (2011) und Warschau (2012) startete. In der Anfangsphase wurden diese vier Standorte über bilaterale Kooperationen von den Fanprojekten Jena, Dresden, Bielefeld und Köln begleitet.

Das Programm wurde auf nationaler Ebene federführend vom Ministerium für Sport und Tourismus finanziert und verantwortet. Koordinator auf nationaler Ebene ist seit Beginn Dr. Dariusz Lapinski. Der polnische Fußballverband (PZPN) war enger Kooperationspartner, und nach der Europameisterschaft 2012 wechselte die Trägerschaft zum PZPN. Lapinski ist dort nun sowohl für die Fanbeauftragten der Vereine als auch für die von den Vereinen unabhängigen Kibice-Razem-Projekte verantwortlich. Das Ministerium stellt weiter finanzielle Mittel für die lokalen Fanprojekte zur Verfügung. 2015 wurde der Projektstatus aufgegeben und von der jährlichen Beantragung der Fördergelder auf eine Drei-Jahres-Programmförderung umgestellt, was dem konzeptionell langfristigen Ansatz der Arbeit entgegenkommt. Im Jahr 2022 existierten 18 lokale Standorte in Polen.

Das Programm Kibice Razem wird von einem Netzwerk verschiedener Partner getragen und auf nationaler Ebene vom polnischen Fußballverband koordiniert. Dieser berät bei der Einrichtung von neuen Projektstandorten, organisiert Fort- und Weiterbildungen und ist für Interessierte im In- und Ausland die fachliche Anlaufstelle.

Abbildung 4: Raport koordynacyjny z realizacji Programu KIBICE RAZEM w 2020 roku – Abgestimmter Bericht zum Stand der gemeinsamen Umsetzung des Programms „Fans vereint für das Jahr 2020“

Mit Blick auf die Zielsetzung des Programms ist neben dem Sportministerium und dem PZPN die Beteiligung der kommunalen Behörden und organisierten Fanszenen von zentraler Bedeutung. Von den Fan-Dachverbänden wird erwartet, dass sie sich über gemeinnützige soziale Fördervereine oder Stiftungen einen institutionalisierten Rahmen geben.

Die Kommunen stellen die Räumlichkeiten als unbare Leistungen zur Verfügung und finanzieren teilweise die Gehälter der Mitarbeiter*innen. Jede lokale Einrichtung beschäftigt zwei Personen, wobei jeweils ein Gehalt von den lokalen Behörden und das andere vom Ministerium für Sport und Tourismus finanziert wird. Ein Spezifikum, welches den oben kurz beschriebenen polnischen Gegebenheiten geschuldet ist, liegt darin, dass einer/eine der beiden Angestellten entweder von der lokalen Fanszene vorgeschlagen wird oder sogar aus dieser kommt. Die Fanszenen in Polen sind aufgrund ihres Misstrauens gegenüber staatlichen Behörden in der Regel sehr hermetisch organisiert. Über die Mitwirkung bei der Personalauswahl wird ein für die Arbeit notwendiger Vertrauensvorschuss gewährleistet. Hauptzielsetzungen des Programms sind:

- Unterstützung der Fanszenen bei der Selbstorganisation, z. B. bei der Gründung von gemeinnützigen Fördervereinen;
- Moderation des Dialogs und Hilfe beim Aufbau von Partnerschaften von organisierten Fangruppen und lokalen Netzwerkpartnern wie Kommunen, Vereine, Medien, Schulen;
- Organisation der Jugendarbeit;
- Unterstützung positiv wirkender sozialer Initiativen aus dem Umfeld der Fankultur.

Die lokalen Fanprojekte betätigen sich in Zusammenarbeit mit den lokalen Fanszenen auf vielfältige Weise:

- bei Wohltätigkeitsinitiativen, z. B. durch die Unterstützung für Waisenheime, Ältere oder Obdachlose in den lokalen Communitys;
- in sozialen, sportlichen und erzieherischen Initiativen, z. B. bei der Organisation von Jugendfußballturnieren mit benachteiligten Kindern und Jugendlichen, der Zusammenarbeit mit Schulen oder der Ermöglichung legaler Graffiti auf zur Verfügung gestellten Flächen;
- in der politisch-historischen Bildung, z. B. in Form der Organisation einer Gedenkveranstaltung zu bedeutenden Personen der lokalen Sportgeschichte oder Informationsveranstaltungen zu historischen Ereignissen (z. B. Warschauer Aufstand);
- in der Öffentlichkeitsarbeit mit dem Ziel, die Fankultur in ihrer Vielfalt angemessen und differenziert darzustellen;
- durch Unterstützung bei der Integration von Fans in lokale und überörtliche Netzwerke, z. B. in den nationalen polnischen Fan-Dachverband oder in niedrigschwellige Kooperationen mit Fangruppen des Lokalrivalen;
- durch Unterstützung der internen Selbstregulationskompetenzen, z. B. über die Etablierung von Fan-Chartas.

Anfang 2022 wurde das Programm Kibice Razem um weitere drei Jahre verlängert und der Etat um 30 Prozent erhöht. Drei neue Standorte sollen entstehen.

Übungsfrage

- Fußball als globaler Sport hat das Potenzial, Menschen über Grenzen hinweg zu verbinden. Wo liegen Chancen für Maßnahmen in der internationalen Jugendarbeit, wo liegen Risiken?

Literaturempfehlungen

Fanarbeit Schweiz (2018) (Hrsg.). *Jugendkultur und Fankultur. Jahresbericht 2018*, https://fanarbeit.ch/fileadmin/download/JB/2018_Jahresbericht_Fanarbeit_Schweiz.pdf (Zugriff am 12.7.2022).

Koordinationsstelle Fanprojekte bei der Deutschen Sportjugend (Hrsg.) (2007). *Fans Willkommen. Das Fan- und Besucherbetreuungsprogramm bei der WM 2006*. Frankfurt am Main: im Selbstverlag der Koordinationsstelle Fanprojekte bei der Deutschen Sportjugend.

Kossakowski, R. (2019). Euro 2012, the ‚Civilizational Leap' and the ‚Supporters United' Programme: A Football Mega-event and the Evolution of Fan Culture in Poland. In *Soccer & Society* (5) 20, S. 729–743.

Urban, T. (2011). *Schwarze Adler, Weiße Adler. Deutsche und polnische Fußballer im Räderwerk der Politik*. Göttingen: Verlag Die Werkstatt.

Zhadan, S. (2012). *Totalniy Futbol. Eine polnisch-ukrainische Fußballreise*. Berlin: Edition Suhrkamp.

13. Exemplarische Facetten wissenschaftlicher Forschung zum Partizipationsfeld Fußball als Zuschauer*innensportart

Fußball(fan)bezogene Forschung ist umfangreich und vielfältig. Sie speist sich vorrangig aus sport-, sozial-, gesellschafts-, geistes-, verwaltungs-, polizeiwissenschaftlichen und kriminologischen Zugängen. Bereits in den beiden von Jürgen Schiffer (2004, 2006) herausgegebenen kommentierten Bibliografien *Fußball als Kulturgut* werden mehrere Tausend (populär-)wissenschaftliche Veröffentlichungen erfasst, die sich – angefangen von der Entstehungsgeschichte bis zu philosophischen und theologischen Aspekten des Fußballgeschehens – sämtlichen nur erdenklichen Facetten des Sports und seiner gesellschaftlich bedeutsamen Wirkungen zuwenden. Im Rahmen der Themenstellung dieses Lehrbuches samt seinen Vertiefungen ist es deshalb naheliegend, sich auf Forschungsarbeiten zu beschränken, die sich auf die Zuschauer*innen, ihr Verhalten und daran anknüpfende gesellschaftliche Reaktionen beziehen. Selbst im Rahmen dieser Engführung kann lediglich eine beschränkte Zahl einschlägiger Arbeiten vorgestellt werden. Einen neueren Überblick zu sozialwissenschaftlichen Forschungen zu Fußballfans leistet Kotthaus (2017, S. 32 f.). Er zeigt vier Themenkomplexe auf, die im Fokus der Bearbeitung stehen: Fußball und seine Funktionen für die Gesellschaft, Fragen rund um Gewalt und Abweichung, jugendkulturelle Ansätze sowie Fußball als gemeinschaftsstiftendes Element. Nachfolgend gehen wir chronologisch auf ausgesuchte Publikationen ein, die für uns beim Verfassen des Lehrbuchs maßgebend waren. Wir stellen dabei auch die wichtigsten Institutionen vor, die sich in Deutschland dem fußballbezogenen Zuschauer*innenverhalten, der Fankultur sowie den fußball- und fanbezogenen gesellschaftlichen Konflikten zuwenden.

13.1 Bedeutsame Publikationen der wissenschaftlichen Forschung zum Partizipationsfeld Fußball als Zuschauer*innensportart

Zuschauer*innenbezogene wissenschaftliche Publikationen lassen sich für England ab den 1960er Jahren und für Deutschland ein Jahrzehnt später nachweisen.

Auffällig ist, dass die frühen Arbeiten zum einen kaum empirisch basiert waren und zum anderen soziologischen, sozial- und geisteswissenschaftlichen Quellen entstammten. Sportwissenschaftliche Zugänge wurden durch Pioniere wie Gunter A. Pilz geschaffen, die Betrachtungen des Zuschauer*innenverhaltens zum Gegenstand kontinuierlicher und institutionalisierter Forschung machten.

Lindner, R., Breuer, H. T. (1978). *„Sind doch nicht alles Beckenbauers"*[76]. Zur Sozialgeschichte des Fußballs im Ruhrgebiet. Frankfurt am Main: Syndikat Verlag.

Der Soziologe Rolf Lindner und der Psychologe Heinrich T. Breuer unternahmen mit ihrem Sammelband einen frühen interdisziplinären Versuch, die herausragende Bedeutung des Fußballspiels für das Ruhrgebiet herauszuarbeiten und im historischen Kontext zu verstehen. Dabei wird das Zuschauer*innenverhalten vorrangig als Ausdruck eines engen Verhältnisses zwischen Arbeiterkultur und lokalem Fußballverein gedeutet. Die Thematik wird in hohem Maße über Gespräche, Interviews und Personenporträts erschlossen.

Hopf, W. (Hrsg.) (1979). *Fußball. Soziologie und Sozialgeschichte einer populären Sportart.* Bensheim: Päd. Extra Buchverlag.

Dieser Sammelband vereint (sozial-)historische, soziologische, philosophische, psychologische und sportwissenschaftliche Zugänge zu zahlreichen Phänomenen des Fußballs. Bedeutsam hierbei sind für die Themenstellung dieses Lehrbuchs jene Aufsätze, die sich den Zuschauer*innen, der Geschichte der (gewaltsamen) Ausschreitungen und der frühen Suche nach kritischen Potenzialen im disruptiven Zuschauer*innenverhalten zuwenden. Dies geschieht in frühen Beiträgen der international beachteten Fanforscher Pilz (1979, S. 171 ff.) sowie Dunning und Shead (1979, S. 191 f.).

Heitmeyer, W., Peter, J. (1988). *Jugendliche Fußballfans.* Weinheim und München: Juventa.

In einer Hochphase von Gewalt im Fußballkontext haben die Soziologen Wilhelm Heitmeyer und Jörg-Ingo Peter eine damals viel beachtete und auch heute noch zitierte Studie vorgelegt, die jenseits allgemeiner Skandalisierung das Fansein als Versuch der Alltagsbewältigung und der Überwindung von Ohnmachtsgefühlen

---

76 Unter www.youtube.com/watch?v=chs-bALtAm0 (Zugriff am 10. 5. 2022) ist der 1978 von Lucas Maria Böhmer gedrehte Film *Wir sind keine Beckenbauers – Portrait einer Straßenmannschaft* zugänglich. Rolf Lindner wird als Berater genannt, was die Vermutung nahelegt, dass der Buch- und der Filmtitel auf einer entsprechenden Äußerung eines Straßenfußballers basieren.

innerhalb eines jugend- und subkulturellen Milieus zu interpretieren versucht. Dabei werden auch das Gewaltverhalten und die damals zunehmenden rechtsextremistischen Orientierungen ausgeleuchtet. Um eine bessere Systematisierung vornehmen zu können, entwickeln die beiden Autoren eine von Baacke (1987) eingebrachte Systematisierung weiter und unterscheiden dabei zwischen konsumorientierten, fußballzentrierten und erlebnisorientierten Fans (Heitmeyer, Peter 1988, S. 31 f.). Unter letzteren sind auch gewaltaffine Fans zu finden. Das Spektakel ist bedeutsamer als das sportliche Geschehen. Gewalt mag den Beteiligten einen subjektiven Sinn zu vermitteln, wenn das Spektakel nicht auf andere Weise hergestellt werden kann. Der empirische Teil basiert auf 300 Interviews mit jugendlichen Fußballfans aus zehn Bundesligastädten, die zu einem Zeitpunkt geführt wurden, zu dem Ultragruppen in Deutschland noch keine besondere Relevanz besaßen. Abschließend werden erste Erfahrungen einer Jugendarbeit mit Fans sowie deren mögliche Grenzziehungen thematisiert.

Hahn, E., Pilz, G. A., Stollenwerk, H. J., Weis, K. (1988). *Fanverhalten, Massenmedien und Gewalt im Sport.* Schriftenreihe des Bundesinstituts für Sportwissenschaft, Band 60. Schorndorf: Hofmann.

Der Band basiert auf mehreren Gutachten zum Themenkreis „Sport und Gewalt“. Auf der Basis von Interviews mit jugendlichen Fans wird die Bedeutung jugendlicher Subkulturen für die Entwicklung psychosozialer Identitäten skizziert und erlangt damit unmittelbaren Fanbezug. Ohne ein der Fragestellung angemessenes Forschungsdesign wird anhand von Medienanalysen der Unterhaltungswert von medial vermittelter Gewalt herauszuarbeiten versucht. Dieser „Wert der Gewalt“ begründet auch die negativen Darstellungen von Fußballfans als Gewalttäter, während auf der anderen Seite das unmittelbare Gewaltgeschehen im Sport selbst verharmlost wird. Die Arbeit mündet in ein frühes Plädoyer für eine gezielte Sozialarbeit mit Fußballfans in Form von Fanprojekten.

Schulze-Marmeling, D. (1992). *Der gezähmte Fußball. Die Geschichte eines subversiven Sports.* Göttingen: Verlag Die Werkstatt.

Das Buch gehört zu den wichtigsten Publikationen des seit Jahrzehnten als Fußballsachbuchautor ausgewiesenen Dietrich Schulze-Marmeling. In diesem Band unternimmt der Verfasser eine Reise durch die Geschichte der Zähmung des Fußballs als einem vormals rebellischen und passager subversiven Volkssport hin zu einem modernen, vermarktungskompatiblen Sportspiel. Auf das aktuelle Fangeschehen geht der Politologe und Sportjournalist Martin Kraus in einem Gastbeitrag ein, der – mehr deskriptiv als empirisch angelegt – die damals verbreitete Differenzierung zwischen *Normalos, Kutten* und *Hools* aufnimmt (Krauss 1992, S. 243 ff.).

Bausenwein, C. (1995). *Geheimnis Fußball. Auf den Spuren eines Phänomens.* Göttingen: Verlag Die Werkstatt.
Christoph Bausenwein, der Philosophie und Geschichte studiert hat, legte die bis dahin umfangreichste kritische Aufarbeitung der Kulturgeschichte des Fußballs vor. Der hermeneutische Text streift auf 577 Seiten sämtliche Facetten, die zum Entstehungszeitpunkt dieses Werks mit dem Ballspiel in Berührung sein konnten. Im Vordergrund stehen Betrachtungen von Körperlichkeit, Bewegungskultur und -kunst im Kontext der jeweiligen Epochen. Auf seinem Weg durch die Zeit- und Kulturgeschichte des Fußballs setzt er sich auch mit der Rolle der Zuschauer*innen und hierbei insbesondere mit dem im Entstehungszeitraum des Buches relevanten Hooliganismus auseinander, den er als Macho-Kultur deutet, die auf Entwurzelungserfahrungen von Jugendlichen fußt.

Gehrmann, J., Schneider, T. (1998). *Fußballrandale. Hooligans in Deutschland* (3., erw. Auflage). Essen: Klartext Verlag.
Ausgehend von den Fanausschreitungen während der Fußballweltmeisterschaft 1998 wurde das Konzept einer früheren Publikation von Gehrmann (1990) erweitert, das vorrangig auf die Phänomenologie der deutschen Hooligan-Szene fokussierte. Auf der Basis eigenen Erfahrungswissens aus ihren Tätigkeiten in Fanprojekten, von Interviews und der Auswertung aktuellen Schrifttums versuchen die beiden Autoren die Gründe für das Gewaltverhalten zu erhellen. Entwicklungs- und sozialpsychologische Faktoren bleiben allerdings (weitgehend) ausgeblendet.

Pilz, G. A., Behn, S., Klose, A., Schwenzer, V., Steffan, W., Wölki, F. (2006). *Wandlungen des Zuschauerverhaltens im Profifußball.* Schriftenreihe des Bundesinstituts für Sportwissenschaft, Band 114. Schorndorf: Hofmann.
Dieser im Vorfeld der Fußballweltmeisterschaft 2006 vorgelegte Forschungsbericht ist die bedeutendste Forschungsarbeit zum Zuschauer*innenverhalten, die bislang im deutschsprachigen Raum vorgelegt wurde. Über mehr als zwei Jahre hinweg erarbeitete ein interdisziplinäres Forschungsteam, das von einem Beirat begleitet wurde, eine dreiteilige Metastudie, die sich den aktuellen Entwicklungen innerhalb der Fanszene zuwandte:

> „Neben der Analyse der Ultrakultur und der Erforschung der Schnittstellenarbeit zwischen Polizei und Sozialarbeit wird ein fokussierter Blick auf rassistisches, fremdenfeindliches und rechtsextremes Zuschauerverhalten gelegt“ (Pilz u. a. 2006, S. 11).

Kern der Studie war die Beforschung der deutschen Ultraszene. Neben einer

Literaturrecherche wurde 1 500 Ultras ein Fragebogen zugesandt. Der Rücklauf von 230 Bögen war nur bedingt repräsentativ, weshalb qualitative Inhaltsanalysen von Selbstzeugnissen (Fanzines, Internetseiten und -foren) als qualitativer Informationsersatz gewertet wurde (Pilz u. a. 2006, S. 67). Arrondiert wurde das Forschungskonzept durch leitfadengestützte Interviews mit einzelnen Ultras und verschiedenen Expert*innen.

Die zweite Teilstudie zum Verhältnis zwischen Sozialer Arbeit und Polizei im europäischen Kontext der Fanbetreuung basierte auf einer Literatur- und Dokumentenrecherche, der Befragung von Schlüsselpersonen sowie der Auswertung eigens durchgeführter Fachkonferenzen (Klose, Steffan 2006, S. 241 ff.). Zu den beiden Schwerpunkten wurden ausgesuchte Expertisen aus verschiedenen europäischen Ländern eingeworben.

Ein dritter Schwerpunkt lag in der Beforschung von Rassismus, Fremdenfeindlichkeit und Rechtsextremismus im Zuschauer*innenverhalten (Behn, Schwenzer 2006, S. 320 ff.). Feldbeobachtung, situationsflexible Gespräche, leitfadengestützte Expert*inneninterviews und Werkstattgespräche bildeten das methodische Instrumentarium, um Zugänge zu einem sensiblen Thema zu eröffnen (ebenda, S. 326 ff.).

Dieser Forschungsbericht gilt bis heute als die zentrale Grundlagenforschung zum Zuschauer*innenverhalten in Deutschland. Recht offen berichten die Autor*innen über Schwierigkeiten beim Zugang zu Ultras und anderen expressiven Fanszenen. Die mit der Studie getroffenen Einschätzungen sowie die daraus abgeleiteten Handlungsempfehlungen hatten bereits Einfluss auf das Sicherheitskonzept der Fußballweltmeisterschaft 2006 und wirken bis heute fort.

Exkurs 12: Ethnografische Ansätze

Das Interesse der Forschung an Fußballfans, Fankultur und der Arbeit der Praktiker*innen hat in den letzten Jahrzehnten zugenommen. Dies gilt insbesondere für die Forschung zu und über Fußballfans, insbesondere zu Ultras, sowie den Versuch, Fanszenen zu kategorisieren. Mittlerweile liegt eine Fülle an Aufsätzen und kleineren Forschungsarbeiten im Rahmen von (universitären) Abschlussarbeiten vor, daneben auch eine Reihe forschungsintensiver Dissertationen. Die Vielzahl dieser Publikationen kann hier nicht abgebildet werden.

Ethnografische Ansätze und Methoden prägen derzeit die wissenschaftlichen Qualifikationsarbeiten zu und über Fußballfans. Almuth Sülzle, eine der ersten ethnografisch Forschenden (2011) im Feld der Fußballfanszene, gab den Anstoß für andere, sich diesem Feld offen zu nähern und eine methodische Herangehensweise zu wählen, die vertiefte Blicke ins Feld erlaubt, welche nur über eine hohe Sensibilität erreicht werden können. Ethnografisch angelegte Dissertationen jüngeren Datums bieten Einblicke in Fragestellungen zu Interaktionen von Fußballfans

(Winands 2015), Frauen in Ultraszenen (v. d. Heyde 2018), Selbstbildern von Ultraszenen (Thalheim 2019a) und Religion und Fußball (Probst 2022). Exemplarisch wird nachfolgend die Studie von Kathöfer und Kotthaus dargestellt, in der ethnografische Ansätze Anwendung finden und die im Gegensatz zu weiter oben vorgestellten Studien nicht extern finanziert wurde.

Kathöfer, S., Kotthaus, J. (Hrsg.) (2013). ***Block X – Unter Ultras. Ergebnisse einer Studie über die Lebenswelt Ultra in Westdeutschland.*** **Weinheim und Basel: Beltz Juventa.**

Die Studie über die deutsche Ultraszene der Autoren Sven Kathöfer und Jochem Kotthaus sowie weiterer Mitarbeiter*innen des Fachbereichs Angewandte Sozialwissenschaften der Fachhochschule Dortmund basiert auf 55 narrativen Interviews mit Angehörigen der Ultraszene. Aufgrund der schwierigen Zugänge zum Forschungsfeld generierten sich die Kontakte zu den interviewten Personen nach dem Schneeballprinzip (ebenda, S. 15), d. h., die Studie bildet die Lebenswelt eher zugänglicher Personen ab. Interviewt wurden drei Frauen und 52 Männer im Alter zwischen 18 und 35 Jahren. Rund die Hälfte war zwischen 18 und 23 Jahren alt. Unter den Befragten dominieren Schüler*innen und Student*innen sowie Angestellte des öffentlichen Dienstes (ebenda, S. 283). Die Zugangswege zu den Ultraszenen haben ähnliche Ausgangspunkte wie die zu anderen Fans. Die weiteren Entwicklungen und Differenzierungen basieren auf Erfahrungen, vor allem aber auf gruppenspezifischen Inszenierungs-, Kommunikations- und Integrationsleistungen. Ultragruppen erhalten durch die Integration neuer Szeneartefakte in die Praktiken der Fanszenen den Status von Vorreitern (ebenda, S. 269). Positionierungen innerhalb der Gruppen- und Szenehierarchie ergeben sich – wie bei anderen expressiven Jugendkulturen auch – aus subkulturell relevanten Leistungen und dem individuellen Prestige. Was den Aufbau der Szenen anbelangt, haben die Autoren drei Zonen (harter Kern, Konvektionszone, Korona) identifiziert, die sie in acht Subgruppen aufgeteilt haben (ebenda, S. 173 ff., S. 271):

- im *harten Kern* die Initiator*innen, Idealisierten und Subkulturellen;
- in der *Konvektionszone* die Balancierer*innen[77] und Anwärter*innen;
- und schließlich in der *Korona* die Gruppenlosen, Freerider[78], Personen im Umfeld und Auffällige.

---

77 Personen, denen es gelingt, Aktivitäten innerhalb und außerhalb der Subkultur im Rahmen ihrer Alltagsgestaltung „auspendeln“ zu können (Kathöfer, Kotthaus 2013, S. 174).

78 Ein Begriff aus der Biker- und Rockerszene für Biker ohne Gruppenanschluss, die ansonsten die *Standards* der Szenezugehörigkeit erfüllen.

Was Struktur- und Hierarchiebildungen angeht, zeigen sich deutliche Übereinstimmungen mit anderen, bereits früher erforschten jugendlichen Subkulturen (ex.: Simon 1989b, S. 138 ff.).

Kubera, T., Kugelmann, D. (2019). *Fußballgroßveranstaltungen im Spannungsverhältnis zwischen Freiheit und Sicherheit. Eine wissenschaftliche Untersuchung zur Bedeutung von Kommunikation und Dialog.* Wiesbaden: Springer VS.
Dieser Band präsentiert die wissenschaftlichen Ergebnisse eines vom Bund geförderten Forschungsprojektes zur Verbesserung der Kommunikationsstrukturen und der Optimierung des Dialoges im Rahmen von Polizeieinsätzen bei Fußballgroßereignissen. Er spiegelt nicht die Sichtweise der kritischen Sozialwissenschaften oder der Fans selbst wider. Thomas Kubera, leitender Polizeidirektor der Polizei in Nordrhein-Westfalen, und Dieter Kugelmann, Professor für Polizeirecht, legen aus polizeilicher Perspektive eine differenzierte und an manchen Stellen durchaus polizeikritische Diskursanalyse des Fußballgroßereignisse begleitenden interaktiven Geschehens zwischen Polizei, Fans, Fanbeauftragten der Vereine und Mitarbeiter*innen einzelner Fanprojekte vor. Sie basiert auf Untersuchungen an 25 Standorten der ersten drei Profiligen, die vorrangig mittels Interviews und Expert*innenbefragungen durchgeführt wurden. Einen breiten Raum nehmen unterschiedlich konzipierte Diskursanalysen ein, so etwa zu der bereits lange existenten symbiotischen Beziehung zwischen Medienberichterstattung und Gewalt, der Rolle sozialer Medien und – ausführlicher – zu den Kommunikationsbeziehungen der formal an der Gewährleistung eines *sicheren Fußballs* beteiligten Akteure. Ziel dieser Studie ist eindeutig eine verbesserte Sicherheitsgewährung bei Fußballspielen durch klarer geregelte Kompetenzen, transparente und nachvollziehbare Zuständigkeitsfestlegungen sowie eine verbesserte Kommunikation zwischen allen Beteiligten, wobei Fans und Fansozialarbeit – bei klarer Dominanz des Primates *Sicherheit* – einbezogen sein sollen.

Deutsche FußballFanstudie
Im Rahmen der vom DFB und der DFL finanzierten Deutschen FußballFanstudie arbeiteten von 2014 bis 2017 in einem unabhängigen Forschungsverbund[79] Wissenschaftler*innen der Universität Bielefeld unter Leitung von Andreas Zick, der Universität Kassel unter der Leitung von Heidi Möller und der Fachhochschule Potsdam unter der Leitung von Andreas Klose zusammen. Während die Studienergebnisse der quantitativen Erhebung der Bielefelder zu Fanidentitäten

79 Die Zusammensetzung der Studienleitungen und des Studiendesigns kann auf den ehemaligen Wissenschaftlichen Beirat der DFL zurückgeführt werden.

für die wissenschaftliche Öffentlichkeit zugänglich sind (u. a. Winands, Grau u. a. 2017), gibt es von der Potsdamer Erhebung zur Präventionsarbeit des Netzwerks Fußball einen Abschlussbericht (Klose, Zeyn u. a. 2017), der nicht öffentlich zugänglich ist. Gleichwohl ist an der Fachhochschule Potsdam durch die Implementierung eines Zertifikatsstudiengangs für Fanbeauftragte und die Einführung eines Modells zur Zusammenarbeit im Netzwerk Fußball, den *Stadionallianzen,* Praxisrelevanz geschaffen worden. Die Studienergebnisse der Universität Kassel zu Selbstregulationskompetenzen von Fußballfans sind ebenfalls nicht öffentlich einsehbar, wurden aber dem Netzwerk der Fanarbeit in Vorträgen und in Form eines Abschlussberichtes zugänglich gemacht (Möller, Hinn u. a. 2017). Die Teilforschungsprojekte aus Potsdam und Kassel haben als Praxisforschungen angelegt Eingang in die Praxis gefunden. Die Ergebnisse der Bielefelder werden wissenschaftlich rezipiert.

Reihe Sportfans im Blickpunkt sozialwissenschaftlicher Forschung
In dieser Reihe des Verlags Beltz Juventa werden seit 2017 von Andreas Grau, Judith von der Heyde, Jochem Kotthaus, Holger Schmidt und Martin Winands Monografien und Herausgeberschriften veröffentlicht. Mit dem ersten Band *Sozialwissenschaftliche Perspektiven der Fußballfanforschung* (Grau, v. d. Heyde u. a. 2017) definiert sich die Reihe als Ausgangspunkt einer sozialwissenschaftlich fundierten Forschung zu Fußball(fan)kultur, die interdisziplinäre Zugänge und verschiedene theoretische Blickwinkel miteinander verbindet.

FuG – Zeitschrift Fußball und Gesellschaft
Mit der *FuG – Zeitschrift für Fußball und Gesellschaft* erscheint seit 2019 im Barbara Budrich Verlag eine wissenschaftliche Fachzeitschrift zu Themen rund um Fußball und Fankultur. Die Hefte werden aus dem interdisziplinären Herausgeber*innenkreis (Nina Degele, Karolin Heckemeyer, Judith von der Heyde, Jochem Kotthaus, Katja Sabisch, Holger Schmidt) themenspezifisch geplant und richten sich mit einem Call for Papers und einem Peer-Review-Verfahren an eine (sozial-)wissenschaftliche Fachöffentlichkeit (www.budrich-journals.de, Zugriff am 10. 4. 2022).

13.2 Institutionen, die sich dem Partizipationsfeld Fußball als Zuschauer*innensportart wissenschaftlich zuwenden

Forschungsarbeiten, die sich zwischen den 1970er Jahren und 2010 dem Zuschauer*innenverhalten im Fußballsport gewidmet haben, entstanden meist aufgrund aktueller Anlässe oder der persönlichen Interessen der Forschenden.

Darauf spezialisierte Institutionen bildeten sich relativ spät, auch weil diesem Thema innerhalb von Forschung und Lehre noch immer ein Exotenstatus zugewiesen wird.

Koordinationsstelle Fanprojekte bei der Deutschen Sportjugend (KOS)
Während Fußballfanforschung oder auch Fanarbeitsforschung bisher sowohl institutionell als auch disziplinär wenig verankert ist, gelingt es der KOS kontinuierlich, aktuelle gesellschaftliche Entwicklungen und die damit verbundenen Herausforderungen für die Fanprojektarbeit darzustellen. Die KOS fungiert neben ihrer Lenkungsfunktion für die deutsche Fanprojektarbeit auch als eine Schnittstelle zwischen Wissenschaft und Praxis. Während Wissenschaft Probleme theoretisch bearbeitet, müssen die Praktiker*innen der Fanprojektarbeit die aus dem Fan- und Fußballgeschehen resultierenden Problemlagen und Herausforderungen bewältigen. Über die biennalen Bundeskonferenzen der KOS werden Themen gesetzt, die einen Theorie-Praxis-Transfer ermöglichen (Kotthaus, Schmidt u. a. 2021, S. 629). Netzwerke, bestehend aus namhaften wissenschaftlichen Vertreter*innen, Stakeholdern der Fußball(fan)kultur und (Jugend-) Politik werden adressiert, um die aktuellen Herausforderungen im Diskurs mit der Praxis zu bearbeiten. Die Erkenntnisse der Bundeskonferenzen werden in den KOS-Schriften (KOS 1994–2021 ff.) mit Beiträgen aus Wissenschaft und Praxis publiziert. Die KOS zeichnet dabei als Herausgeberin die großen Linien der Fanprojektarbeit nach und bündelt die Erkenntnisse. Während in den Anfängen die Grundsätze einer Sozialen Arbeit mit Fußballfans und die Spezifika und Bedarfe von Fankultur herausgestellt wurden (u. a. KOS 1994, 1994a, 1995, 1995a, 2002), wurde später mehr Wert auf die Beschreibung und Reflexion der Arbeit der Fanprojekte gelegt (ex.: KOS 2000, 2000a, 2016). Daneben wird der Blick auf gesellschaftliche Entwicklungen geworfen, die auf die Fußball(fan)kultur einwirken. Besonders hervorzuheben ist die frühe Auseinandersetzung mit Weiblichkeiten im Fußball in Kooperation mit F_in (KOS, Hagel, Selmer, Sülzle 2005), die 2019 um eine Publikation zur gendersensiblen Arbeit in Kooperation mit der KoFaS weiterentwickelt wurde (KOS 2020). Schon 2018 setzte die KOS ein wichtiges Zeichen, Fans als Stakeholder des modernen Fußballs zu etablieren, und zeigte schwindende Mitbestimmungsmöglichkeiten rund um den Fußball auf (KOS 2018). Zusätzlich bildet die KOS über ihre Jubiläumsbroschüren (KOS 2013a, 2018a), Sachberichte (2005–2020 ff.) und Publikationen zur Fanbetreuung bei internationalen Turnieren (1999–2019 ff.) transparent die Arbeit der Fanprojekte und der KOS ab. Vor Kurzem wurde eine Publikation der Fanprojektarbeit unter Pandemiebedingungen (KOS 2020a) veröffentlicht.

Kompetenzgruppe Fankulturen & sportbezogene Soziale Arbeit (KoFaS)

Auf maßgebliche Initiative von G. A. Pilz wurde 2012 die KoFaS gegründet. Sie war anfangs bundesweit die erste Einrichtung an einer Universität, die sich mit Problemen der Fangewalt und Ausschreitungen im Sport beschäftigte (Pilz, Kuhlmann 2015, S. 209). Die Arbeit der KoFaS basierte ursprünglich auf drei Säulen:

1. Forschung und Konzeptentwicklung in Form anwendungsorientierter Drittmittelprojekte,
2. Beratung und Expertise,
3. Lehre und Qualifizierung (ebenda).

Als vierte Säule kann mittlerweile die Herausgabe der KoFaS-Reihe gewertet werden, in der eigene Forschungsergebnisse, aber auch Befunde aus Kooperationsprojekten – etwa mit der Koordinationsstelle Fanprojekte bei der Deutschen Sportjugend (KOS) – publiziert werden.

Zum Jahreswechsel 2020/21 hat sich die KoFaS von der Universität Hannover abgenabelt und arbeitet mit Sitz in Berlin in der Rechtsform einer gemeinnützigen GmbH als unabhängiges und interdisziplinäres Forscher*innen- und Berater*innenteam an gesellschaftlichen Themen und Zusammenhängen im und um den Sport (www.kofas-ggmbh.de, Zugriff am 11. 1. 2022).

Ein anderer Teil des früheren KoFaS-Teams hat am Standort Hannover den Verein Icando – Verein für Spiel, Sport und Soziale Arbeit gegründet, der inner- und außerschulische sozialpädagogisch begleitete Sportangebote vorhält, Beratung leistet und Forschungsfragen bearbeitet (www.icando-verein.de, Zugriff am 11. 1. 2022).

Institut für Fankultur der Universität Würzburg

Im Jahr 2012 wurde am Institut für Sportwissenschaft der Julius-Maximilians-Universität Würzburg unter maßgeblicher Mitwirkung des Sportwissenschaftlers Harald Lange das Institut für Fankultur e. V. gegründet. Bislang ist dieses Institut mit einer 2018 begonnenen Fanbefragung in Erscheinung getreten, deren abschließende Ergebnisse zum Redaktionsschluss dieses Buches noch nicht vorgelegt wurden. Der Ruf des Instituts leidet – gerade in den Fanszenen, aber auch unter Expert*innen – daran, dass die für das Institut tätigen Fanforscher Martin Thein und Jannis Linkelmann[80] für das Bundesamt für Verfassungsschutz gearbeitet haben.[81]

---

80 Linkelmann und Thein haben u. a. zusammen das Buch *Ultras im Abseits? Portrait einer verwegenen Fankultur* vorgelegt.

81 Der Beantwortung einer diesbezüglichen Kleinen Anfrage von Abgeordneten der Frak-

Bundesinstitut für Sportwissenschaft (BISP)

Das BISP hat als nachgeordnete Behörde des Bundesministeriums des Innern und für Heimat (BMI) die Aufgabe, Forschungsbedarfe zu ermitteln und Forschungsvorhaben auf dem Gebiet des Leistungssports zu initiieren, zu fördern, zu koordinieren und die Forschungsergebnisse auszuwerten (www.bisp.de, Zugriff am 12. 1. 2022).

Schwerpunkte der eigenen Forschung finden sich in den Themenfeldern Sportinfrastruktur, sozialstrukturelle Voraussetzungen, Entwicklungen von Athlet*innen, Leistungssport, Trainingslehre, Politikberatung, (sport-)technologische Entwicklung, Fragen der Ethik und der Integrität im Sport. Die Schriftenreihe des Bundesinstituts für Sportwissenschaft repräsentiert eine breite und heterogene Auffächerung. Das Themenspektrum reicht über Motorik, Bewegung, Trainingslehre im breiten Feld der olympischen Sportarten, Sportstätten und allgemeine Sportwissenschaft bis hin zu „Blut und/oder Urin zur Dopingkontrolle" oder „Menstruationszyklusgesteuertes Krafttraining". Zuschauer*innenbezogene Forschung steht eher am Rande. Neben dem Grundlagenband von Pilz (2006) wurde lediglich ein Frühwerk der Debatte (Hahn u. a. 1988) in der mittlerweile 173 Bände umfassenden Reihe[82] publiziert.

Bündnis Aktiver Fußballfans

Der 1993 unter dem Namen Bündnis antifaschistischer Fanclubs gegründete und 1998 in Bündnis Aktiver Fußballfans (BAFF) umbenannte Zusammenschluss rassismuskritischer Fans ist nicht als forschende Institution im engeren Sinne zu verstehen. In Veröffentlichungen, die das Bündnis selbst oder einige ihrer Protagonist*innen in Zusammenarbeit mit anderen Autor*innen und Sozialwissenschaftler*innen vorgelegt haben, wurden kritische Beiträge zur Entwicklung des Fußballgeschehens unter Einbeziehung hermeneutischer Betrachtungen und sozialwissenschaftlicher Befunde veröffentlicht (ex.: Bott, Chlada, Dembowski 1998; Dembowski, Scheidle 2002; Bündnis Aktiver Fußballfans 2003, 2004).

AG Fansozialarbeit der DGSA

Unter dem Dach der Fachgruppe Bewegung Sport und Körper der Deutschen Gesellschaft für Soziale Arbeit hat sich 2020 eine Arbeitsgruppe Fansozialarbeit gegründet. Ziel der Arbeitsgruppe ist der Austausch der Sozialarbeitswissenschaft mit der Praxis der Fanprojektarbeit (www.dgsa.de, Zugriff am 10. 4. 2020).

---

tion DIE LINKE stehen, so die Antwort des Bundesministeriums des Innern, „evidente Geheimhaltungsgründe entgegen" (Deutscher Bundestag 2018, S. 2).

82 Stand Januar 2022.

13.3 Perspektiven der Forschung zur Fanprojektarbeit

Forschung, die über die Arbeit im Sicherheitsnetzwerk Fußball hinausgehend sich vorrangig auf die Jugend- und Jugendsozialarbeit der Fanprojekte bezieht, ist bislang selten. Dies hat auch mit den Fördermechanismen zu tun. Einschlägige Forschungsförderung erfolgt aus den Sportwissenschaften, den Fußballverbänden oder – mit (polizei-)präventiver Schwerpunktsetzung – aus ministeriellen Mitteln (Gabler 2017). Sowohl die Sozialarbeitswissenschaft als auch die wissenschaftliche Pädagogik weisen Distanz zu diesem Themenbereich auf. In ständiger Konkurrenz um knappe Forschungsgelder bleibt wenig Raum für die Beforschung eines kleinen Arbeitsfeldes, das mehr ist als nur Präventionsarbeit (Scherr 2018). Aktuelle Forschungsvorhaben fokussieren auf Demokratiebildung in der Fanprojektarbeit, die Rolle von Körper und Leiblichkeit der Fans in der Fanprojektarbeit (Albus, Arnold u. a. 2022, S. 14 f.), Sorgebeziehungen sowie die Frage, wie politisch die Soziale Arbeit mit Fußballfans sein kann und will. Unverändert fehlen interdisziplinäre Ansätze, die Bündelung der Erkenntnisse im Sinne einer disziplinübergreifenden Forschung und ein systematisierter Wissenstransfer zu den Akteur*innen des Fußballgeschehens und hierbei insbesondere zu denjenigen, die regelmäßig mit Fans und Fanverhalten konfrontiert sind.

14. Adressen wichtiger Organisationen und Initiativen

Arbeitsgemeinschaft Fananwälte
c/o Angela Furmaniak
Turmstraße 10
79539 Lörrach
www.fananwaelte.de

AWO-Passgenau e. V.
Trägerverbund der Fanprojekte e. V.
c/o AWO Südwest gGmbH
Sankt-Michael-Straße 2
66424 Homburg
www.awo-passgenau.de

BBAG e. V. – KickIn!
Beratungsstelle Inklusion im Fußball
Meisenstraße 96
33607 Bielefeld
www.inklusion-fussball.de

Bündnis Aktiver Fußballfans (BAFF)
Postfach 350854
10217 Berlin
www.aktive-fans.de

Bündnis für ein Zeugnisverweigerungsrecht in der Sozialen Arbeit (BfZ)
c/o Landesarbeitskreis Mobile Jugendarbeit Sachsen e. V.
Untere Aktienstraße 12
09111 Chemnitz
www.zeugnis-verweigern.de

Bundesarbeitsgemeinschaft der Fanprojekte e. V.
c/o Fanprojekt Karlsruhe
Moltkestraße 22
76133 Karlsruhe
www.bag-fanprojekte.de

BundesBehindertenFanArbeitsgemeinschaft e. V. (BBAG)
c/o Alexander Friebel
Lipper Hellweg 92
33605 Bielefeld
www.bbag-online.de

Bundesinstitut für Sportwissenschaften
Graurheindorfer Str. 198/7
53117 Bonn
www.bisp.de

Dachverband der Fanhilfen e. V.
Leisewitzstr. 37 B
30175 Hannover
www.dachverband-fanhilfen.de

Deutsche Akademie für Fußballkultur
c/o Stadt Nürnberg, Amt für Kultur und Freizeit
Bauhof 5
90402 Nürnberg
www.fussball-kultur.org

Deutscher Fußball-Bund e. V. (DFB)
DFB-Campus
Kennedyallee 274
60528 Frankfurt am Main
www.dfb.de

Deutsche Fußball Liga GmbH (DFL)
Guiollettstraße 44–46
60325 Frankfurt am Main
www.dfl.de

Deutsche Gesellschaft für Soziale Arbeit (DGSA)
Fachgruppe Bewegung, Sport und Körper
AG Fansozialarbeit
c/o Prof. Dr. Heiko Löwenstein
Katholische Hochschule NRW. Abt. Köln
Fachbereich Sozialwesen
Wörthstraße 10
50668 Köln
www.dgsa.de/index.php?id=131

Deutsche Sportjugend (dsj)
Otto-Fleck-Schneise 12
60528 Frankfurt am Main
www.dsj.de

FC PlayFair!
Verein für Integrität und Nachhaltigkeit im Fußball e. V.
Otto-Lilienthal-Str. 24
71034 Böblingen
www.fcplayfair.org

Fankurve OST
dAch gGmbH
Goethestraße 38
13086 Berlin
www.fankurve-ost.de

Fanrechtefonds
c/o Tobias Westkamp
Hohenstaufenring 17
50674 Köln
www.fanrechtefonds.de

F_in – Netzwerk Frauen im Fußball
c/o IB Südwest gGmbH
Fanprojekt Offenbach
Luisenstraße 61
63071 Offenbach
www.f-in.org

Football Against Racism in Europe (FARE)
PO Box 72058
EC1P 1UH London
United Kingdom
www.farenet.org

Football Supporters Europe e. V. (FSE)
Coordinating Office
PO Box 306218
20328 Hamburg
www.fanseurope.org

Fußballfans gegen Homophobie e. V.
Postfach 610331
10925 Berlin
www.fussballfansgegenhomophobie.org

IcanDo – Verein für Spiel, Sport und Soziale Arbeit in Hannover
Oberstraße 13 a
30167 Hannover
www.icando-verein.de

Institut für Fankultur
Julius-Maximilians-Universität Würzburg
Institut für Sportwissenschaft
Judenbühlweg 11
97082 Würzburg
www.hw.uni-wuerzburg.de/fanforschung

Institut für interdisziplinäre Konflikt- und Gewaltforschung (IKG)
Universität Bielefeld
Universitätsstr. 25
33615 Bielefeld
www.uni-bielefeld.de/zwe/ikg

Kompetenzgruppe Fankulturen & sportbezogene Soziale Arbeit (KoFaS gGmbH)
Gotzkowskystraße 8
10555 Berlin
www.kofas-ggmbh.de

Koordinationsstelle Fanprojekte bei der Deutschen Sportjugend (KOS)
Otto-Fleck-Schneise 12
60528 Frankfurt am Main
www.kos-fanprojekte.de

LAG Fanprojekte NRW
Universitätsstraße 83
44789 Bochum
www.lag-fanprojekte-nrw.de

Lernort Stadion e. V.
Weserstraße 29
10247 Berlin
www.lernort-stadion.de

Netzwerk gegen Sexismus und sexualisierte Gewalt
c/o IB-Fanprojekt Offenbach
Luisenstr. 61
63067 Offenbach
www.fussball-gegen-sexismus.de

!Nie Wieder
Evangelische Versöhnungskirche in der KZ-Gedenkstätte Dachau
c/o Diakon Frank Schleicher
Alte Römerstr. 87
85221 Dachau
www.niewieder.info

Pro Fans
Postfach 028863
10131 Berlin
www.profans.de

Queer Football Fanclubs (QFF)
c/o Conny Batz
Am Galgenberg 21
34286 Spangenberg
www.queerfootballfanclubs.org

SUBFan – Beratung und Begleitung von substanzgebrauchenden Fußballfans
Katholische Hochschule Nordrhein-Westfalen
Standort Köln
Wörthstraße 10
50668 Köln

Supporters Direct Europe (SDE)
74 South Mall
Cork
T12F3FD
Ireland

Unsere Kurve e. V.
Alfred-Pfaff-Straße 1
60386 Frankfurt am Main
Deutschland
www.unserekurve.de

Literatur

Albus, J. (2020). Fanprojekte und Fansozialarbeit – (Wirkungs-)Erwartungen im Spannungsfeld von Sicherheit und Adressat*innenorientierung. In *Standpunkt: Sozial* (30) (2-3), (S. 84–93). Hamburg: Im Eigenverlag der Hochschule für Angewandte Wissenschaften Hamburg, Fakultät Wirtschaft und Soziales.

Albus, J., Arnold, P., Kotthaus, J. und Schröder, M. (2022). Mittelstürmer oder Ersatzbank. Die Arbeit der Fanprojekte – zuvor, jetzt und in der Pandemie. In P. Arnold und J. Kotthaus (Hrsg.). *Soziale Arbeit im Fußball. Theorie und Praxis sozialpädagogischer Fanprojekte* (S. 11–22). Weinheim und Basel: Beltz Juventa.

Arbeitsgruppe Nationales Konzept Sport und Sicherheit (1992). *Arbeitsgruppe Nationales Konzept Sport und Sicherheit. Ergebnisbericht.* Düsseldorf.

Arbeitskreis Fanarbeit (Hrsg.) (2020). *Für eine gelingende Zusammenarbeit von Fanbeauftragten und Fanprojekten.* Unter: www.kos-fanprojekte.de/fileadmin/user_upload/materialien/Richtlinien-DFB-DFL/Brosch%C3%BCre_Arbeitskreis_Fanarbeit_2020.pdf.

Arnold, P., Kotthaus, J. (Hrsg.) (2022). *Soziale Arbeit im Fußball. Theorie und Praxis sozialpädagogischer Fanprojekte.* Weinheim und Basel: Beltz Juventa.

Baacke, D. (1987). *Jugend und Jugendkulturen. Darstellung und Deutung.* Weinheim und München: Juventa.

Balestri, C., Podaliri, C. (1994). Italien: Kurze Geschichte der „Ultra"-Fankultur und ihre Beziehung zur Politik. In Übersteiger (Nr. 9/30. September), S. 8–10.

Balestrini, N. (1994). *I Furiosi.* Berlin: Edition ID-Archiv.

Bauer, J. (2017). *Peter Grohmann wird 80 – Rede von Joe Bauer* (unveröffentlichtes Manuskript).

Bausenwein, C. (1995). *Geheimnis Fußball. Auf den Spuren eines Phänomens.* Göttingen: Verlag Die Werkstatt.

Beć, R. (2022). Das fehlende strafprozessuale Zeugnisverweigerungsrecht in der Sozialen Arbeit. In P. Arnold, J. Kotthaus (Hrsg.). *Soziale Arbeit im Fußball. Theorie und Praxis sozialpädagogischer Fanprojekte* (S. 274–288). Weinheim und Basel: Beltz Juventa.

Beck, O. (2016, 7. Dezember). Eine Schwalbe muss sitzen – Punkt! *Stuttgarter Zeitung,* o. S.

Behn, S., Schwenzer, V. (2006). Rassismus, Fremdenfeindlichkeit und Rechtsextremismus im Zuschauerverhalten und Entwicklung von Gegenstrategien. In G. A. Pilz, S. Behn, A. Klose, V. Schwenzer, W. Steffan, F. Wölki, *Wandlungen des Zuschauerverhaltens im Profifußball* (S. 459–484), Schriftenreihe des Bundesinstituts für Sportwissenschaft, Band 114. Schorndorf: Hofmann.

Beichelt, T. (2018). *Ersatzspielfelder. Zum Verhältnis von Fußball und Macht.* Berlin: Suhrkamp.

Beitzel, P. (2017). Ausweitung der Kampfzone vom Stadion auf die Straße und zurück. Deutsche Hooligans im (Fan-)Kulturkampf. In R. Gebhardt (Hrsg.), *Fäuste, Fahnen, Fankulturen. Die Rückkehr der Hooligans auf der Straße und im Stadion* (S. 13–47). Köln: PapyRossa Verlag.

Beyer, B.-M. (2021). *71/72. Die Saison der Träumer* (2. Aufl.). Göttingen: Verlag Die Werkstatt.

Böttiger, H. (1989). Erst der Sturmlauf, dann der Frust. Die gesellschaftliche Umbruchphase zwischen 1967 bis 1969 zeigte auch im Fußball große Widersprüche. In ders. (Hrsg.), *„Der VfB grüßt den tapferen Vietcong". Stuttgart in den 60er Jahren. Die Serie aus der Stuttgarter Zeitung* (S. 101–111). Stuttgart: Flugasche-Verlag.

Bott, C. (2015). Fußball-Fankultur in Deutschland. In P.-U. Wendt, S. Roggenthin, R. Schenkel, T. Simon, M. Thomas (Hrsg.), *Fußball global. Ein Spiel dauert länger als 90 Minuten. Interdisziplinäre Beiträge zu Phänomenen des Fußballsports* (S. 48–67). Halle: Mitteldeutscher Verlag.

Bott, C. (2016). Fußballfans im 21. Jahrhundert. In Der PARITÄTISCHE Sachsen-Anhalt (Hrsg.), *Chancen und Grenzen der Präventionsarbeit mit Fußballfans* (S. 40–54). Magdeburg: Eigenverlag des PARITÄTISCHEN Sachsen-Anhalt.

Bott, D., Chlada, M., Dembowski, G. (1998). *Ball & Birne. Zur Kritik der herrschenden Fußballkultur.* Hamburg: VSA Verlag.

Buderus, A., Dembowski, G., Scheidle, J. (Hrsg.) (2001). *Das zerbrochene Fenster. Hools und Nazi-Skins zwischen Gewalt, Repression, Konsumterror und Sozialfeuerwehr.* Bonn: Pahl-Rugenstein.

Bündnis Aktiver Fußballfans (Hrsg.) (2004). *Ballbesitz ist Diebstahl – Fußballfans zwischen Kultur und Kommerz.* Göttingen: Verlag Die Werkstatt.

Bündnis Aktiver Fußballfans (Hrsg.) (2004a). *Die 100 „schönsten" Schikanen gegen Fußballfans – Repression und Willkür rund ums Stadion.* Grafenau: Trotzdem Verlag.

Bundesarbeitsgemeinschaft der Fanprojekte (Hrsg.) (2019). *Grundsätze der BAG.* Unter: www.bag-fanprojekte.de/ueber-uns/grundsaetze-der-bag/.

Bundesarbeitsgemeinschaft der Fanprojekte (2020). *Fachliche Standards der Sozialen Arbeit von Fanprojekten im Kontext Fußball.* Unter: www.bag-fanprojekte.de/ueber-uns/fachliche-standards/.

Bundesministerium für Familie, Senioren, Frauen und Jugend (2021). *Gesetz zur Stärkung von Kindern und Jugendlichen (Kinder- und Jugendstärkungsgesetz – KJSG)* Unter: www.bmfsfj.de/bmfsfj/service/gesetze/neues-kinder-und-jugendstaerkungsgesetz-162860.

Bundesarbeitsgemeinschaft der Landesjugendämter und überörtlichen Erziehungsbehörden (1986). *Mobile Jugendarbeit. Beschluss der 61. Arbeitstagung vom 15.–17. 10. 1986 in Hildesheim* (Protokoll).

CEval GmbH (Hrsg.) (2020). *ABSCHLUSSBERICHT. Datenerhebungen zur Vergabe des Qualitätssiegels „Fanprojekt nach dem Nationalen Konzept Sport und Sicherheit".* Unter: www.kos-fanprojekte.de/fileadmin/user_upload/Qualitaetssiegel/2020_09_10Abschlussbericht_Qualit%C3%A4tssiegel_Kurzversion.pdf.

Claus, R. (2018). *Hooligans. Eine Welt zwischen Fußball, Gewalt und Politik.* Göttingen: Verlag Die Werkstatt.

Claus, R., Gießler, C., Wölki-Schumacher, F. (2016). Geschlechterverhältnisse in Fußballfanszenen. Eine Expertise der KoFaS. Hannover: Im Eigenverlag der KoFaS gGmbH.

Claus, R., Gießler, C., Wölki-Schumacher, F. (2020). Zwischen Normierung und Empowerment – Geschlechterverhältnisse in Fußballfanszenen. In Koordinationsstelle Fanprojekte bei der Deutschen Sportjugend (Hrsg.), *Fanarbeit und Geschlecht. Fanszenen zwischen Vielfalt und Diskriminierung und der Umgang der Fanarbeit mit sexualisierter Gewalt* (S. 27–41). Frankfurt am Main: Eigenverlag der Koordinationsstelle Fanprojekte bei der Deutschen Sportjugend.

Claus, R., Gießler, C., Wölki-Schumacher, F. (2022). Zwischen Normierung und Empowerment. Geschlechterverhältnisse in Fußballfanszenen. In P. Arnold, J. Kotthaus (Hrsg.), *Soziale Arbeit im Fußball – Theorie und Praxis sozialpädagogischer Fanprojekte* (S. 114–137). Weinheim und Basel: Beltz Juventa.

Dachverband Fanhilfen (2021). *Dachverband der Fanhilfen nimmt seine Arbeit auf.* Unter: www.dachverband-fanhilfen.de/pressemitteilungen/dachverband-der-fanhilfen-nimmt-seine-arbeit-auf/.

DBSH (Hrsg.) (2014). Berliner Erklärung zu Berufsethik und berufsbezogenen Prinzipien des DBSH. In *Forum Sozial* (2) (Beilage ohne Seitenangaben).

Deinet, U., Sturzenhecker, B., v. Schwanenflügel, L. und Schwerthelm, M. (Hrsg.) (2021). *Handbuch Offene Kinder- und Jugendarbeit* (5. Auflage). Wiesbaden: Springer.

Dembowski, G. (2001.) Fanprojekt zwischen jugendpolitischem Anspruch und Wirklichkeit. In A. Buderus, G. Dembowski, J. Scheidle (Hrsg.), *Das zerbrochene Fenster. Hools und Nazi-Skins zwischen Gewalt, Repression, Konsumterror und Sozialfeuerwehr* (S. 123–150). Bonn: Pahl-Rugenstein.

Dembowski, G. (2004). Von Gorillas und Blockräumungen. Seit jeher protestieren Fans. In Bündnis Aktiver Fußballfans (Hrsg.), *Die 100 „schönsten" Schikanen gegen Fußballfans – Repression und Willkür rund ums Stadion* (S. 135–140). Grafenau: Trotzdem Verlag.

Dembowski, G. (2004a). Sitzen ist immer noch für 'n Arsch: Wie Stadien zu Arenen werden. In Bündnis Aktiver Fußballfans (Hrsg.), *Ballbesitz ist Diebstahl – Fußballfans zwischen Kultur und Kommerz.* Göttingen: Verlag Die Werkstatt.

Dembowski, G. (2013). Organisierte Fanszenen: Zwischen empfundener Enteignung und Self-Empowerment. In *Aus Politik und Zeitgeschichte,* 63 (27-28), S. 35–40.

Dembowski, G. (2014). Fußball als gesellschaftlicher Mikrokosmos. Zwischen Euphorie, Gewalt, Sicherheit und Prävention. In: R. Pieper, K.-H. Lang (Hrsg.), *Sicherheitswissenschaftliches Kolloquium 2012–2013,* Band 9, Schriftenreihe des Instituts für Arbeitsmedizin, Sicherheitstechnik und Ergonomie e. V. (ASER), Forschungsbericht Nr. 29 (S. 92–115). Wuppertal: Institut ASER e. V.

Dembowski, G., Scheidle, J. (Hrsg.) (2002). *Tatort Stadion. Rassismus, Antisemitismus und Sexismus im Fußball.* Köln: PapyRossa Verlag.

Der Spiegel (1981). *Mit allen Mitteln* (36).

Deutscher Bundestag (2014). *Antwort der Bundesregierung auf die Kleine Anfrage der Abgeordneten Jan Korte, Dr. André Hahn, Ulla Jelpke, weiterer Abgeordneter und der Fraktion Die Linke – Drucksache 18/2425 – Aktivitäten des Bundesamts für Verfassungsschutz in Fußball-Fanszenen.*

Deutscher Fußball-Bund (2014). *4. Richtlinien zur einheitlichen Behandlung von Stadionverboten.* Unter: www.dfb.de/fileadmin/_dfbdam/123175-Richtlinien_zur_einheitlichen_Behandling_von_Stadionverboten_ab_01_12_16.pdf.

Deutscher Fußball-Bund (2021). *Richtlinien für die Zuschussgewährung für Fanprojekte nach dem NKSS (DFB/DFL).* Frankfurt am Main.

Deutscher Fußball-Bund, Deutsche Fußball-Liga (2020). *Handbuch für Fanarbeit.* Unter: www.kos-fanprojekte.de/fileadmin/user_upload/materialien/Richtlinien-DFB-DFL/200721_Handbuch_Fanarbeit.pdf.

Deutsche Fußball-Liga e. V. (2021). *Anhang III: Richtlinien für die Ausgestaltung und Durchführung des Club-Fan-Dialogs.* Unter: www.media.dfl.de/sites/2/2021/12/Anhang-III-zur-LO-2021-12-15-Stand-Club-Fan-Dialog.pdf.

Dierker, H. (1987). „Größter roter Sportverein der Welt". Der Berliner Arbeitersportverein Fichte in der Weimarer Republik. In H. J. Teichler, G. Hauk (Hrsg.), *Illustrierte Geschichte des Arbeitersports* (S. 93–104). Berlin und Bonn: JHW Dietz Nachfahren.

Dissinger, M. (2011). *Zwischen Kommerzialisierung und Sicherheit. Sozialpädagogische Fanprojekte im Spannungsfeld der Interessen.* Hamburg: Diplomica Verlag.

Dunning, E. (1975). Industrialization and the Incipient Modernization of Football. In *Stadion* (1), S. 103–139.

Dunning, E., Sheard, K. G. (1979). Der tolerierte Hooliganismus. In W. Hopf (Hrsg.), *Fußball. Soziologie und Sozialgeschichte einer populären Sportart* (S. 191–192). Bensheim: Päd. Extra Buchverlag.

Eisenberg, C. (1994). Fußball in Deutschland 1890–1914: Ein Gesellschaftsspiel für bürgerliche Mittelschichten. In *Geschichte und Gesellschaft. Zeitschrift für Historische Sozialwissenschaft*, 20, S. 181–210.

Ek, R. (1996). *Hooligans. Fakten – Hintergründe – Analysen*. Worms: Cicero Verlag.

Erbelding, C. (2019, 29. April). *So geht's doch auch!* Verfügbar unter: https/11freunde.de/artikel/so-geht's-doch-auch/555724 (Zugriff am 17. 2. 2022).

Faerber-Husemann, H. (2004). *„Samstags gehört Vati mir"*. Verfügbar unter: https/www.deutschlandfunk.de/samstags-gehoert-vati-mir.724.de.html?dram:article_id=97863 (Zugriff am 1. 7. 2021).

Fanarbeit Schweiz (2018) (Hrsg.). *Jugendkultur und Fankultur. Jahresbericht 2018*, https://fanarbeit.ch/fileadmin/download/JB/2018_Jahresbericht_Fanarbeit_Schweiz.pdf.

Farin, K. (2013). Über die Jugend und andere Krankheiten. In Koordinationsstelle Fanprojekte bei der Deutschen Sportjugend (Hrsg.), *KOS-Schriften 11. Fanarbeit 2.0. Zukünftige Herausforderungen für die pädagogische Arbeit mit Fußballfans* (S. 41–51). Frankfurt am Main: Eigenverlag der Koordinationsstelle Fanprojekte der Deutschen Sportjugend.

Faust, F. (2019). *Fußball und Feminismus. Eine Ethnographie geschlechterpolitischer Interventionen*. Opladen: Budrich UniPress.

Ferchhoff, W. (2008). Aktuelle Trends aus der Jugendforschung: Jugend zwischen Globalisierung und Individualisierung. In Zentrum für Anthropologie und Gender Studies (ZAG), Abt. Gender Studies (Hrsg.), *Freiburger Geschlechterstudien* (Band 22): *Kindheit, Jugend, Sozialisation* (S. 107–127). Freiburg: jos fritz Verlag.

Frey, J. (2020, 19. Oktober). Auf den Spuren von „El Loco". In *Stuttgarter Nachrichten*, o. S.

Fritz, F., Wetzels, M., Zeyn, J. (2021). Die Ultra-Bewegung – Mehr als Gewalttäter:innen und Eventpublikum?!: Ein Plädoyer für eine bildungs- und jugendarbeitsorientierte Perspektive auf sozialpädagogische Fanprojektarbeit. In *Widersprüche: Zeitschrift für sozialistische Politik im Bildungs-, Gesundheits- und Sozialbereich*, 41 (161), S. 73–84.

Fritzsche, B. (2010). Fans und Gender. In J. Roose, M. S. Schäfer, T. Schmidt-Lux (Hrsg.), *Fans. Soziologische Perspektiven* (S. 229–248). Wiesbaden: VS Verlag.

Gabler, J. (2010). *Die Ultras. Fußballfans und Fußballkulturen in Deutschland*. Köln: PapyRossa Verlag.

Gabler, J. (2012). *Die Ultras. Fußballfans und Fußballkulturen in Deutschland* (5., erweiterte und aktualisierte Auflage). Köln: PapyRossa Verlag.

Gabler, J. (2017). Fußball, Sicherheit und Soziale Arbeit: Fußball-Fanprojekte: Jugendhilfeeinrichtung oder Sicherheitsdienstleister? In *Soziale Passagen* 9 (2), S. 299–316.

Gabriel, M. (2004). Ultrabewegung in Deutschland. In Bündnis Aktiver Fußballfans (Hrsg.), *Ballbesitz ist Diebstahl. Fans zwischen Kultur und Kommerz* (S. 179–194). Göttingen: Verlag Die Werkstatt.

Gabriel, M. (2013). 20 Jahre KOS, 20 Jahre Beratung, Dialog und Vernetzung. In Koordinationsstelle Fanprojekte bei der Deutschen Sportjugend (Hrsg.), *Fanarbeit 2.0. Zukünftige Herausforderungen für die pädagogische Arbeit mit Fußballfans* (S. 27–35). Frankfurt am Main: Eigenverlag der Koordinationsstelle Fanprojekte der Deutschen Sportjugend.

Gabriel, M. (2016). Fanprojekte und Polizei. Herausforderungen in einem spannungsgeladenen Umfeld. In Der PARITÄTISCHE Sachsen-Anhalt (Hrsg.), *Chancen und Grenzen der Präventionsarbeit mit Fußballfans* (S. 107–114). Magdeburg: Eigenverlag des PARITÄTISCHEN Sachsen-Anhalt.

Gabriel, M., Goll, V. u. a. (2007). *Fans Willkommen. Das Fan- und Besucherbetreuungsprogramm bei der WM 2006.* Frankfurt am Main: Im Selbstverlag der Koordinationsstelle Fanprojekte bei der Deutschen Sportjugend.

Gabriel, M., Zeyn, J. (2019). Die unabhängigen Fanprojekte. Jugendarbeit im Spannungsfeld von Partizipation, Repression und Abschottung. In *Sozial Extra 43* (1), S. 27–32.

Gaillard, B., Gleizes, C. (2018). *Magique système. L'esclavage moderne des footballeurs africains.* Vanves: Editions Marabout.

Galeano, E. (1995). *Der Ball ist rund und Tore lauern überall.* Wuppertal: Peter Hammer Verlag.

Gehrmann, J. (1990). *Fußballrandale. Hooligans in Deutschland.* Essen: Klartext Verlag.

Gehrmann, J., Schneider, T. (1998). *Fußballrandale. Hooligans in Deutschland* (3. erw. Auflage). Essen: Klartext Verlag.

Gerschel, S. (2015). *Prävention – Ein Begriff, zwei Strategien. Präventionsarbeit von Fanprojekten und Polizei im Fußball.* Unveröffentlicht.

Gerschel, S. (2016). Begriffsdefinition Prävention. In Der PARITÄTISCHE Sachsen-Anhalt (Hrsg.), *Chancen und Grenzen der Präventionsarbeit mit Fußballfans* (S. 10–18). Magdeburg: Eigenverlag des PARITÄTISCHEN Sachsen-Anhalt.

Gerschel, S., Hanselmann, R. (2016). Chancen und Grenzen der Präventionsarbeit im Fußball. In Der PARITÄTISCHE Sachsen-Anhalt (Hrsg.), *Chancen und Grenzen der Präventionsarbeit mit Fußballfans* (S. 138–144). Magdeburg: Eigenverlag des PARITÄTISCHEN Sachsen-Anhalt.

Goll, V., Ranau, J. (2012). *Auf Augenhöhe? – Gesprächsgrundlagen und Handlungsstrategien zur Gestaltung des Dialogs zwischen Fanprojekten und Polizei.* Frankfurt am Main: Eigenverlag der Koordinationsstelle Fanprojekte bei der Deutschen Sportjugend.

Grau, A., v. d. Heyde, J., Kotthaus, J., Schmidt, H., Winands, M. (Hrsg.) (2017). *Sozialwissenschaftliche Perspektiven der Fußballfanforschung.* Weinheim und Basel: Beltz Juventa.

Green, M. A. (2006). Italienische Ultras vor der Fußballweltmeisterschaft 2006 in Deutschland. Expertisen für das Projekt „Soziale Arbeit und Polizei" im europäischen Kontext der Fanbetreuung. In G. A. Pilz, S. Behn, A. Klose, V. Schwenzer, W. Steffan, F. Wölki, *Wandlungen des Zuschauerverhaltens im Profifußball* (S. 459–484), Schriftenreihe des Bundesinstituts für Sportwissenschaft, Band 114. Schorndorf: Hofmann.

Hagel, A., Schrey, S. (2022). Zur Analyse von und zum Umgang mit Sexismus im Fußball. Perspektiven aus der Fansozialarbeit. In P. Arnold, J. Kotthaus (Hrsg.), *Soziale Arbeit im Fußball – Theorie und Praxis sozialpädagogischer Fanprojekte* (S. 103–113). Weinheim und Basel: Beltz Juventa.

Hahn, E., Pilz, G. A., Stollenwerk, H. J., Weis, K. (1988). *Fanverhalten, Massenmedien und Gewalt im Sport.* Schriftenreihe des Bundesinstituts für Sportwissenschaft, Band 60. Schorndorf: Hofmann.

Hanselmann, R. (2016). Prävention in der sozialpädagogischen Fanprojektarbeit. In Der PARITÄTISCHE Sachsen-Anhalt (Hrsg.), *Chancen und Grenzen der Präventionsarbeit mit Fußballfans* (S. 130–137). Magdeburg: Eigenverlag des PARITÄTISCHEN Sachsen-Anhalt.

Hansing, F., Wurbs, D. (2022). Anstoß für Inklusion – als Kernaufgabe der Fanprojektarbeit? In P. Arnold, J. Kotthaus (Hrsg.) *Soziale Arbeit im Fußball – Theorie und Praxis sozialpädagogischer Fanprojekte* (S. 153–172). Weinheim und Basel: Beltz Juventa.

Hauk, G. (1987). Fußball – eine „proletarische Sportart“ im Arbeiter-Turn- und Sportbund? In H. J. Teichler, G. Hauk (Hrsg.), *Illustrierte Geschichte des Arbeitersports* (S. 160–168). Berlin und Bonn: JHW Dietz Nachfahren.

Havemann, N. (2005). *Fußball unterm Hakenkreuz*. Lizenzausgabe für die Bundeszentrale für politische Bildung, Bonn. Frankfurt am Main: Campus.

Heitmann, H. (1984). Jugendliche Fußballfans als gesellschaftliches Phänomen. In *Aus Politik und Zeitgeschichte*, Beilage zur Wochenzeitung *Das Parlament* B 21/84 vom 26.5., S. 45–54.

Heitmeyer, W. u. a. (1992a). *Die Bielefelder Rechtsextremismus-Studie. Erste Langzeituntersuchung zur politischen Sozialisation männlicher Jugendlicher.* Weinheim und München: Juventa.

Heitmeyer, W. (1992b). Desintegration und Gewalt. In *deutsche jugend* (3), S. 109–122.

Heitmeyer, W., Peter, J. (1988). *Jugendliche Fußballfans*. Weinheim und München: Juventa.

Herre, G. (1980). Arbeitersport, Arbeiterjugend und Obrigkeitsstaat 1893–1914. In G. Huck (Hrsg.), *Sozialgeschichte der Freizeit* (S. 187–205). Wuppertal: Peter Hammer Verlag.

Heyde v. d., J. (2018). *Doing Gender als Ultra – Doing Ultra als Frau*. Weinheim und Basel: Beltz Juventa.

Hoffmann, C., Wedemeyer, H., Niehues, T. (2010). Fußballweltmeisterschaft 1954. Die Virushepatitis der „Helden von Bern“. In *Deutsches Ärzteblatt* 107 (23), S. A 1159–A 1163.

Honneth, A. (1994). *Kampf um Anerkennung. Zur moralischen Grammatik sozialer Konflikte.* Frankfurt am Main: Suhrkamp.

Hopf, W. (Hrsg.) (1979). *Fußball. Soziologie und Sozialgeschichte einer populären Sportart*. Bensheim: Päd. Extra Buchverlag.

Huck, G. (1980). Freizeit als Forschungsproblem. In ders. (Hrsg.), *Sozialgeschichte der Freizeit* (S. 7–17). Wuppertal: Peter Hammer Verlag.

Hurrelmann, K. (2004). *Lebensphase Jugend. Eine Einführung in die sozialwissenschaftliche Jugendforschung*. Weinheim und München: Juventa.

Iffland, E. M. (2022). Sexismus im Stadion und Soziale Arbeit mit Fußballfans. Ergebnisse einer Untersuchung zur Bewertung von ausschließendem Sexismus durch Fußballfans in der 1. bis 3. Bundesliga und den Regionalligen im deutschen Männerfußball. In P. Arnold, J. Kotthaus (Hrsg.), *Soziale Arbeit im Fußball – Theorie und Praxis sozialpädagogischer Fanprojekte* (S. 84–102). Weinheim und Basel: Beltz Juventa.

Kaiser, R., Simon, T. (2020). *Kinder- und Jugendhilferecht Baden-Württemberg* (3. Auflage). Wiesbaden: Kommunal- und Schulverlag.

Kathöfer, S., Kotthaus, J., Willmann, M. (2013). Aufwärmphase: Ein Blick in die Geschichte des Fußballs und seiner Fans. In: S. Kathöfer, J. Kotthaus (Hrsg.), *Block X – Unter Ultras. Ergebnisse einer Studie über die Lebenswelt Ultra in Westdeutschland.* Weinheim und Basel: Beltz Juventa.

Klenk, B. (2020). Du bist okay, Alter. In T. Simon (Hrsg.), *Schwere Arbeit. Erzählungen vom gelingenden Beziehungsaufbau zu schwer zugänglicher Klientel* (S. 15–22). Weinheim und Basel: Beltz Juventa.

Klenk, B., Häberlein, V. (1995). Das Stuttgarter Konzept stadtteilorientierter Mobiler Jugendarbeit. In G. Becker, T. Simon (Hrsg.), *Handbuch aufsuchende Jugend- und Sozialarbeit* (S. 144–159). Weinheim und München: Juventa.

Klingebiel, H. (1995). Integration statt Ausgrenzung – Fanarbeit in Deutschland. In Koordinationsstelle Fanprojekte (Hrsg.), *„Wij halen onze fietsen terug – wir holen unsere Fahrräder zurück“. Vom Prozess einer nachbarschaftlichen Annäherung* (S. 39–47). Frankfurt am Main: Eigenverlag der Koordinationsstelle Fanprojekte bei der deutschen Sportjugend.

Klose, A., Steffan, W. (2006). Soziale Arbeit und Polizei im europäischen Kontext der Fanbetreuung. In G. A. Pilz, S. Behn, A. Klose, V. Schwenzer, W. Steffan, F. Wölki, *Wandlungen des Zuschauerverhaltens im Profifußball* (S. 239–319), Schriftenreihe des Bundesinstituts für Sportwissenschaft, Band 114. Schorndorf: Hofmann.

Klose, A., Zeyn, J., de Vries H.-J. (2017). *Gemeinsame Prävention im Netzwerk von der Bundesliga bis zur 3. Liga. Abschlussbericht.* FH Potsdam.

Klose, B., Zeyn, J. (2017). Potenziale der Fußballfanpartizipation – Chancen und Grenzen: Ergebnisse des Workshops. In A. Schneider, J. Köhler, F. Schumann (Hrsg.), *Angewandte Forschung im Sport. Fanverhalten im Sport. Phänomene, Herausforderungen und Perspektiven* (S. 175–181). Wiesbaden: Springer VS.

Kompetenzgruppe Fankulturen & Sport bezogene Soziale Arbeit (2019). *Alles Männlich?! – Praxistipps für geschlechterreflektierende Fanarbeit* (2.Auflage). Hannover: Eigenverlag der KoFaS gGmbH.

Koordinationsstelle Fanprojekte bei der Deutschen Sportjugend (Hrsg.) (1994). *Soziale Arbeit mit Fußballfans – Deutschlands Fanprojekte im Portrait.* Frankfurt am Main: Eigenverlag der Koordinationsstelle Fanprojekte bei der Deutschen Sportjugend. Unter https://www.kos-fanprojekte.de/fileadmin/user_upload/materialien/KOS-Schriften/KOS-Schriften-01.pdf.

Koordinationsstelle Fanprojekte bei der Deutschen Sportjugend (Hrsg.) (1994a). *Anstoß: Impulse für die Fan-Arbeit. Eine Dokumentation der 1. Bundeskonferenz der Fan-Projekte in Bochum.* Frankfurt am Main: Eigenverlag der Koordinationsstelle Fanprojekte bei der Deutschen Sportjugend.

Koordinationsstelle Fanprojekte bei der Deutschen Sportjugend (Hrsg.) (1995). *Doppelpaß: Fans – Interessen – Fußballstadien. Eine Dokumentation der 2. Bundeskonferenz der Fan-Projekte in Leipzig.* Frankfurt am Main: Eigenverlag der Koordinationsstelle Fanprojekte bei der Deutschen Sportjugend. Unter https://www.kos-fanprojekte.de/fileadmin/user_upload/materialien/KOS-Schriften/KOS-Schriften-03.pdf.

Koordinationsstelle Fanprojekte bei der Deutschen Sportjugend (Hrsg.) (1995a). *„Wij halen onze fietsen terug – wir holen unsere Fahrräder zurück". Vom Prozeß einer nachbarschaftlichen Annäherung.* Frankfurt am Main: Eigenverlag der Koordinationsstelle Fanprojekte bei der Deutschen Sportjugend. Unter https://www.kos-fanprojekte.de/fileadmin/user_upload/materialien/KOS-Schriften/KOS-Schriften-04.pdf.

Koordinationsstelle Fanprojekte bei der Deutschen Sportjugend (Hrsg.) (1997a). *Nord-Süd-Gipfel: Eine Dokumentation der 3. und 4. Bundeskonferenz der Fanprojekte in München und Hamburg.* Frankfurt am Main: Eigenverlag der Koordinationsstelle Fanprojekte bei der Deutschen Sportjugend.

Koordinationsstelle Fanprojekte bei der Deutschen Sportjugend (Hrsg.) (1997b). *Fußball – Alles nur Show? Eine Dokumentation der 1. Fan-Projekte-Werkstatt in Mainz und der 5. Bundeskongress der Fan-Projekte in Bremen.* Frankfurt am Main: Eigenverlag der Koordinationsstelle Fanprojekte bei der Deutschen Sportjugend.

Koordinationsstelle Fanprojekte bei der Deutschen Sportjugend (Hrsg.) (2000). *Verordnete Defensive. Ausgewählte Dokumente der 6. und 7. Bundeskonferenz der Fan-Projekte in Karlsruhe und Berlin sowie der 3. Fan-Projekte-Werkstatt in Nürnberg.* Frankfurt am Main: Eigenverlag. Unter https://www.kos-fanprojekte.de/fileadmin/user_upload/materialien/KOS-Schriften/KOS-Schriften-07.pdf.

Koordinationsstelle Fanprojekte bei der Deutschen Sportjugend (Hrsg.) (2000a). *Anstösse. Ausgewählte Dokumente der KOS-Schriften Nr. 2–5.* Frankfurt am Main: Eigenverlag der

Koordinationsstelle Fanprojekte bei der Deutschen Sportjugend. Unter https://www.kos-fanprojekte.de/fileadmin/user_upload/materialien/KOS-Schriften/KOS-Schriften-08.pdf.

Koordinationsstelle Fanprojekte bei der Deutschen Sportjugend (Hrsg.) (2002). *Fußball als Droge.* Frankfurt am Main: Eigenverlag der Koordinationsstelle Fanprojekte bei der Deutschen Sportjugend. Unter https://www.kos-fanprojekte.de/fileadmin/user_upload/materialien/KOS-Schriften/KOS-Schriften-09.pdf.

Koordinationsstelle Fanprojekte bei der Deutschen Sportjugend (Hrsg.) (2004). *Michael Löffelholz. Die Fan-Projekte und das Dilemma der Modernisierung,* Schriftenreihe KOSMOS, Band 5. Frankfurt am Main: Eigenverlag der Koordinationsstelle Fanprojekte bei der Deutschen Sportjugend. Unter https://www.kos-fanprojekte.de/fileadmin/user_upload/materialien/KOSMOS/KOSMOS-05.pdf.

Koordinationsstelle Fanprojekte bei der Deutschen Sportjugend (Hrsg.) (2005). *Gender kicks. Texte zu Fußball und Geschlecht. Antje Hagel, Nicole Selmer, Almut Sülzle.* Frankfurt am Main: Eigenverlag der Koordinationsstelle Fanprojekte bei der Deutschen Sportjugend. Unter https://www.kos-fanprojekte.de/fileadmin/user_upload/materialien/KOS-Schriften/KOS-Schriften-10.pdf.

Koordinationsstelle Fanprojekte bei der Deutschen Sportjugend (Hrsg.) (2007). *Fans Willkommen. Das Fan- und Besucherbetreuungsprogramm bei der WM 2006.* Frankfurt am Main: Eigenverlag der Koordinationsstelle Fanprojekte bei der Deutschen Sportjugend.

Koordinationsstelle Fanprojekte bei der Deutschen Sportjugend (Hrsg.) (2010). *Fanprojekte 2010. Zum Stand der sozialen Arbeit mit Fußballfans.* Frankfurt am Main: Eigenverlag der Koordinationsstelle Fanprojekte bei der Deutschen Sportjugend. Unter https://www.kos-fanprojekte.de/fileadmin/user_upload/materialien/Sachberichte/KOS-sachbericht-2010-screen.pdf.

Koordinationsstelle Fanprojekte bei der Deutschen Sportjugend (Hrsg.) (2013). *Fanarbeit 2.0. Zukünftige Herausforderungen für die pädagogische Arbeit mit Fußballfans.* Frankfurt am Main: Eigenverlag der Koordinationsstelle Fanprojekte bei der Deutschen Sportjugend.

Koordinationsstelle Fanprojekte bei der deutschen Sportjugend (Hrsg.) (2013a). *20 Jahre KOS. Beratung – Dialog – Vernetzung.* Frankfurt am Main: Eigenverlag der Koordinationsstelle Fanprojekte bei der deutschen Sportjugend. Unter https://www.kos-fanprojekte.de/fileadmin/user_upload/materialien/Jubilaeum/KOS-20jahre-2013-screen.pdf.

Koordinationsstelle Fanprojekte bei der Deutschen Sportjugend (Hrsg.) (2016). *Zukünftige Herausforderungen für die pädagogische Arbeit mit Fußballfans* (2. Auflage). Frankfurt am Main: Eigenverlag der Koordinationsstelle Fanprojekte bei der Deutschen Sportjugend. Unter https://www.kos-fanprojekte.de/fileadmin/user_upload/materialien/KOS-Schriften/KOS-schriften11-201612-screen.pdf.

Koordinationsstelle Fanprojekte bei der Deutschen Sportjugend (Hrsg.) (2018). *Stimmung ja – (Mit)bestimmung nein? Perspektiven für die Beteiligung jugendlicher Fans im Spannungsfeld von Jugendarbeit, Gewaltprävention und kommerzialisiertem Fußball.* Frankfurt am Main: Eigenverlag der Koordinationsstelle Fanprojekte bei der Deutschen Sportjugend. Unter https://www.kos-fanprojekte.de/fileadmin/user_upload/materialien/KOS-Schriften/KOS-schriften12-201810-screen.pdf.

Koordinationsstelle Fanprojekte bei der Deutschen Sportjugend (Hrsg.) (2018a). *20 Jahre KOS. Beratung – Dialog – Vernetzung.* Frankfurt am Main: Eigenverlag der Koordinationsstelle Fanprojekte bei der Deutschen Sportjugend. Unter https://www.kos-fanprojekte.de/fileadmin/user_upload/materialien/Jubilaeum/KOS-20jahre-2013-screen.pdf.

Koordinationsstelle Fanprojekte bei der Deutschen Sportjugend (Hrsg.) (2019). *Fanprojekte 2019. Von Aachen bis Zwickau. Die soziale Arbeit mit Fußballfans in Deutschland.* Frankfurt am Main: Eigenverlag der Koordinationsstelle Fanprojekte bei der Deutschen Sportjugend.

Koordinationsstelle Fanprojekte bei der Deutschen Sportjugend (Hrsg.) (1997–2019). *KOSMOS Schriftenreihe 1–10.* Frankfurt am Main: Eigenverlag der Koordinationsstelle Fanprojekte bei der Deutschen Sportjugend. Alle Titel können als elektronische Version bezogen werden: www.kos-fanprojekte.de/fileadmin/user_upload/materialen/KOSMOS.

Koordinationsstelle Fanprojekte bei der deutschen Sportjugend (Hrsg.) (2020). *Fanarbeit und Geschlecht. Fanszenen zwischen Vielfalt und Diskriminierung und der Umgang der Fanarbeit mit sexualisierter Gewalt.* Frankfurt am Main: Eigenverlag der Koordinationsstelle Fanprojekte bei der deutschen Sportjugend. Unter https://www.kos-fanprojekte.de/fileadmin/user_upload/materialien/KOS-Schriften/KOS-schriften13-202011-screen.pdf.

Koordinationsstelle Fanprojekte bei der Deutschen Sportjugend (Hrsg.) (2020a). *Die Covid-19-Pandemie. Herausforderungen und Chancen für die Fanprojektarbeit.* Frankfurt am Main: Eigenverlag der Koordinationsstelle bei der Deutschen Sportjugend. Unter https://www.kos-fanprojekte.de/fileadmin/user_upload/materialien/corona/KOS-Brosch%C3%BCre-Corona-202109-screen.pdf.

Koordinationsstelle Fanprojekte bei der Deutschen Sportjugend, Bundesarbeitsgemeinschaft der Fanprojekte e. V., Landesarbeitsgemeinschaft der Fanprojekte NRW e. V. (Hrsg.) (2020). *Was ist Was. Die wichtigsten Begriffe aus dem Arbeitsfeld der sozialpädagogischen Fanprojekte.* Frankfurt am Main: Eigenverlag der Koordinationsstelle Fanprojekte bei der Deutschen Sportjugend.

Kossakowski, R. (2019). Euro 2012, the ‚civilizational leap' and the ‚supporters united' programme: a football mega-event and the evolution of fan culture in Poland. In *Soccer & Society* (5) 20, S. 729–743.

Kotthaus, J. (2017). Soziale Arbeit mit Fußballfans. Überlegungen zur Genese eines Handlungsfelds. In *Soziale Passagen* 9 (2), S. 345–363.

Kotthaus, J. (2017a). Die Ordnung des Feldes. Diskursstränge der deutschsprachigen Forschung über Fußballfans. In A. Grau, J. v. d. Heyde, J. Kotthaus, H. Schmidt und M. Winands (Hrsg.) *Sozialwissenschaftliche Perspektiven der Fußballfanforschung* (S. 30–55). Weinheim und Basel: Beltz Juventa.

Kotthaus, J., Schmidt, H. und Templin, D. (2021). Fanarbeit. In U. Deinet, B. Sturzenhecker, L. v. Schwanenflügel und M. Schwerthelm (Hrsg.). *Handbuch Offene Kinder- und Jugendarbeit* (5. Auflage) (S. 625–636). Wiesbaden: Springer VS.

Krafeld, F.-J. (1984). *Geschichte der Jugendarbeit.* Weinheim und Basel: Beltz.

Krafeld, F.-J. (Hrsg.) (1992). *Akzeptierende Jugendarbeit mit rechten Jugendcliquen* (Schriftenreihe der Landeszentrale für politische Bildung Bremen, Band 4). Bremen: Steintor Verlag.

Krafeld, F.-J. (1996). *Die Praxis akzeptierender Jugendarbeit. Konzepte – Erfahrungen – Analysen aus der Arbeit mit rechten Jugendcliquen.* Opladen: Leske und Budrich.

Krafeld, F.-J. (2016). *Jenseits von Erziehung. Begleiten und unterstützen statt erziehen und belehren.* Weinheim und Basel: Beltz Juventa.

Krauss, M. (1992). Fußball und Gewalt. Über „Normalos", „Kutten" und „Hools". In D. Schulze-Marmeling, *Der gezähmte Fußball. Die Geschichte eines subversiven Sports* (S. 243–256). Göttingen: Verlag Die Werkstatt.

Kraußlach, J. (1981). *Aggression im Jugendhaus. Konfliktorientierte Pädagogik in der Jugendsozialarbeit.* Wuppertal: Jugenddienstverlag.

Kraußlach, J., Düwer, F. W., Fellberg, G. (1976). *Aggressive Jugendliche. Jugendarbeit zwischen Knast und Kneipe.* München: Juventa.

Krevert, P. (2006). Kriminalprävention. In H.-J. Lange (Hrsg.), *Wörterbuch zur Inneren Sicherheit* (1. Aufl.) (S. 165–169). Wiesbaden: VS Verlag.

Krüger, P., Mau, M. (2022). Hohe Identifikation trotz großer Arbeitsbelastung. Eine quantitative Untersuchung zur Work-Life-Balance im Arbeitsfeld der sozialpädagogischen Fanprojekte. In P. Arnold, J. Kotthaus (Hrsg.), *Soziale Arbeit im Fußball – Theorie und Praxis sozialpädagogischer Fanprojekte* (S. 24–36). Weinheim und Basel: Beltz Juventa.

Kubera, T. (Hrsg.) (2018). *Sicherheit und Kommunikation bei Fußballgroßveranstaltungen.* Stuttgart: Boorberg.

Kubera, T., Kugelmann, D. (2019). *Fußballgroßveranstaltungen im Spannungsverhältnis zwischen Freiheit und Sicherheit. Eine wissenschaftliche Untersuchung zur Bedeutung von Kommunikation und Dialog.* Wiesbaden: Springer VS.

Lauter, H. M., Schmidt, E. (2022). Aussperren? Alternativen zu „präventiv polizeilichen Maßnahmen" für Fußballfans. In P. Arnold, J. Kotthaus (Hrsg.), *Soziale Arbeit im Fußball – Theorie und Praxis sozialpädagogischer Fanprojekte* (S. 259–273) Weinheim und Basel: Beltz Juventa.

Lehnert, E. (2006). Auf der Suche nach Männlichkeiten in der sozialpädagogischen Arbeit mit Fans. In E. Kreisky, G. Spitaler (Hrsg.), *Arena der Männlichkeit – Über das Verhältnis von Fußball und Geschlecht* (S. 83–96). Frankfurt am Main: Campus.

Leinenbach, M. (2018). Ist die Soziale Arbeit unpolitisch und angepasst?!? In *Forum Sozial* (2-3), S. 29–33.

Lenz, K. (1990). Mehr Chancen, mehr Risiken: Zum Wandel der Jugendphase in der Bundesrepublik. In R. Hettlage, *Die Bundesrepublik. Eine historische Bilanz* (S. 214–233). München: Beck.

Lernort Stadion e. V. (2021). *Standorte – wir bringen politische Bildung ins Fußballstadion.* Unter: www.lernort-stadion.de/wp-content/uploads/2021/11/Lernort-Stadion-Standortbroschuere.pdf.

Lindner, R., Breuer, H. T. (1978). *„Sind doch nicht alles Beckenbauers". Zur Sozialgeschichte des Fußballs im Ruhrgebiet.* Frankfurt am Main: Syndikat Verlag.

Löffelholz, M. (2004). Konzepte der Orientierung der Fan-Projekte (1992). In Koordinationsstelle Fanprojekte bei der deutschen Sportjugend (Hrsg.), *Michael Löffelholz. Die Fan-Projekte und das Dilemma der Modernisierung, KOSMOS 5* (S. 27–31) Frankfurt am Main. Unter https://www.kos-fanprojekte.de/fileadmin/user_upload/materialien/KOSMOS/KOSMOS-05.pdf

Lynch, K. (2021, 8. Juli). What Arsène Wenger said about Raheem Sterling's diving! As he slams England penalty decision. *Manchester Evening News,* o. S.

Maase, K. (1997). *Grenzenloses Vergnügen. Der Aufstieg der Massenkultur 1850–1970.* Frankfurt am Main: Fischer.

Maaser, W. (2015). *Lehrbuch Ethik. Grundlagen, Problemfelder und Perspektiven* (2. Auflage). Weinheim und Basel: Beltz Juventa.

Matthesius, B. (1992). *Anti-Sozial-Front. Vom Fußball-Fan zum Hooligan.* Opladen: Leske und Budrich.

Mensching, A. (2005). Ist Vorbeugen besser als heilen? In Aus Politik und Zeitgeschichte: *Kriminalitätsprävention (46/2005).* Unter: www.bpb.de/apuz/28685/kriminalitaetspraevention.

Merkler, H. (1977). Arbeitersport. Historische Entwicklung. In Kunstamt Kreuzberg und Institut für Theaterwissenschaften der Universität Köln (Hrsg.), *Weimarer Republik* (S. 603–630). Berlin und Hamburg: Elefanten Press Verlag.

Meuser, M. (2020). A men's World? – Gesellschaft, Fußball und Geschlecht. In Koordinationsstelle Fanprojekte bei der Deutschen Sportjugend (Hrsg.), *Fanarbeit und Geschlecht. Fanszenen zwischen Vielfalt und Diskriminierung und der Umgang der Fanarbeit mit sexualisierter Gewalt* (S. 15–25). Frankfurt am Main: Eigenverlag der Koordinationsstelle Fanprojekte bei der Deutschen Sportjugend.

Möller, H., Hinn, D., Seip, M., Thalheim, V. (2017). *Selbstregulationskompetenz von Fußballfans.* Abschlussbericht. Kassel: Im Eigenverlag der Universität Kassel.

Moldenhauer, S., Gehrmann, M. (2019). Konfliktdynamiken bei Fußballspielen. In *Soziale Extra* 43 (1), S. 23–26.

Münder, J. (Hrsg.) (2006). *Frankfurter Kommentar zum SGB VIII: Kinder- und Jugendhilfe* (5. Auflage). Weinheim und München: Juventa.

Nagel, S., Rieckmann, H.-J. (1999). Grenzen des sozialarbeiterischen Standpunktes – Anmerkungen zum Konflikt um „Trinkersatzungen". In *wohnungslos* 41 (4), S. 161–164.

Nationaler Ausschuss Sport und Sicherheit – NASS (2012). *Nationales Konzept Sport und Sicherheit. Fortschreibung 2012.* Unter: www.kos-fanprojekte.de/fileadmin/user_upload/materialien/NKSS/nkss_konzept2012.pdf.

Netzwerk gegen Sexismus und Sexualisierte Gewalt im Fußball (Hrsg.) (2019). *Handlungskonzept gegen sexualisierte Gewalt im Zuschauer*innensport Fußball.* Freiburg: Eigenverlag des Netzwerks gegen Sexismus und Sexualisierte Gewalt im Fußball.

Neuscheler, F. (2016). Fußball und Gewalt oder über die sogenannten „Taliban des deutschen Fußballs". In Der PARITÄTISCHE Sachsen-Anhalt (Hrsg.), *Chancen und Grenzen der Präventionsarbeit mit Fußballfans* (S. 77–106). Magdeburg: Eigenverlag des PARITÄTISCHEN Sachsen-Anhalt.

O. A. (1981, 30. August). Mit allen Mitteln. In *Der Spiegel* (36), o. S.

Paris, R. (1983). Fußball als Interaktionsgeschehen. In R. Lindner (Hrsg.), *Der Satz „Der Ball ist rund" hat eine gewisse philosophische Tiefe. Sport, Kultur, Zivilisation* (S. 147–164). Berlin: Transit Verlag.

Peters, K. (1966). Beweisverbote im deutschen Strafverfahren. In: Deutscher Juristentag (Hrsg.) *Verhandlungen des 46. Deutschen Juristentages* (Band I, Teil 3 A, S. 93–163). München: Verlag C. H. Beck.

Pfisterer, A. (2019). *Pädagogik der Wertschätzung – eine Chance für die Schule der Gegenwart? Grundlagen und Möglichkeiten* (zugleich auch Dissertationsschrift an der PH Ludwigsburg). Weinheim und Basel: Beltz Juventa.

Pfisterer, A. (2021). Wertschätzung stärkt und motiviert. In *Bildung & Wissenschaft* (11), S. 12–18.

Pilz, G. A. (1979). Zuschauerausschreitungen im Fußballsport – Versuch einer Analyse. In W. Hopf (Hrsg.), *Fußball. Soziologie und Sozialgeschichte einer populären Sportart* (S. 171–190). Bensheim: Päd. Extra Buchverlag.

Pilz, G. A. (2010). Fanarbeit und Fanprojekte. Von der Repression zur Prävention – von der Konfrontation zur Kooperation. Geschichte und Perspektiven einer gelungenen Zusammenarbeit. In Deutsche Sportjugend im Deutschen Olympischen Sportbund e. V. (Hrsg.), *60 Jahre Deutsche Sportjugend. Statements zur Entwicklung in den Jahren 2000–2010* (S. 80–89). Unter: www.dsj.de/fileadmin/user_upload/Mediencenter/Publikationen/Downloads/60_Jahre_dsj.pdf.

Pilz, G. A. (2013). *Sport, Fairplay und Gewalt – Beiträge zu Jugendarbeit und Prävention im Sport.* KoFaS-Reihe Band 1. Hildesheim: Arete Verlag.

Pilz, G. A., Kuhlmann, D. (2015). Die KoFaS-Reihe. In F. Wölki-Schumacher, R. Claus, G. Dembowski, J. Gabler, D. Kirchhammer, O. Zajonc (Hrsg.), *Für Respekt im Sport! Gunter A. Pilz zwischen Graugänsen, Streithähnen und Zaunkönigen* (S. 209). Hildesheim: Arete Verlag.

Pilz, G. A., Wölki, F. (2006). Ultraszene in Deutschland. In G. A. Pilz, S. Behn, A. Klose, V. Schwenzer, W. Steffan, F. Wölki (Hrsg.), *Wandlungen des Zuschauerverhaltens im Profifußball* (S. 63–238), Schriftenreihe des Bundesinstituts für Sportwissenschaft, Band 114. Schorndorf: Hofmann.

Pothmann, J., Lindner, W., Thole, W. (2022). Menschenrechte, Demokratie, Capabilities – ein Blick nach vorn. Kinder- und Jugendarbeit als sozialpädagogisches Bildungsprojekt. In *Offene Jugendarbeit* (1), S. 6–12.

Preiß, D. (2021, 5. Februar). Ein Club am vereinspolitischen Abgrund. In *Stuttgarter Zeitung,* o. S.

Preiss, G. (2022, 16. Februar). Fußball als Lebenshilfe. In *Stuttgarter Nachrichten,* o. S.

Probst, H.-U. (2022). *Fußball als Religion? Eine lebensweltanalytische Ethnographie.* Bielefeld: transcript.

Reichel, P. (2006). *Der schöne Schein des Dritten Reiches. Gewalt und Faszination des deutschen Faschismus.* Hamburg: Ellert & Richter Zeitgeschichte.

Reulecke, J. (1980). „Veredelung der Volkserholung" und „edle Geselligkeit". Sozialreformerische Bestrebungen zur Gestaltung der arbeitsfreien Zeit im Kaiserreich. In G. Huck (Hrsg.), *Sozialgeschichte der Freizeit* (S. 141–160). Wuppertal: Peter Hammer Verlag.

Ringelnatz, J. (1923). Fußball (nebst Abart und Ausartung). In J. Ringelnatz, *Turngedichte* (S. 31–35). München: Kurt Wolff Verlag.

Roose, J., Schäfer, M. S., Schmidt-Lux, T. (Hrsg.) (2017). *Fans. Soziologische Perspektiven.* Wiesbaden: Springer VS.

Schatz, S. (2020). Soziale Arbeit mit Fußballfans in Hamburg. Der Trägerverein ‚Jugend und Sport e. V.' stellt sich vor. In HAW Hamburg Fakultät W&S Wirtschaft und Soziales (Hrsg.), *Standpunkt: Sozial* (Jg. 30, Ausgabe 2020/2+3) (S. 130–141). Hamburg: Eigenverlag der Hochschule für Angewandte Wissenschaften Hamburg, Fakultät Wirtschaft und Soziales.

Schäfer, K. (2013). Zu § 14 SGB VIII. In J. Münder u. a. (Hrsg.), *Frankfurter Kommentar SGB VIII. Kinder- und Jugendhilfe* (7. vollständig überarbeitete Auflage). Baden-Baden: Nomos.

Schäfer, K., Weitzmann, G. (2019). Zu § 13 SGB VIII. In J. Münder (Hrsg.), *Frankfurter Kommentar SGB VIII. Kinder- und Jugendhilfe* (8. vollständig überarbeitete Auflage). Baden-Baden: Nomos.

Scheidle, J. (2002). Ultra(rechts) in Italien. In G. Dembowski, J. Scheidle (Hrsg.), *Tatort Stadion. Rassismus, Antisemitismus und Sexismus im Fußball* (S. 90–109). Köln: PapyRossa Verlag.

Scherr, A. (2013). Subjektorientierte Kinder- und Jugendarbeit. In U. Deinet, B. Sturzenhecker (Hrsg.), *Handbuch Offene Kinder- und Jugendarbeit* (4. Auflage) (S. 297–310). Wiesbaden: Springer VS.

Scherr, A. (2018). Fans und Fanprojekte in den Spannungsfeldern von Mitbestimmung und Eventkultur, Autonomie und Kontrolle, Zugehörigkeit und Ausgrenzung. In Koordinationsstelle Fanprojekte bei der Deutschen Sportjugend (Hrsg.), *KOS-Schriften 12. Stimmung ja – (Mit)bestimmung nein? Perspektiven für die Beteiligung jugendlicher Fans im Spannungsfeld von Jugendarbeit, Gewaltprävention und kommerzialisiertem Fußball* (S. 42–52). Frankfurt am Main: Eigenverlag der Koordinationsstelle Fanprojekte bei der Deutschen Sportjugend.

Schiffer, J. (2004). *Fußball als Kulturgut. Eine kommentierte Bibliografie* (Wissenschaftliche Berichte und Materialien des Bundesinstituts für Sportwissenschaft, Band 6). Köln: Sport und Buch Strauß.

Schiffer, J. (2006). *Fußball als Kulturgut. Eine kommentierte Bibliografie, Teil II* (Wissenschaftliche Berichte und Materialien des Bundesinstituts für Sportwissenschaft, Band 7). Köln: Sport und Buch Strauß.

Schlenker, S., Reutlinger, C. (2017). *Du musst sie lieben. Das Gewordensein mobiler Jugendarbeit in zwölf biographischen Bildern Walter Spechts.* Berlin: Frank & Timme.

Schneider, T. (1993). Das Phänomen der Gewaltfaszination – Hooligans und Skinheads. In Verein Jugend und Sport e. V. (Hrsg.), *Der zwölfte Mann: Soziale Arbeit mit Fußballfans in Hamburg* (S. 19 ff.). Hamburg: Eigenverlag des Vereins Jugend und Sport e. V.

Schneider, T. (2004). Vorwort. Zur Bedeutung von Michael Löffelholz für die Fan-Projekte und mein persönliches pädagogisches Koordinatensystem. In Koordinationsstelle Fanprojekte bei der Deutschen Sportjugend (Hrsg.) (2004), *Michael Löffelholz. Die Fan-Projekte und das Dilemma der Modernisierung* (S. 3–6). KOSMOS 5. Frankfurt am Main. Unter https://www.kos-fanprojekte.de/fileadmin/user_upload/materialien/KOSMOS/KOSMOS-05.pdf.

Schneider, T. (2013). Wir haben Pionierarbeit geleistet. In Koordinationsstelle Fanprojekte (KOS), *20 Jahre KOS. Beratung – Dialog – Vernetzung.* Frankfurt: Eigenverlag der Koordinationsstelle Fanprojekte bei der deutschen Sportjugend.

Schneider, T., Meyer, M. (1995). „Soziale Fanarbeit im Aufwind?“ – Zwischenbilanz eines bundesweiten Modellprogramms. In Koordinationsstelle Fanprojekte (Hrsg.), *Doppelpass: Fans – Interessen – Fußballstadien. Eine Dokumentation der 2. Bundeskonferenz der Fanprojekte in Leipzig* (S. 176–193). Frankfurt am Main: Eigenverlag der Koordinationsstelle Fanprojekte bei der deutschen Sportjugend.

Schruth, P. (2014). Zu § 13 SGB VIII. In E.-W. Luthe, G. Nellissen (Hrsg.), *jurisPraxisKommentar SGB VIII. Sozialgesetzbuch Achtes Buch. Kinder- und Jugendhilfe.* Saarbrücken: juris.

Schruth, P., Simon, T. (2018). *Strafprozessualer Reformbedarf des Zeugnisverweigerungsrechts in der Sozialen Arbeit – am Beispiel der Fußballfanprojekte.* Frankfurt am Main: Eigenverlag der Koordinationsstelle Fanprojekte bei der deutschen Sportjugend.

Schruth, P., Simon, T. (2020). *Strafprozessualer Reformbedarf des Zeugnisverweigerungsrechts in der Sozialen Arbeit – am Beispiel der Fußballfanprojekte* (2. kommentierte Neuauflage). Frankfurt am Main: Eigenverlag der Koordinationsstelle Fanprojekte bei der deutschen Sportjugend.

Schulze-Marmeling, D. (1992). *Der gezähmte Fußball. Die Geschichte eines subversiven Sports.* Göttingen: Verlag Die Werkstatt.

Selmer, N. (2004). *Watching the Boys Play. Frauen als Fußballfans.* Kassel: Agon Sportverlag.

Selmer, N. (2005). Frauen und Fußball – Historische Spuren einer alten Leidenschaft. In Koordinationsstelle Fanprojekte bei der Deutschen Sportjugend (Hrsg.), *Gender kicks. Texte zu Fußball und Geschlecht* (S. 15–28). Frankfurt am Main: Eigenverlag der Koordinationsstelle Fanprojekte bei der deutschen Sportjugend. Unter https://www.kos-fanprojekte.de/fileadmin/user_upload/materialien/KOS-Schriften/KOS-Schriften-10.pdf.

Selmer, N., Sülzle A. (2007). TivoliTussen, Milchschnitten und Hooligänse – Weibliche Fankulturen im Männerfußball als Role Models für soziale Arbeit? In G. Rohmann (Hrsg.), *Krasse Töchter. Mädchen in Jugendkulturen* (S. 145–162). Berlin: Eigenverlag des Archivs der Jugendkulturen.

Simon, T. (1989a). Frei ham' wir den ganzen Tag. Anmerkungen zum Verhältnis von Arbeit und Freizeit unter Bedingungen von Armut und Wohnungslosigkeit. In Bundesarbeitsgemeinschaft Wohnungslosenhilfe (Hrsg.), *Materialien zur Wohnungslosenhilfe* (9) (S. 29–38). Bielefeld: VSH Verlag.

Simon, T. (1989b). *Rocker in der Bundesrepublik. Eine Subkultur zwischen Jugendprotest und Traditionsbildung.* Weinheim: Deutscher Studienverlag.

Simon, T. (1989c). Anhang: Interview mit Jörg Kraußlach (Hamburg). In ders., *Rocker in der Bundesrepublik. Eine Subkultur zwischen Jugendprotest und Traditionsbildung.* Weinheim: Deutscher Studienverlag.

Simon, T. (1996). *Raufhändel und Randale. Sozialgeschichte aggressiver Jugendkulturen und pädagogischer Bemühungen vom 19. Jahrhundert bis zur Gegenwart* (überarbeitete Neuauflage). Weinheim und München: Juventa.

Simon, T. (2005). Gruppenpädagogische Ansätze unter besonderer Berücksichtigung der offenen Jugendarbeit. In K. H. Braun, K. Wetzel, B. Dobesberger, A. Fraundorfer (Hrsg.), *Handbuch Methoden der Kinder- und Jugendarbeit* (S. 198–212). Wien: LIT Verlag.

Simon, T. (2006). „Linker" und „rechter" Fußball. Über Größenfantasien, symbolische Konflikte und politische Okkupationen einer populären Sportart. In *Sozial Extra* 30 (3-4), S. 20–23.

Simon, T. (2015a). Gewalt, Rassismus, Antisemitismus, Sexismus und Homophobie im Fußball: Die Wahrheit liegt in der Kreisklasse. In: P. U. Wendt, S. Roggenthin, R. Schenkel, T. Simon, M. Thomas (Hrsg.), *Fußball global: Ein Spiel dauert länger als 90 Minuten. Interdisziplinäre Beiträge zu Phänomenen des Fußballsports* (Magdeburger Reihe, Band 27, S. 111–123). Halle: Mitteldeutscher Verlag.

Simon, T. (2015b). *Kommunale Jugendhilfeplanung* (8. Auflage). Wiesbaden: Kommunal- und Schulverlag.

Simon, T. (2016). Vorwort: Soziale Arbeit in Fanprojekten ist vorrangig Prävention an der Schnittstelle zwischen Jugendarbeit und Jugendsozialarbeit. In Der PARITÄTISCHE Sachsen-Anhalt (Hrsg.), *Chancen und Grenzen der Präventionsarbeit mit Fußballfans* (S. 7–9). Magdeburg: im Selbstverlag des PARITÄTISCHEN Sachsen-Anhalt.

Simon, T. (2021a). *Einführung in die Soziale Gruppenarbeit. Historische Entwicklung – Ergebnisse gruppenbezogener Sozialforschung – beispielhafte Praxis* (Studienheft GRUPH01 der Euro-FH). Hamburg: Eigenverlag der Euro-FH.

Simon, T. (2021b). *Zur Berufsidentität Sozialer Arbeit. Ethische, fachliche und rechtliche Grundlagen und Überlegungen zu gelingendem Handeln in Schlüsselsituationen* (Studienheft BERUH der Euro-FH). Hamburg: Eigenverlag der Euro-FH.

Simon, T., Wendt, P. U. (2019). *Lehrbuch Soziale Gruppenarbeit. Eine Einführung.* Weinheim und Basel: Beltz Juventa.

Simon, T., Wieland, P. (1987). *Offene Jugendarbeit im Wandel.* Stuttgart: edition cordeliers/ edition cadre.

Specht, W. (1978). *Jugendkriminalität und Mobile Jugendarbeit.* Neuwied und Darmstadt: Luchterhand.

Sportinformationsdienst (2021, 29. Juli) (Hrsg.). *Ex-Bayer-Coach Bosz erhält Fair-Play-Medaille vom DFB,* o. S.

Ständige Konferenz der Innenminister und -senatoren der Länder (IMK) (2013). *Sammlung der zur Veröffentlichung freigegebenen Beschlüsse der 197. Sitzung der Ständigen Konferenz der Innenminister und -senatoren der Länder vom 22.05.–24. 05. 2013 in Hannover.* Berlin.

Staub-Bernasconi, S. (1996). Soziale Probleme – soziale Berufe – soziale Praxis. In M. Heiner, M. Meinhold, H. v. Spiegel, S. Staub-Bernasconi, *Methodisches Handeln in der Sozialen Arbeit* (3. Auflage) (S. 11–101). Freiburg: Lambertus.

Steffan, W. (1988). *Streetwork in der Drogenszene.* Freiburg: Lambertus.

Struck, N., Trenczek, T. (2013). Zu § 29 SGB VIII Soziale Gruppenarbeit. In J. Münder, T. Meysen, T. Trenczek (Hrsg.). *Frankfurter Kommentar SGB VIII. Kinder- und Jugendhilfe* (7. Auflage). Baden-Baden: Nomos.

Sülzle, A. (2005). Fußball als Schutzraum für Männlichkeit? Ethnographische Anmerkungen zum Spielraum für Geschlechter im Stadion. In Koordinationsstelle Fanprojekte bei der Deutschen Sportjugend (Hrsg.), *KOS-Schriften 10. Gender kicks. Texte zu Fußball und Geschlecht* (S. 37–52). Frankfurt am Main: Eigenverlag der Koordinationsstelle Fanprojekte der Deutschen Sportjugend.

Sülzle, A. (2011). *Fußball, Frauen, Männlichkeiten. Eine ethnographische Studie im Fanblock.* Frankfurt am Main: Campus.

Teichler, H. J. (1987). „Nicht länger Reaktionären Gefolgschaft leisten". Entstehung und Entwicklung des Arbeiter-Turnerbundes bis 1914. In H. J. Teichler, G. Hauk (Hrsg.), *Illustrierte Geschichte des Arbeitersports* (S. 17–24). Berlin und Bonn: JHW Dietz Nachfahren.

Thaler, H. (2013). New Girls in the Block. Frauen im Fansektor. In Koordinationsstelle Fanprojekte bei der Deutschen Sportjugend (Hrsg.), *KOS-Schriften 11. Fanarbeit 2.0. Zukünftige Herausforderungen für die pädagogische Arbeit mit Fußballfans* (S. 97–110). Frankfurt am Main: Eigenverlag der Koordinationsstelle Fanprojekte der Deutschen Sportjugend.

Thaler, H. (2016). New Girls in the Block. Frauen im Fansektor. In Koordinationsstelle Fanprojekte bei der deutschen Sportjugend (Hrsg.), *Fanarbeit 2.0: Zukünftige Herausforderungen für die pädagogische Arbeit mit Fußballfans* (2. Auflage) (S. 97–110). Frankfurt am Main. Unter https://www.kos-fanprojekte.de/fileadmin/user_upload/materialien/KOS-Schriften/KOS-schriften11-201612-screen.pdf.

Thalheim, V. (2019). Ultras – Was hat das noch mit Fußball zu tun? Zur szeneorientierten Teilnahme am Stadion-Event. In *Zeitschrift für Jugendkriminalrecht und Jugendhilfe* (02), S. 113–119.

Thalheim, V. (2019a). *Heroische Gemeinschaften. Ich-bin-Räume von Ultras im Fußball.* Weinheim und Basel: Beltz Juventa.

Thein, M., Linkelmann, J. (Hrsg.) (2013). *Ultras im Abseits? Portrait einer verwegenen Fankultur.* Göttingen: Verlag Die Werkstatt.

Thiersch, H. (1986). *Die Erfahrung der Wirklichkeit. Perspektiven einer alltagsorientierten Sozialpädagogik.* Weinheim und München: Juventa.

Thiersch, H. (2012). Zur Autonomie und Fachlichkeit Sozialer Arbeit. In *Forum Sozial* (1) (S. 38–42).

Thole, W., Pothmann, J., Lindner, W. (2021). *Die Kinder- und Jugendarbeit. Einführung in ein Arbeitsfeld der sozialpädagogischen Bildung.* Weinheim und Basel: Beltz Juventa.

Urban, T. (2011). *Schwarze Adler, Weiße Adler. Deutsche und polnische Fußballer im Räderwerk der Politik.* Göttingen: Verlag Die Werkstatt.

Weiser, F. (2002). Fußball als Droge? Zur identifikatorischen Versorgung jugendlicher Fußballfans. In Koordinationsstelle Fanprojekte bei der deutschen Sportjugend (Hrsg.), *Fußball als Droge* (S. 45–207). Frankfurt am Main: Eigenverlag der Koordinationsstelle Fanprojekte bei der deutschen Sportjugend.

Wienemann, E. (2010). Hundert Jahre betriebliche Suchtprävention – Visionen und Wirken der Mäßigkeitsbewegung in der Arbeitswelt. In K. Wassenberg, S. Schaller (Hrsg.), *Der Geist der der deutschen Mäßigkeitsbewegung* (Magdeburger Reihe Bd. 22), S. 114–143. Halle: Mitteldeutscher Verlag.

Willmann, F. (Hrsg.) (2007). *Stadionpartisanen. Fußballfans und Hooligans in der DDR*. Berlin: Neues Leben.

Winands, M. (2015). *Interaktionen von Fußballfans*. Wiesbaden: Springer Fachmedien.

Winands, M., Grau, A., Zick, A. (2017). Sources of identity and community among highly identified football fans in Germany. An empirical categorisation of differentiation processes. *Soccer & Society*, S. 1–16.

Zeyn, J., Bechthold, A., Greve, S. (2017). Fußballfans beim Handball. Exploration einer sportartübergreifenden Fankultur am Beispiel des FC St. Pauli. In A. Schneider, J. Köhler, F. Schumann (Hrsg.), *Fanverhalten im Sport. Phänomene, Herausforderungen und Perspektiven* (S. 59–75). Wiesbaden: Springer VS.

Zhadan, S. (2012). *Totalniy Futbol. Eine polnisch-ukrainische Fußballreise*. Berlin: Edition Suhrkamp.

Zick, A. (2013). Gruppenbezogene Menschenfeindlichkeit im Fußball. In Koordinationsstelle Fanprojekte bei der Deutschen Sportjugend (Hrsg.), *KOS-Schriften 11. Fanarbeit 2.0. Zukünftige Herausforderungen für die pädagogische Arbeit mit Fußballfans* (S. 67–79). Frankfurt am Main: Eigenverlag der Koordinationsstelle Fanprojekte bei der Deutschen Sportjugend.

Internet

www.akademikerfanclub.de/wp-content/uploads/2018/12/Statista_European_Fottball_benchmark_ 2018_ Summary-Report_EN.pdf.
www.bag-fanprojekte.de/ueber-uns/.
www.bisp.de/DE/UeberUns/Aufgaben_und_Selbstverstaendnis.
www.bka.de/DE/Presse/Listenseite_Pressemitteilungen/2021/Presse2021/210526_pmkindgewaltopfer.html.
www.boycott-qatar.de.
www.budrich-journals.de.
www.dachverband-fanhilfen.de.
www.de.statista.com/statistik/daten/studie/1100243/umfrage/durchschnittsseinkommen-brd/.
www.dfb.de/fileadmin/_dfbdam/123175-Richtlinien_zur_einheitlichen_Behandling_von_Stadionverboten_ab_01_12_16.pdf.
www.dfl.de.
www.dfl.de/de/fans/ag-fankulturen/.
www.dfl.de/de/fans/fragen-und-antworten-zu-den-regionalkonferenzen-von-dfl-und-dfb/.
www.dfl.de/de/aktuelles/fragen-und-antworten-zu-stadionallianzen/.
www.dfl.de/de/aktuelles/verbindliche-voraussetzungen-fur-club-fan-dialog/.
www.dgsa.de.
www.fananwaelte.de/?page_id=30.
www.fanarbeit.ch/fanarbeit-schweiz-stellt-betrieb-vorlaeufig-ein.
www.faz.net/aktuell/wirtschaft/studie-zu-fankosten-die-preise-steigen-144469424.html.
www.fcbayern.com/shop/de/fc-bayern-trikot-away-authentic-21-22/27984/.
www.fussball-gegen-sexismus/download/.
www.geschichtsbuch.hamburg.de/epochen/weimarer-republik/der-arbeitersport-in-hamburg/.
www.hb98.de/remember-benny-cup/.
www.icando-verein.de/home-1.
www.kofas-ggmbh.de/ueber-uns.
www.fananwaelte.de.
www.kos-fanprojekte.de/fileadmin/user_upload/materialien/NKSS/nkss_konzept2012.pdf.
www.kos-fanprojekte.de/fileadmin/user_upload/materialien/Richtlinien-DFB-DFL/Brosch%C3%BCre_Arbeitskreis_Fanarbeit_2020.pdf.
www.kos-fanprojekte.de/index.php?id=7.
www.kos-fanprojekte.de/index.php?id=123.
www.kos-fanprojekte.de/index.php?id=104.
www.kos-fanprojekte.de/index.php?id=185.
www.kos-fanprojekte.de/index.php?id=104.
www.fussball-gegen-sexismus.de/wp-content/uploads/2019/12/Broschüre_Handlungskonzept_Auflage_3.pdf.
www.landesrechtbw.de/jportal/?quelle=jlink&query=PolG+BW+%C2%A7+29&psml=bsbawueprod.psml&max=true.
www.lernort-stadion.de/.

www.mdr.de/sport/fussball_1bl/fanstudie-ein-drittel-fussballfans-wendet-sich-vom-fussball-ab-100.html.
www.media.dfl.de.
www.nachhaltigkeit.augsburg.de/zukunftspreis/projektdetails/copa-augusta-antiracista.
www.taz.de/Anwaeltin-ueber-Beleidigungen-im-Stadion/!15666012/.
www.unserekurve.de/blog/.
www.wikipedia.org/wiki/Wochenarbeitszeit.
www.wiesbaden.de/leben-in-wiesbaden/gesellschaft/engagement/wir-ueber-uns.php.
www.youtube.com/watch?v=chs-bALtAm0.
www.zeugnis-verweigern.de.
https://www.zeugnis-verweigern.de/wp-content/uploads/2021/05/KOS-rechtsgutachten-202102-screen.pdf.

Die Autor*innen

Sophia Gerschel ist Dipl.-Soziologin (Uni Leipzig), MA Kriminologin/Polizeiwissenschaftlerin und arbeitet seit 2010 hauptberuflich im Fanprojekt Karlsruhe beim Stadtjugendausschuss Karlsruhe e.V. (stja). Seit 2017 ist sie eine der Bundessprecher*innen der BAG Fanprojekte.

Titus Simon, Prof. i.R., Dr. rer. soc., Dipl.-Sozialarbeiter, Diplompädagoge, Journalist. Arbeitete in verschiedenen Gremien, die sich mit Gewalt im Zuschauer*innenverhalten befassen. Initiator und langjähriger Beiratsvorsitzender des Magdeburger Fanprojekts und seit 2020 Mitglied des Beirats des Karlsruher Fanprojekts.

Julia Zeyn, Referentin bei der Koordinationsstelle Fanprojekte bei der Deutschen Sportjugend (KOS), Doktorandin am Fachbereich Gesellschaftswissenschaften an der Goethe-Universität Frankfurt am Main. Sozialisation in der HSV-Fanszene und im HSV-Fanprojekt und mit vielfältigen Fanszenen von Amateurvereinen verbunden.